CODE DU THÉATRE

IMPRIMERIE BALITOUT, QUESTROY ET Cᵉ

7, rue Baillif.

CODE

DU

THÉATRE

LOIS, RÈGLEMENTS, JURISPRUDENCE, USAGES

PAR

M. CHARLES LE SENNE

AVOCAT A LA COUR D'APPEL

MEMBRE DE LE LA SOCIÉTÉ DES AUTEURS ET COMPOSITEURS DRAMATIQUES

AVANT-PROPOS

PAR

M. HENRY CELLIEZ

AVOCAT A LA COUR D'APPEL

PARIS

TRESSE, ÉDITEUR

GALERIE DU THÉATRE-FRANÇAIS, PALAIS-ROYAL

—

1878

AVANT-PROPOS

Le théâtre occupe, dans la civilisation moderne, une place considérable. Il a existé, sous des formes variées, dans tous les temps et dans tous les pays; en France surtout il a pris une sérieuse importance; il a exercé et il exerce une grande influence sur les idées, sur les mœurs et sur les arts.

Il développe, dans diverses branches du travail, une activité qui crée entre les hommes des relations spéciales.

De là sont venus des usages traditionnels et est née une législation particulière, qu'il est utile d'exposer dans un livre destiné principalement à ce monde de littérateurs, d'artistes, d'artisans, de savants, d'industriels qui consacrent leurs talents à charmer les loisirs de leurs contemporains, depuis les raffinés spectateurs des splendides théâtres des grandes villes, jusqu'aux humbles paysans qu'attirent les foires de nos villages.

Tel est l'objet de cet ouvrage.

L'auteur n'a pas l'ambition de se présenter aux lecteurs comme un inventeur; mais il leur offre un recueil des prescriptions de lois, décrets et ordonnances, des doctrines publiées par les auteurs, des usages pratiqués par tous ceux qui concourent à la création et à la production en public des œuvres dramatiques de toutes sortes et des spectacles de tous genres.

Cependant ce *Code du Théâtre* ne se compose pas de textes et citations, sauf quelques documents d'une utilité pratique. L'auteur a cru que les textes législatifs et les citations d'arrêts ou d'opinions de docteurs, en entourant son travail d'un appareil scientifique, pourraient souvent dérouter ceux qu'il appelle à profiter des renseignements réunis pour éclairer les rapports quotidiens nécessités par leur art, leur industrie ou leur métier.

Il n'a pas écrit pour les jurisconsultes; l'essentiel est qu'il ait écrit comme un jurisconsulte qui, sans montrer les origines de sa science, explique simplement les règles à consulter chaque jour par ceux que leur profession ou leurs intérêts rattachent à l'exploitation des spectacles et des théâtres.

Dans ce but, la forme de dictionnaire, qui a été donnée au *Code du Théâtre,* facilitera les recherches instantanées, et les rendra fructueuses pourvu que les affirmations précises de chaque article soient fondées sur des notions exactes, dont l'auteur puisse justifier dans les cas où des difficultés quelconques rendront nécessaire l'intervention des hommes de loi entre les hommes de l'art.

C'est par là que se recommande l'œuvre pour laquelle mon confrère m'a prié de lui donner le témoignage que je place, de grand cœur, en tête de son écrit.

HENRY CELLIEZ.

LISTE DES AUTEURS CONSULTÉS

AGNEL. — *Code-Manuel des Artistes dramatiques.*

ANNUAIRE *de la Société des Auteurs et Compositeurs dramatiques.*

BULLETIN *de la Société des Auteurs et Compositeurs dramatiques.*

CALMELS. — *De la Propriété et de la Contrefaçon des Œuvres de l'Intelligence.*

CONSTANT. — *Code des Théâtres.*

DALLOZ. — *Répertoire de Jurisprudence.*

LACAN et PAULMIER. — *Traité de la Législation et de la Jurisprudence des Théâtres.*

LE SENNE. — *Traité des Droits d'Auteurs et Inventeurs.* — *De la Propriété.*

DE MOLINARI. — *Des Théâtres.*

PATAILLE. — *Annales de la Propriété industrielle et artistique.*

SIMONET. — *Traité de la Police administrative des Théâtres de la ville de Paris.*

VIVIEN et BLANC. — *Traité de la Législation des Théâtres.*

VULPIAN et GAUTHIER. — *Code des Théâtres.*

CODE DU THÉATRE

A

Abandon de rôle. — Un artiste dramatique ne peut, sans un motif grave, abandonner le rôle accepté par lui, alors même qu'il ne l'a encore ni répété ni joué.

A plus forte raison en est-il ainsi, lorsqu'après l'avoir accepté il l'a rempli plusieurs fois devant le public. Le directeur a toujours le droit de le contraindre à reprendre ce rôle ou de le faire condamner à des dommages-intérêts.

Le même droit existe au profit de l'auteur de la pièce, avec qui l'artiste forme un contrat en acceptant le rôle.

Abandon des représentations. — Lorsqu'une pièce est bien accueillie du public, le directeur peut-il en abandonner les représentations malgré le succès? L'auteur peut-il s'opposer à cet abandon, ou peut-il reprendre son œuvre et la porter à un autre théâtre? Malgré le déboire qui lui est ainsi causé, il ne le peut pas. L'usage ordinaire est que le droit de retirer sa pièce ne lui appartient qu'après un an et un jour, passé lequel délai le théâtre est présumé en avoir fait définitivement l'abandon.

Abonnement. — On appelle ainsi le contrat passé entre un particulier et l'administration d'un théâtre, aux termes duquel ce particulier acquiert ses entrées au spectacle moyennant une somme déterminée et pendant tel espace de temps ou pour tel nombre de représentations. Ce contrat engage les

deux parties dans la limite des conventions particulières stipulées ou des règlements auxquels on s'en est référé.

On appelle encore abonnement la convention intervenue
entre le directeur d'un théâtre et les administrations des hospices, par laquelle un droit fixe a été substitué à la perception
du droit proportionnel pour les pauvres. Le Conseil d'Etat a
décidé que cette convention doit recevoir son exécution
malgré les événements politiques ultérieurs, qui pourraient
avoir rendu l'abonnement plus onéreux que la taxe.

Les prix ainsi fixés dans les abonnements doivent être payés
par les directeurs à des intervalles rapprochés, car les hospices n'ont aucun privilége sur le mobilier des entreprises
dramatiques ni sur les objets servant à leur exploitation.

Il est bien entendu que la convention, ainsi faite, est passée
en vue d'une situation ordinaire et de représentations qui
doivent avoir lieu régulièrement. Si donc, par suite d'événements politiques ou d'agitation publique, le directeur abonné
est empêché de donner des représentations régulières, il va de
soi que l'on doit lui tenir compte de ces circonstances dans le
règlement des sommes par lui dues aux indigents.

C'est au Conseil d'Etat qu'il appartient de statuer sur ce point.

Abonnés. — Les droits de l'abonné sont identiquement les
mêmes que ceux de toute personne qui achète des billets séparément.

Lorsque l'abonnement a été pris pour une place expressément indiquée, l'abonné peut exiger cette place et l'on ne saurait le forcer à en prendre une autre moins commode et moins
agréable. Si l'abonnement porte sur un certain ordre de places, le directeur est seulement obligé de remettre à l'abonné
une place de l'ordre indiqué, lorsqu'il arrive à l'heure des bureaux. Il n'est pas astreint à en conserver une indéfiniment.
Si donc, à son arrivée au spectacle, toutes les places de l'ordre
indiqué sont envahies, l'abonné ne peut exiger le remboursement. Il ne peut non plus exiger qu'on lui remette une autre
place dans une catégorie différente, alors même qu'il y en a
qui ne sont ni louées ni occupées.

A moins qu'il n'en soit autrement convenu, le droit des
abonnés ne peut être vendu ni cédé par le titulaire. Même en
cas de maladie se prolongeant toute la durée de son abonnement, l'abonné doit payer le prix entier, sans aucune répétition. Il ne peut pas davantage faire entrer gratuitement quelqu'un à sa place, tant que dure sa maladie, s'il ne s'en est
formellement réservé la faculté.

L'administration doit aux abonnés le nombre de représentations promis dans l'engagement, sans qu'il y ait lieu de tenir
compte des cas imprévus, même de force majeure, qui ont
amené des relâches.

Lorsque l'abonnement est pris pour une certaine période de
temps, l'abonné est tenu de subir les *courtes* interruptions occasionnées *seulement* par des événements de force majeure, sans
pouvoir demander que son abonnement soit prolongé d'autant
de jours qu'il y a eu d'interruptions. Mais l'administration doit
remplacer par d'autres les représentations extraordinaires,
pendant lesquelles les abonnements se seraient trouvés suspendus.

Le titulaire est tenu d'accepter toutes les représentations
pour lesquelles il s'est abonné, sans pouvoir se plaindre de la
composition ou des changements du spectacle.

En cas de difficultés à cet égard, l'autorité administrative est
compétente pour décider provisoirement, mais l'issue d'un
procès devant se résumer par des dommages-intérêts, c'est la
juridiction civile qui doit juger au fond.

Par le fait de son abonnement, le titulaire accepte d'avance
la composition de la troupe telle que la réglera la direction, et
il ne serait pas fondé à demander la résiliation de son abonnement parce que le directeur aurait engagé ou renvoyé tel ou
tel artiste.

Mais si, comme cela arrive fréquemment, la composition de
la troupe a été annoncée d'avance par le directeur, celui-ci ne
peut, sans manquer à ses engagements vis-à-vis de l'abonné,
changer cette troupe.

Ainsi, tout récemment encore, le tribunal civil de la Seine a
reconnu que M. Bagier, directeur du théâtre des Italiens, avait
doublement manqué à ses engagements en ne fournissant pas à
deux de ses abonnées le nombre de représentations pour lequel
elles avaient pris un abonnement et en ne remplissant pas les
conditions du programme distribué, tant par la mauvaise exécution des œuvres jouées que par l'absence des artistes annoncés et non produits comme devant interpréter ces œuvres.

Lorsqu'il s'agit de théâtres ne jouant pas tous les jours,
l'abonnement se compte sur le nombre de représentations et
non sur celui des jours. L'administration doit alors remplacer
celles qui n'auraient pas eu lieu par un nombre égal. Néanmoins elle ne doit pas augmenter ce nombre, de telle sorte
que l'abonnement, pris pour quinze représentations qui devaient occuper l'espace de trois mois, fût épuisé en un seul.

L'abonnement ne donne pas, à ceux qui le prennent, le droit

de pénétrer sur le théâtre ou dans les coulisses. Le directeur peut certainement le leur accorder, mais cette faculté n'est pas inhérente à l'abonnement.

L'administration et l'abonné sont libres de ne pas renouveler l'abonnement à son expiration.

Enfin, les abonnés d'un théâtre ne seraient pas fondés à réclamer des dommages-intérêts au directeur, pour inexécution des clauses à lui imposées, dans certains cas, par l'autorité municipale, notamment en ce qui concerne la composition des emplois et la durée des débuts.

Abrégés. — L'abréviation d'une œuvre dramatique, qui n'est pas tombée dans le domaine public, est une contrefaçon. Elle ne constitue pas une œuvre nouvelle. En conséquence, l'auteur de l'ouvrage abrégé peut former, contre le contrefacteur, une demande afin de dommages-intérêts et s'opposer à la représentation de cet abrégé.

Mais, si l'ouvrage est tombé dans le domaine public, celui qui a composé l'abrégé acquiert sur cette œuvre nouvelle un droit de propriété absolu et indiscutable.

Nous devons dire pourtant, en matière générale, que l'abréviation d'un ouvrage, non tombé dans le domaine public, peut, par le choix des matières, par l'ordre qu'on y a mis et l'intelligence qui a présidé à ce travail, former une œuvre nouvelle dont il n'est permis à personne de s'emparer au préjudice de l'auteur.

Absence. — Par suite de l'obligation de jouer, imposée au comédien, celui-ci ne peut, sans la permission de son directeur, s'absenter du lieu où le théâtre est fixé, même lorsque le service est arrêté pour un certain temps sans que sa présence soit nécessaire. Vainement la composition du spectacle lui donnerait-elle sujet de penser qu'il ne sera pas employé aux représentations ; il doit toujours se tenir à la disposition de l'entreprise.

Il y a, du reste, de fréquentes répétitions pour les pièces qui sont à l'étude. Des circonstances imprévues peuvent faire changer subitement l'ordre du répertoire, et alors on comprend qu'il est indispensable de pouvoir trouver l'artiste aussitôt que besoin. Celui-ci s'exposerait à des dommages-intérêts s'il s'absentait sans autorisation, quel que fût le motif de cette absence.

Dans le cas où il a reçu la permission pour un temps déterminé, il ne peut se permettre de le prolonger.

L'infraction à cette défense peut donner lieu à la résiliation de l'engagement. Néanmoins une exception doit être fait à cette règle si l'absence est motivée par une cause très-grave. Dans ce cas, laissé à l'appréciation des tribunaux, la résiliation peut n'être pas prononcée, mais l'artiste n'en devra pas moins des dommages-intérêts pour le préjudice que cette absence a pu causer au directeur.

Certains actes d'engagements stipulent que les artistes resteront à la disposition de leur directeur les soirs de représentation, jusqu'à huit heures, alors même qu'ils n'auraient pas à jouer. Après l'heure indiquée, ils se trouvent libres, s'ils n'ont reçu du directeur aucun avis contraire.

Absents. — Ceux qui représentent un auteur ou le cessionnaire d'œuvres dramatiques, absents ou présumés absents, peuvent exercer leurs droits, en se conformant à la loi.

Abus de confiance. — Souvent il arrive que, par les confidences d'un auteur ou par abus de la communication du manuscrit, le sujet d'une pièce inédite est connu par des étrangers qui ne craignent pas de s'en emparer et de le traiter sous une autre forme.

Il n'y a pas là contrefaçon de l'ouvrage, mais un abus de confiance qui, malheureusement, échappe presque toujours à la répression des tribunaux. Mais ceux-ci peuvent apprécier les circonstances de fait dans lesquelles s'est commise la fraude, et statuer à cet égard sur une demande afin de dommages-intérêts formée par l'auteur. Ils doivent également examiner si la responsabilité du directeur, dépositaire du manuscrit, n'est pas mise en jeu et, le cas échéant, le rendre civilement responsable du dommage.

Académie de musique. — V. *Opéra.*

Acceptation des pièces. — Lorsqu'une pièce de théâtre a été présentée à l'admission, le directeur, qui l'accepte, doit le faire d'une façon nette et formelle.

Une simple promesse faite à l'auteur de représenter son œuvre ne constitue pas un engagement suffisant de la part du directeur, pour motiver contre lui une demande en dommages-intérêts.

Si le théâtre est administré par une société, l'avis donné par les sociétaires engage la société comme s'il émanait d'un directeur. Il faut d'ailleurs, à cet égard, se reporter aux règlements de cette société.

Quand il s'agit d'une œuvre destinée à être mise en musique, il est bien entendu que l'approbation du directeur ou du comité doit porter à la fois sur le livret et la musique. A moins de conventions expresses, l'acceptation de l'un ne peut avoir lieu sans l'admission de l'autre.

La preuve de l'acceptation d'une pièce peut résulter des circonstances. Il n'existe aucun mode particulier à cet égard. En cas de difficulté, c'est à l'auteur à faire devant les tribunaux ce qu'il jugera nécessaire pour arriver à établir la vérité.

Une simple lettre datée, un bulletin de répétition suffisent pour prouver cette réception.

L'acceptation d'une pièce a pour effet de contraindre le directeur à représenter cette pièce, soit à l'époque convenue, soit à son tour de réception.

En cas de refus ou de retard, par lui, à remplir cette obligation, l'auteur est fondé à demander, devant les tribunaux, tels dommages-intérêts qui seront fixés. Les juges peuvent ordonner que la pièce sera représentée dans tel délai, à telle ou telle époque de l'année, ou que le manuscrit en sera restitué à l'auteur, et prononcer la nullité des conventions

Accessoires. — V. *Décors.*

Accident. — Le directeur d'un théâtre est civilement responsable des conséquences d'un accident survenu par suite de la mauvaise disposition des machines et accessoires de son théâtre, ou par le défaut de précaution dans leur manœuvre.

Son premier soin, en effet, doit être de prendre les précautions nécessaires, pour assurer la sûreté de ses acteurs et employés.

Il a été jugé notamment que dans les pièces à spectacle, où l'autorité militaire consent à laisser figurer des soldats sur la scène, le directeur est responsable des accidents survenus à ces soldats ou à l'un d'eux, alors même qu'ils étaient dirigés par un sous-officier et recevaient de l'administration théâtrale une indemnité, pour ce service particulier.

Acrobates. — V. *Danger.*

Acte de commerce. — Toute entreprise de spectacles publics ou de curiosité, fondée dans un but de spéculation, est commerciale. — En conséquence, le directeur est commerçant.

Comme tel, il est soumis aux prescriptions des lois commerciales. Il est tenu d'avoir des livres qui font foi contre lui vis-à-vis des étrangers ; l'intérêt légal des dettes qu'il contracte, au sujet de son entreprise, est de 6 p. 100, et l'intérêt conventionnel peut également être fixé par le créancier au même taux ; les billets souscrits par l'entrepreneur sont réputés souscrits pour les besoins de son exploitation, s'ils n'énoncent pas une autre cause ; on a même jugé qu'il faut considérer comme dette commerciale celle de l'entrepreneur envers le constructeur de la salle ; le payement des appointements et feux, par lui dus aux artistes, est une dette commerciale ; en outre, l'entrepreneur est justiciable des tribunaux de commerce ; en cas de cessation de payements, il peut être déclaré en faillite ; enfin si l'entreprise est exploitée par une société, il faut que cette société soit constituée suivant les règles du Code de commerce. Ajoutons que les créanciers du directeur commerçant peuvent exercer contre lui toutes les voies de recours ordinaires telles que la saisie-arrêt, la saisie-exécution et même la saisie-immobilière. Peu importe qu'il reçoive ou non une subvention. Cette faveur ne lui enlève en rien le caractère commercial.

Quant aux acteurs, ils ne sont pas commerçants ; ce point ne fait plus de doute. En conséquence, ils ne sont pas soumis aux diverses obligations que la loi attache à la qualité de commerçant, mais ils deviennent commerçants lorsqu'ils entreprennent pour leur compte des tournées théâtrales.

Leur engagement ne constitue qu'un louage d'ouvrage, c'est-à-dire un contrat purement civil.

Il en serait autrement si l'acteur ajoutait à sa qualité d'artiste celle de partie intéressée dans l'entreprise ; en ce cas, en effet, il deviendrait commerçant comme co-entrepreneur.

Certains auteurs ont voulu assimiler les comédiens aux employés, désignés par l'article 634 du Code de commerce, qui attribue aux tribunaux de commerce seuls la connaissance des actions contre les *facteurs, commis* ou *serviteurs* des marchands, pour les faits relatifs au trafic de ces marchands.

Cette doctrine inacceptable a été trop longtemps sanctionnée par la jurisprudence ; mais un arrêt rendu récemment par la Cour de cassation a définitivement adopté la théorie contraire.

Il est donc bien formellement établi désormais que les artistes dramatiques ne doivent être considérés, ni comme des commis du directeur, ni comme les associés de l'exploitation théâtrale. D'où il résulte que, si une difficulté, relative à l'engagement, est soulevée *par* le directeur *contre* un de ses pensionnaires, elle doit être portée devant le tribunal civil, seul compétent, et que si, au contraire, la difficulté est soulevée *par*

l'artiste *contre* son directeur, il doit se soumettre à la juridiction commerciale.

L'auteur dramatique n'est pas commerçant, cela n'a même
pas besoin d'être dit. Il n'est donc pas justiciable des tribunaux
de commerce, mais il doit, s'il forme une demande contre le
directeur, l'actionner devant le tribunal de commerce.

Il ne devient pas commerçant, parce qu'il stipule une part
proportionnelle des recettes, à titre de droits d'auteur; mais il
en serait différemment s'il formait avec le directeur une association pour l'exploitation d'une pièce, les bénéfices et les
pertes étant mises en commun. Ce serait là une participation.

En ce qui touche la cession, faite par un auteur, à un éditeur ou à toute autre personne, du droit de publier ses œuvres,
on ne saurait dire que c'est là un acte de commerce de la part
de l'auteur.

Bien plus, l'auteur qui se fait éditeur et vendeur de ses ouvrages ne devient pas pour cela commerçant. Il est même décidé que les achats et emprunts, faits par un auteur pour la
publication de son œuvre, ne constituent pas des actes de
commerce.

Enfin, l'auteur qui s'associe avec un imprimeur pour la publication et la vente de son ouvrage, ne fait pas un acte de
commerce. De même lorsqu'il cède à un libraire le droit exclusif de publier son œuvre pendant un certain temps, avec
stipulation de partage par moitié des bénéfices et des frais.

Acteurs. — Ce terme général, employé au point de vue
artistique, désigne toutes les personnes de l'un ou de l'autre
sexe, majeures ou mineures, qui, par circonstance ou par profession, interprètent devant le public les œuvres théâtrales
dont la représentation est autorisée. Peu importe que cette
représentation soit rétribuée ou purement gratuite.

Mais les mots *acteurs, actrices,* n'embrassent pas exclusivement l'art de la comédie et de la tragédie ou du chant, ils
comprennent aussi l'art du mime, représenté plus particulièrement par la danse.

Contrairement aux anciens usages, qui excluaient les comédiens de certains droits personnels et les mettaient hors la loi
commune, depuis la constitution du 14 janvier 1852, il n'existe
plus aucune différence entre eux et les autres citoyens français. Leur condition n'est aucunement modifiée en ce qui concerne leurs droits et devoirs envers l'État, la famille et les autres citoyens.

Ils sont électeurs, éligibles, ils peuvent être nommés tuteurs et subrogés-tuteurs, en un mot remplir toutes les fonctions civiles, publiques et politiques auxquelles sont appelés tous les Français qui réunissent les conditions légales.

Tout récemment encore, la censure ecclésiastique s'exerçait d'une façon aussi injuste que barbare contre les artistes dramatiques. Méconnaissant l'honorabilité et l'utilité des comédiens, elle les excommuniait tous en général ; mais ce préjugé absurde est aujourd'hui effacé. Justice a été faite de ces idées par le concile de Reims, tenu en 1850, qui a décidé que désormais les comédiens ne seraient plus repoussés du sein de l'Eglise.

Acteur étranger. — Les tribunaux français ne sont pas compétents pour statuer sur une contestation entre acteur et directeur étrangers, bien que l'un et l'autre aient leur résidence en France, lorsque la convention ne doit pas s'exécuter en France.

Mais il en est autrement lorsque la convention, passée entre deux étrangers, même à l'étranger, doit s'exécuter sur un théâtre français. En ce cas, les tribunaux français sont compétents pour juger toutes contestations relatives à l'inexécution de cet engagement.

Action en contrefaçon. — L'action civile en contrefaçon, d'œuvres dramatiques ou musicales, peut être jointe à l'action correctionnelle, mais, pour que l'action soit recevable, il faut que le dépôt légal de l'œuvre ait été régulièrement effectué.

Quant à l'action correctionnelle, elle peut être intenté séparément ou conjointement avec l'action civile. Il est également nécessaire que le dépôt ait été fait.

L'assignation, en matière de contrefaçon littéraire et musicale, n'a pas besoin d'être donnée, sous peine de déchéance, dans la huitaine de la saisie des exemplaires contrefaits ; à ce cas, en effet, ne s'étend pas la disposition de l'article 48 de la loi du 5 juillet 1844.

Actionnaires. — Certains directeurs de spectacles publics, dans le but d'augmenter leurs capitaux, font appel aux actionnaires et donnent ainsi plus d'extention à leur industrie.

Il en est d'eux comme de tous autres entrepreneurs quelconques. S'ils tombent en faillite, les actionnaires ont seulement le droit de se présenter comme créanciers ; ils ne peuvent pas continuer eux-mêmes l'exploitation.

1.

Lorsque la société est formée en nom collectif, les associés sont tenus solidairement des engagements de la société ; si parmi eux se trouve des commanditaires, ils n'en sont tenus que jusqu'à concurrence de leur apport social.

De plus, leur qualité de commanditaires leur interdisant de s'immiscer dans la direction de l'entreprise, ils ne peuvent passer de traités avec les fournisseurs, d'engagements avec les artistes, ni souscrire ou accepter des billets pour le compte de cette entreprise. Ils ont seulement le droit d'assister et de participer aux délibérations relatives à la reddition des comptes du gérant, au partage des dividendes, appels de fonds, etc.

Actualités. — On appelle ainsi certaines pièces de circonstance dont le principal mérite est précisément dans l'actualité. Il est d'usage que ces sortes de pièces jouissent d'un tour de faveur, alors même qu'il n'est rien stipulé à cet égard.

Le théâtre qui les reçoit est donc tenu de les représenter sans délai. S'il laisse passer l'époque où ces pièces présentaient un intérêt pour les spectateurs, le directeur ne peut échapper à une demande d'indemnité en offrant de jouer l'ouvrage.

Adaptations. — Le droit de propriété, accordé aux auteurs sur leurs œuvres, s'étend également aux adaptations. Mais celui qui, par exemple, adapte à une scène lyrique une œuvre écrite en prose, sans l'autorisation de l'auteur, commet une véritable contrefaçon et n'acquiert aucun droit sur son adaptation. De même celui qui, prenant la musique composée par un autre, la conserve intacte et la transporte à une autre pièce originale, dont il est ou non propriétaire, et dont il s'est borné à faire traduire les paroles, n'acquiert aucun droit sur cette musique. Réciproquement, celui qui adapte sa musique à une pièce dont il n'est pas l'auteur, et sans le consentement du propriétaire, ne peut réclamer sur cette pièce, ainsi arrangée, un droit de propriété, alors même qu'il aurait traduit les paroles de cette pièce en une autre langue.

Le compositeur d'un air a le droit de s'opposer à ce que des auteurs de vaudevilles ou autres pièces adaptent cet air à des couplets sans son consentement, alors même qu'il l'aurait déjà publié ou fait chanter sur une autre scène.

Administrateur provisoire. — L'administrateur provisoire, désigné pour gérer une entreprise théâtrale, n'a pas les mêmes pouvoirs que le directeur ; il n'est pour ainsi dire que le mandataire légal de ceux dont il est chargé d'administrer les intérêts. Il ne peut être poursuivi par les artistes et employés, que dans la limite des sommes qu'il reçoit, sans que ceux-ci aient d'action sur ses biens personnels. Il pourrait seulement être passible de dommages-intérêts en cas de négligence ou mauvaise foi.

Quant aux engagements contractés par les artistes envers le directeur, représenté par un administrateur provisoire, ils continuent à subsister, tant à l'égard des artistes qu'à l'égard de cet administrateur.

Admission des auteurs. — Les candidats ne sont pas admis de droit, et sur la seule justification d'une ou plusieurs compositions dramatiques, à faire partie de la Société des auteurs et compositeurs dramatiques. A la Commission, représentant la Société et agissant en son nom, est réservé le droit d'examen et d'admission ; ses décisions sont prises à la majorité des voix.

Jusqu'à leur admission définitive, ces candidats sont invités à remettre aux mains d'un des deux agents généraux de la Société un pouvoir contenant adhésion aux statuts sociaux, et autorisant l'agent choisi à représenter le futur sociétaire, dans les conditions semblables à celles des sociétaires.

Ces adhésions et pouvoirs sont irrévocables comme pour les membres de l'association et pour toute sa durée.

Admission d'une pièce à corrections. — Il est loisible, soit au directeur, soit au comité de lecture d'un théâtre, de n'admettre les pièces, présentées à l'acceptation, qu'à charge de corrections.

Il faut, pour que l'acceptation devienne définitive, que les corrections, une fois faites, soient agréées par le directeur.

Si, à la suite des corrections, le directeur n'est pas satisfait et refuse la pièce, l'auteur n'a pas le droit de réclamer contre lui des dommages-intérêts, sous prétexte que ces corrections lui ont nécessité des dépenses. L'auteur ne pourrait émettre une pareille prétention que s'il existait imprudence ou mauvaise foi de la part du directeur.

Affiches. — Conformément à l'ordonnance de police du 8 mars 1852, les théâtres, concerts et bals, situés dans Paris et dans le ressort de la préfecture de police, ne peuvent donner entrée au public sans avoir annoncé le spectacle par des affiches.

Aux termes d'une autre ordonnance du préfet de police de

Paris, rendue le 1er juillet 1864, actuellement en vigueur, les affiches ne peuvent être apposées que sur les emplacements où cet affichage ne peut nuire à la circulation et en se conformant aux prescriptions générales des arrêtés sur l'affichage.

Est et demeure prohibée, à moins d'une autorisation et à l'exception de l'affiche du spectacle, toute apposition d'affiche ou inscriptions d'annonces industrielles et autres à l'intérieur des théâtres, soit sur les rideaux soit dans les péristyles, escaliers et corridors, soit dans les foyers.

Il est expressément défendu aux directeurs de faire annoncer sur leurs affiches la première représentation d'un ouvrage, sans avoir préalablement justifié au commissaire de police du quartier, de l'approbation du manuscrit par l'autorité.

Les affiches obligatoires du spectacle du jour seront imprimées sur papier de format de 0 fr. 05 ou 0 fr. 10 au gré des directeurs, pourvu que la dimension ne dépasse pas 0 mèt. 63 de hauteur sur 0 mèt. 43 de largeur. Ces affiches ne pourront être apposées au-dessous de 0 mèt. 50, ni à une élévation dé passant 2 mèt. 50 à partir du sol.

Les changements survenus dans le spectacle du jour ne peuvent être annoncés que par des bandes de papier blanc, appliquées sur les affiches du jour, avant l'ouverture de la salle au public. Il est interdit aux directeurs d'annoncer ces changements par de nouvelles affiches imprimées quelle que soit la couleur du papier.

Le tarif du prix des places, pour chaque représentation, devra toujours être indiqué très ostensiblement sur les affiches, en même temps que la composition des spectacles annoncés.

De plus, les règlements de police veulent que ces affiches soient revêtues du visa préalable de l'autorité municipale, qui a le devoir d'en surveiller la rédaction, la dimension, la publication et la couleur. Elles sont, en outre, soumises à la formalité du dépôt.

Dans les départements, le visa du maire sur l'affiche est nécessaire pour son apposition.

Il faut enfin que, si le directeur annonce le spectacle par des affiches d'un format supérieur à celui généralement employé, il en fasse apposer une plus petite à côté, de façon que les spectateurs puissent sans difficulté lire ce qu'elle contient, l'heure du spectacle, la distribution et le tarif.

La Cour de cassation a décidé que le maire d'une ville ou d'une commune peut, sans excéder son pouvoir, faire défense à un directeur d'annoncer sur ses affiches des pièces autres que celles dont se compose le répertoire qu'il a déposé à la mairie ou à la préfecture, quelle que soit d'ailleurs la nature des pièces non déposées et annoncées.

Il est expressément défendu aux directeurs d'annoncer et de donner aucune représentation à bénéfice ou extraordinaire sans une autorisation ministérielle. De même pour les spectacles demandés.

Quant à la rédaction de l'affiche, en ce qui concerne la composition du spectacle, elle appartient au directeur du théâtre seul, et par exception à l'auteur, lorsqu'il s'agit d'une pièce nouvelle. Il est libre d'y laisser figurer son nom véritable ou un pseudonyme. En outre, si la rédaction de l'affiche n'est pas conforme aux règles établies par l'usage ou par les conventions et que l'auteur y voit quelque chose d'anormal, il est en droit d'attaquer le directeur. Une personne, intéressée à un point quelconque, dans la représentation, fût-elle à son bénéfice, qui ferait imprimer une affiche sans l'autorisation préalable du directeur, soit parce que le chiffre du tirage fixé par celui-ci paraîtrait insuffisant, soit parce qu'une rédaction particulière lui semblerait préférable, se rendrait passible de dommages-intérêts. A son défaut, l'imprimeur serait responsable du délit.

Le directeur n'a pas le droit de changer l'ordre dans lequel deux collaborateurs sont convenus de se laisser nommer. De même il s'exposerait à une action en dommages-intérêts s'il annonçait la pièce sous un autre nom que celui de l'auteur. Enfin il ne peut rien insérer dans l'affiche, qui soit de nature à nuire à l'auteur, par exemple, que la pièce est jouée en vertu d'un jugement.

Dans le cas où le tribunal fait défense à un directeur de jouer une pièce, il peut autoriser les auteurs, s'il passe outre, à faire annoncer par affiches ou par bandes sur les affiches la défense de représenter ladite pièce.

M. Dalloz rapporte dans son *Répertoire de législation* une contestation assez singulière qui s'est élevée il y a quelques années. « L'Opéra donnait la traduction de *Freyschütz*, de Weber, adaptée à la scène française, en annonçant la reproduction intacte de l'œuvre originaire du maître. Un amateur de musique, ayant remarqué de graves mutilations dans la mise en scène de cet opéra, actionna le directeur du théâtre en dommages-intérêts. Son action a été repoussée, et il a été décidé que, s'il est regrettable en principe que, par l'affiche de son spectacle, un directeur de théâtre annonce comme intactes des œuvres tronquées à la représentation, cependant le spectateur qui a assisté à une représentation à laquelle la pièce n'avait éprouvé d'autres mutilations que celles qu'elle avait subies dès l'origine, ne peut, à raison de ce fait auquel il devait s'attendre et se résigner, réclamer aucune indemnité, et n'a pas droit, par exemple, à la restitution de tout ou partie du prix de sa place. »

D'où nous devons tirer cette conséquence que si une pièce, longtemps jouée et connue du public, subit de graves mutilations, sans que le directeur en fasse mention sur les affiches de son spectacle, il pourra en ce cas être exposé à des dommages envers les spectateurs.

Les affiches de spectacle ne doivent annoncer que les titres des ouvrages portés sur les brochures visées au ministère. En province, les agents correspondants de la Société des auteurs et compositeurs dramatiques doivent veiller à l'exécution de cette décision. A cet effet, les directeurs de théâtre doivent faire remettre au domicile de ces agents l'affiche ou le programme du spectacle le matin de chaque représentation.

Les énonciations d'une affiche, quant au nombre d'actes dont une pièce est composée, ne peuvent être opposées aux autres auteurs, dont les pièces sont représentées dans la même soirée, comme devant servir de base à la répartition des droits d'auteurs. En cas de contestation, il appartient aux tribunaux . de décider quelle est l'importance réelle de la pièce litigieuse.

Agences théâtrales. — Depuis que l'industrie théâtrale a pris une si grande extension, il s'est ouvert à Paris de nombreuses agences, entreprises purement commerciales, qui ne devraient être que des succursales des bureaux de location et qui, en réalité, ne sont le plus souvent que des maisons de banque au service des directeurs dans l'embarras. Elles leur procurent des fonds payés comptant, et prennent en échange, pour un temps déterminé, un certain nombre de places à prix réduit.

Il résulte du procès-verbal de la séance du 28 mai 1868, tenue par la Société des auteurs et compositeurs dramatiques, que de graves abus ont été commis par suite de cet état de choses. Il en résultait notamment que les agents de la Société prélevaient des droits d'auteurs, non sur le prix réel des places, mais sur le prix qu'elles avaient été vendues aux agences. Les directeurs prétendaient que ces places, ainsi vendues, étaient des abonnements et que leurs traités avec la Société leur permettait d'en faire, même à prix réduit.

La commission dut alors intervenir et, dans ses nouveaux traités, elle introduisit une clause nouvelle dont voici le résumé en deux mots : le directeur est libre de vendre des places au-dessous d'un tarif minimum convenu; mais la Société des auteurs n'en perçoit pas moins les droits sur le prix des places affiché à la porte. Seulement le directeur, quand il le juge à propos, peut abaisser le prix de ses places, à la condition expresse de demander et d'obtenir préalablement le consentement de la commission.

Grâce à ces précautions, la Société n'a plus à redouter le commerce des billets, quelle que soit l'entreprise, agence ou non, qui en bénéficie.

Agents correspondants *de la Société des auteurs et compositeurs dramatiques.* — Pour l'exécution des décisions prises par la Société et pour sauvegarder les intérêts des sociétaires dans les départements, des agents correspondants sont chargés en province du mandat des agents généraux. Ceux-ci représentent complétement les auteurs et compositeurs dramatiques vis-à-vis des administrations théâtrales; ils sont l'objet, de la part de la loi et des autorités locales, de la même protection; ils ont, sous la réserve des restrictions qui pourraient être faites par les auteurs et compositeurs, les mêmes droits.

Des instructions adressées par les agents généraux à leurs correspondants des départements, et approuvées par la commission, il résulte que les correspondants donnent aux directeurs le consentement de jouer ou font défense de représenter le répertoire. Ils font connaître le taux fixé pour la perception. Ils ont droit aux entrées et billets qui sont attribués, à Paris, aux auteurs eux-mêmes. Ils peuvent toujours, s'il y a urgence, prendre une mesure conservatoire, faire, par assignation, défense de jouer, mais ils doivent immédiatement en référer, par un télégramme exposant l'affaire, à l'agent général, qui en prévient, sans délai, le président et prend son avis sur la suite à donner aux poursuites commencées.

Ils ont à surveiller les affiches de spectacle pour l'énonciation des pièces et pour l'inscription du nom des auteurs, et les directeurs sont tenus de leur produire les brochures des ouvrages représentés. Ils doivent s'assurer que les ouvrages ne sont pas altérés ou dénaturés.

Ils contrôlent les recettes de toute nature et vérifient tous les livres de comptabilité du théâtre.

Toute perception de droits omise est à la charge des agents généraux et de leurs correspondants qui, par conséquent, ne peuvent consentir aucune réduction du tarif, aucune remise de droits, aucun abandon, sous peine de se voir forcés en recette.

Le consentement des agents correspondants doit toujours être sollicité, et les droits d'auteur doivent toujours être perçus, même dans les représentations de bienfaisance organisées par les municipalités ou par les particuliers; dans les représentations gratuites à l'occasion des fêtes nationales; dans celles organisées par des militaires avec public payant; dans celles des sociétés particulières, philharmoniques, lyriques ou chorales avec public payant à la porte ou au moyen d'abonnements ou de cotisations; dans les représentations données dans les établissements de bains de mer ou thermaux. Les auteurs seuls peuvent autoriser les agents correspondants à remettre tout ou partie de leurs droits. Si le directeur est à la tête d'une troupe ambulante ou nomade, le consentement de l'agent ne doit être signé qu'en échange du payement des droits d'avance. Le correspondant doit adresser aux agents généraux copie de l'itinéraire indiqué par le directeur.

La mission des correspondants est la même, lorsqu'il s'agit de pièces représentées dans les cafés chantants, ou par des directeurs nomades qui affichent des ouvrages du répertoire sans l'autorisation de l'agent correspondant.

En cas de contestation sur le payement des droits, le corre - pondant doit s'adresser au maire ou au commissaire de police, en les priant de faire déposer entre leurs mains la somme réclamée comme droits d'auteur, ainsi que la liste des pièces représentées, et le lendemain envoyer au directeur une sommation par ministère d'huissier, et faire saisir conservatoirement les recettes.

Ils doivent également prévenir les propriétaires de salles, qu'ils ne doivent pas laisser jouer sans avoir vu l'autorisation donnée par le correspondant, car le propriétaire d'une salle est responsable à l'égard des tiers de toutes les conséquences de l'exploitation.

Quant au consentement que les agents sont chargés de donner aux directeurs, il est personnel à chacun d'eux et valable seulement pour la ville où il est donné et pour le terme fixé.

Ils perçoivent les droits proportionnellement ou d'une manière fixe, d'après les tarifs de la Société, à qui ils en font parvenir les états.

Outre leur entrée personnelle au théâtre et dans la salle, avec place fixe et numérotée, à leur choix, ils ont le droit de signer quatre billets d'une personne à chaque représentation. Ces billets jouissent des mêmes avantages que ceux pris aux bureaux et doivent être, comme eux, échangés contre des contre-marques du jour, sans être jamais assimilés aux billets de faveur.

Enfin ces agents doivent remettre leur nom et leur adresse aux maires et commissaires de police, et leur communiquer les pouvoirs qu'ils ont reçus des agents généraux de Paris, afin de réclamer au besoin le concours de ces autorités.

Agents de police. — Les agents de police, autres que les commissaires, n'ont pas le droit de requérir la force armée en cas de trouble dans la salle. Lorsque le commissaire requiert leur assistance, ils peuvent pénétrer dans le théâtre mais ils n'y ont point de place spéciale, et leur nombre doit être rigoureusement proportionné aux besoins du service.

Agents dramatiques. — Dans le but de faciliter les rapports des auteurs et compositeurs dramatiques avec les théâtres de chaque département, et pour aider au recouvrement des droits, souvent peu considérables, il s'était formé autrefois des agences particulières servant de mandataires aux auteurs. Les agents de ces sortes d'entreprises représentaient les auteurs, dont ils obtenaient spécialement procuration, réglaient en leurs noms les conditions auxquelles la représentation des pièces devait avoir lieu sur les théâtres de départements.

Le 18 novembre 1837, la Société des auteurs et compositeurs dramatiques, continuant celle déjà existante depuis le 7 mars 1829, fit disparaître à tout jamais ces agences. Le recouvrement des droits d'auteurs n'a plus lieu aujourd'hui que par l'intermédiaire des agents de cette Société et seulement au profit de ses membres définitifs ou stagiaires.

L'article 10 de l'acte du 18 novembre 1837 dit en effet que « tous les droits dus aux auteurs et compositeurs sociétaires par les théâtres, pour la représentation de leurs œuvres, tant à Paris que dans les départements, seront, sous la surveillance de la commission, perçus par les agents seuls responsables ; il sera prélevé sur les produits du droit d'auteur : 1° une somme de 12 p. 100 pour les charges sociales, la caisse de secours et de prévoyance et le fonds commun de bénéfices partageables ; 2° les frais de perception dans la proportion et suivant la quotité existante. »

Plus loin nous trouvons l'article 19, ainsi conçu : « La commission des auteurs est autorisée à choisir deux mandataires qui, sous le nom d'*agents généraux*, seront chargés de : 1° faire exécuter toutes les décisions prises par la commission ; 2° de tenir les écritures et la comptabilité de la Société, et de faire la correspondance relative à la perception; 3° de tenir, sous leur responsabilité, la caisse de la Société, et de payer sur les mandats signés par le trésorier, en vertu d'une délégation de la commission; 4° de percevoir à leurs frais et risques, et en qualité de mandataires ordinaires, comme par le passé, les droits d'auteurs, sur les ouvrages représentés à Paris et dans les départements, et tous les revenus sociaux, et de désigner, sous leur responsabilité, les agents correspondants en province. »

Les agents généraux de la Société ne perçoivent donc que pour les sociétaires titulaires ou adhérents, et en ayant soin de se faire donner un pouvoir, qui leur permet de toucher dans tous les théâtres de Paris, de la banlieue, de la province et même des pays étrangers avec lesquels il existe des traités internationaux pour le respect de la propriété littéraire.

Enfin l'article 20 des mêmes statuts décide qu'en cas de décès, de remplacement ou de retraite de l'un des agents pour toute autre cause que celle d'infidélité, les agents ou leurs ayant-droit peuvent présenter leur successeur à l'agrément de la commission.

Si, dans le délai de trois mois, l'agent ou ses ayant-droit ne faisaient pas agréer un successeur par la commission, il serait pourvu d'office au remplacement par la commission, mais à titre onéreux, et le prix en serait acquis à l'agent ou à ses ayant-droit. Dans le cas d'infidélité prouvée, l'agent perd le droit de présenter un successeur; la commission dispose de son agence et le prix en est acquis à la caisse de secours de la Société.

Chacun des agents fournit un cautionnement de quinze mille francs.

Ils ne peuvent, en qualité de mandataires de la Société, se refuser à fournir à la commission aucun des éléments nécessaires à l'examen et à la vérification de leurs comptes; ils doivent exclusivement tout leur temps et tous leurs soins à la Société. Ils sont chargés à tour de rôle de la tenue de la comptabilité et de la caisse de la Société.

Ajoutons que cette agence n'est pas commerciale.

A l'égard des chansons et saynètes, qui rentrent dans le domaine des cafés-concerts, il existe également un agent chargé de percevoir les droits revenant aux auteurs des paroles et aux compositeurs de la musique.

Airs. — Tout ce qui est produit de l'esprit constitue une propriété particulière, quels qu'en soient la nature, le mérite ou l'étendue. Par suite, l'auteur d'une composition légère, telle

qu'une romance ou un simple air, indépendamment des paroles, doit jouir de la plénitude de son droit et est fondé à
s'opposer à l'usurpation totale ou particlle de son œuvre, à ce
qu'on use de sa musique comme si elle était tombée dans le
domaine public.

Les airs, adaptés aux couplets d'une pièce de théâtre, comportent un droit d'auteur à payer aux compositeurs à qui ils
ont été empruntés.

Quant à l'air et aux paroles d'un chant populaire ancien,
dont on ne saurait indiquer la source, ils peuvent être considérés comme appartenant au domaine public. Une production
de cette nature peut devenir, par l'arrangement spécial du texte
ou de l'accompagnement musical, susceptible d'un droit de
propriété ; mais il faut, pour donner matière à une action en
contrefaçon, que la copie soit identique à l'original approprié
et que le contrefacteur ait précisément reproduit les détails de
l'arrangement nouveau. Si la chanson poursuivie n'a pris à cet
arrangement ni les paroles, ni les notations musicales, ni surtout les accompagnements gravés, et si les points nombreux
d'identité et de ressemblance des deux chansons portent précisément sur les parties essentielles, depuis longtemps vulgarisées, il n'y a ni contrefaçon ni concurrence déloyale à reprocher, chacun ayant puisé dans un fonds commun accessi-
ble à tous.

Dans la séance du 10 juillet 1874, la commission de la Société
des auteurs a adopté l'importante communication suivante, qui
depuis a été faite à tous les sociétaires.

Les préludes, les accompagnements de musique, mélodrames,
airs de vaudeville, de couplets d'ensemble et numéros de pantomimes ne font point du tout partie intégrante de la pièce ; pas
plus que les décors ils ne constituent, en aucune manière, le fait
de collaboration entre le ou les compositeurs de la musique et
l'auteur des paroles ; toujours et partout, en province, à l'étranger comme à Paris, l'auteur peut faire jouer ses pièces sans
cette musique, soit qu'il la supprime simplement, soit qu'il en
donne une autre. Dans ce cas, ni l'auteur des paroles, ni le
directeur ne peuvent être recherchés par les compositeurs,

Lorsqu'un directeur est mis dans la nécessité de renoncer
aux airs indiqués sur la brochure, il doit se faire autoriser, par
les auteurs des pièces, à supprimer les airs intercalés ou à les
remplacer par des airs anciens, tombés dans le domaine
public.

Airs de vaudevilles. — Les auteurs de vaudevilles ne

peuvent adapter aux couplets de leurs pièces des airs en vogue sans le consentement des compositeurs ou leurs représentants. Ce serait, en effet, porter atteinte à la propriété de ceux-ci.

Airs nouveaux. — Les auteurs qui, dans les drames, ballets, vaudevilles, pantomimes, font composer des airs nouveaux sur les couplets, ou comme musique de mélodrame, sont tenus d'en payer les frais aux compositeurs.

Allocutions au public. — Les acteurs doivent au public le plus grand respect. Ils ne peuvent lui adresser la parole, ni se livrer, sur le théâtre, à des gestes inconvenants.

Ils n'ont pas davantage le droit de faire aucune allocution, même pour fournir des explications qui leur seraient demandées ou faire des excuses qui seraient exigées d'eux. Selon l'appréciation ou la gravité du fait par l'autorité, l'acteur ne devrait pas, s'il y avait lieu, reparaître en scène pendant un temps déterminé.

En outre, le directeur et le régisseur peuvent seuls faire les annonces nécessaires pour prévenir le désordre et donner satisfaction au public; mais, au préalable, ils doivent en avoir obtenu l'autorisation du commisssire de police de service, qui peut l'accorder ou la refuser.

Altération de la voix. — L'artiste qui, soit en jouant un rôle de son emploi, soit en voyageant pour se mettre à la disposition de son directeur, subit une altération de la voix ou même de la santé, peut exiger sinon le paiement intégral des appointements promis, du moins une indemnité, bien qu'il ne soit pas en état de remplir ses engagements.

C'est là, en effet, un cas de force majeure qui peut, selon les circonstances, entraîner la résiliation de l'engagement au profit de l'artiste, sans qu'il y ait jamais lieu de le condamner à des dommages-intérêts.

Amendes. — On appelle ainsi l'indemnité, fixée d'avance par l'usage et les réglements intérieurs de chaque théâtre, et qui est due à la direction par les artistes, lorsqu'ils commettent quelqu'infraction à la discipline.

Les directeurs se font juges souverains des circonstances dans lesquelles elles doivent être prononcées, et ils exécutent eux-mêmes leurs sentences par voie de retenue sur les appointements de l'acteur. Ils doivent user de ce droit avec impartialité. Si donc leur bonne foi à cet égard pouvait être incriminée, leurs pensionnaires seraient fondés à s'en plaindre et à les actionner devant les tribunaux. Quelques auteurs, s'appuyant sur une décision du 16 novembre 1855, refusent aux tribunaux la compétence pour statuer sur la légitimité de ces amendes. Fidèle à la règle que nous nous sommes tracée, nous éviterons ici une discussion juridique tendant à prouver l'erreur de cette opinion, et nous engageons fortement les artistes à porter, le cas échéant, leurs réclamations devant les tribunaux.

L'artiste ne peut être soumis à cette pénalité que s'il a eu connaissance des réglements qui la fixent et s'il y a donné son adhésion. Le directeur ne peut donc ni modifier ce réglement, ni en créer un nouveau postérieurement à l'engagement des artistes. Le plus souvent, ces derniers donnent leur consentement à cet égard par une clause expresse, et se soumettent non-seulement aux réglements actuels mais encore à ceux que le directeur pourrait faire dans l'avenir. Cette convention est obligatoire pour eux, pourvu cependant que les réglements nouveaux ne contiennent pas de conditions excessives et que les artistes n'auraient vraisemblablement pas acceptées s'ils les eussent connues.

Il ne faut pas confondre l'amende avec le dédit. Nous verrons plus loin que le montant de la somme fixée à titre de dédit doit être payée intégralement par la partie qui manque à son engagement, sans qu'il puisse être alloué à l'autre partie somme plus forte ni moindre.

En matière d'amende, au contraire, le juge, s'éclairant des circonstances et des faits, peut atténuer la rigueur de cette pénalité, lorsque l'obligation principale a été exécutée en partie. Il en est ainsi notamment des amendes encourues pour retard, soit aux répétitions, soit aux représentations, en cas de maladie simulée, lorsque, malgré la défense qui lui en a été faite, l'artiste joue sur un autre théâtre ou dans les concerts. Les tribunaux, appelés à prononcer, peuvent toujours atténuer la rigueur des réglements.

Les amendes sont également indépendantes des dommages-intérêts ou même de la résiliation de l'engagement, suivant les circonstances. Le directeur, en effet, ne perd pas, par le paiement de l'amende, le droit de poursuivre la résiliation de l'engagement qu'il a contracté avec l'artiste, et de lui demander une indemnité. Si les infractions, commises par un artiste, se multipliaient au point de causer un préjudice à l'administration, le tribunal pourrait le condamner à l'amende et à des dommages-intérêts ensemble ou séparément.

Généralement on stipule dans les engagements que l'acteu sera passible d'amende s'il refuse de jouer dans les vingt-quatre heures un rôle qu'il aurait déjà rempli. Cette clause est seulement applicable aux pièces qui font partie du répertoire du théâtre auquel l'acteur appartient. Si donc il s'agit pour l'acteur de reprendre ce rôle sur un autre théâtre que celui où il l'a déjà joué, il peut s'y refuser, sans encourir aucune amende, quel que soit le délai écoulé depuis qu'il ne l'a rempli.

Ameublement. — V. *Loge d'acteur.*

Analyses des pièces. — Il y a contrefaçon littéraire dans le fait de publier en brochure l'analyse ou compte rendu d'une pièce de théâtre, alors même que cette analyse est accompagnée d'appréciations personnelles.

L'imprimeur peut, en pareil cas, être poursuivi comme complice du délit de contrefaçon et condamné solidairement avec l'auteur, tant aux pénalités édictées par les articles 425 et suivants du Code pénal, qu'aux dommages-intérêts alloués à la partie civile.

Année théâtrale. — A Paris et dans les départements, l'année théâtrale, stipulée dans les engagements, commence le 1er avril et finit le 31 mars de l'année suivante. Tel est l'usage général.

Annexion. — V. *Auteurs étrangers.*

Anniversaires. — Lorsqu'un directeur de théâtre reçoit une pièce de poésie, un hymne ou autre ouvrage dramatique, relatif à l'anniversaire d'un auteur, il doit les représenter sans délai.

Annonces. — Il y a contrefaçon dans le fait de disposer une annonce de telle sorte qu'elle puisse amener une confusion préjudiciable aux intérêts d'un tiers. Ainsi, en matière de propriété musicale, et au sujet de la vente de morceaux imprimés, le titre et le dessin qui servent d'ornement et en quelque sorte d'enseigne à ces morceaux de musique, doivent d'autant plus être respectés qu'ils sont les plus sûrs moyens d'attirer les acheteurs, et les seuls indices auxquels le public puisse reconnaître les morceaux, peu de personnes se trouvant capables de juger à première vue du mérite d'une œuvre lyrique, ou de la différence qui existe entre elle et une autre.

Annuaire de la Société des auteurs et composi-

teurs dramatiques. — Dans sa séance du 25 mai 1867, l'assemblée générale de la Société des auteurs dramatiques résolut de publier à l'avenir un Annuaire. Le rapport de fin d'année était jusqu'alors le seul document qui donnât aux sociétaires un aperçu des travaux de la Société. Mais ce rapport, rarement imprimé, et par conséquent peu connu, n'était qu'un compte-rendu sommaire et insuffisant. L'assemblée générale jugea donc utile de créer un Annuaire dont la publication, commencée en juin 1867, s'est arrêtée le 1er janvier 1873, pour se continuer jusqu'à ce jour, sous le titre de *Bulletin de la Société des auteurs et compositeurs dramatiques*.

On retrouve, dans cet Annuaire, tout ce qui touche aux intérêts de la Société et une série précieuse de documents importants à consulter pour la défense des droits des écrivains dramatiques.

Application des peines. — Les acteurs ne sont passibles que des peines édictées contre les autres citoyens, lorsqu'ils se rendent coupables de contraventions, de crimes ou de délits, et les tribunaux compétents, en ces matières, ont seuls le droit de les prononcer.

Appointements. — Ils sont le prix de l'engagement théâtral, la juste rémunération accordée par le directeur, au talent et aux travaux de l'artiste. Aussi le premier droit de celui-ci est-il d'exiger ceux qui ont été stipulés à son profit dans l'acte d'engagement, de même que la première obligation du directeur est de payer les appointements convenus.

Ils constituent une dette commerciale.

Paiement. — Ordinairement ils sont fixes, c'est-à-dire payables mensuellement et par égales fractions. On les désigne encore sous les noms de feux, jetons de présence, prorata, assurance et prorata.

Si l'engagement n'a pas fixé les époques de paiement, on doit s'en référer à l'usage du théâtre.

Lorsque l'artiste est engagé au mois, il doit recevoir le prix du mois entier, encore bien que les représentations pour lesquelles il était engagé aient eu une durée moindre. Lorsque les appointements consistent dans une part sociale, le comédien sociétaire doit toucher aux époques fixées par l'acte de société. Le paiement des appointements est valablement effectué entre les mains de l'artiste lui-même ou de son fondé de pouvoir.

Retenue. — Le directeur n'a pas le droit de retenir les appointements dus à son pensionnaire, sous le prétexte qu'il a des réclamations à formuler contre lui. Il faut, pour que la compensation puisse avoir lieu, que la dette de l'acteur vis-à-vis du directeur soit liquide et exigible. C'est là un principe fondamental de notre droit, applicable aux artistes comme à tous les autres citoyens. La compensation aurait lieu, par exemple, si l'acteur, manquant à ses engagements, avait été condamné à des dommages-intérêts envers l'administration théâtrale et que le jugement fût devenu définitif.

Suspension. — Dans certains actes d'engagement nous avons vu le directeur stipuler qu'au cas de contestations entre les artistes et lui, il aurait le droit de suspendre le paiement des appointements jusqu'à l'issue du procès. Nous n'hésitons pas à croire que les tribunaux, reconnaissant toute l'immoralité d'une semblable clause, s'empresseraient de la déclarer nulle et non avenue.

Délai pour payer. — Le plus grand nombre des engagements, faits pour les théâtres de province, portent cette clause que « le directeur se réserve huit jours à la fin de chaque mois pour le solde des appointements. »

Nous n'avons pas besoin d'insister sur ce que ce droit, conféré aux directeurs, a d'injuste et de révoltant. Il est bien entendu · que l'artiste qui a signé cette clause doit en supporter les conséquences, mais il serait à désirer qu'elle disparût à tout jamais des contrats.

Augmentations. — Il arrive quelquefois que, après l'engagement et pendant sa durée, l'entreprise théâtrale accorde aux acteurs une augmentation d'appointements. Le plus souvent cette obligation de la direction n'est constatée que par une simple lettre ou même n'est formée que verbalement, et rien ne prouve matériellement le consentement de l'artiste. Il n'est pas douteux que cet engagement nouveau est irrévocable, car l'acceptation du comédien est tout naturellement présumée. La preuve en peut être difficile mais non impossible. Sans entrer dans des considérations techniques à cet égard, nous nous contenterons de dire que l'acteur devra employer tous les moyens de preuve admis par la loi. Nul doute qu'avec ces éléments, appuyés au besoin de la preuve testimoniale, on arrive à la constatation de la vérité.

Privilége. — Au cas où la direction est déclarée en faillite, la rupture de l'engagement donne aux acteurs le droit de réclamer de suite leurs appointements échus et des dommages-intérêts pour le préjudice que cette résiliation leur occasionnerait. On s'est demandé s'ils ont un privilége pour le paiement de cette créance. Non. Les priviléges ne peuvent résulter que de la loi, et les sommes ainsi dues aux artistes ne sont pas rangées au nombre des priviléges.

Constatation du paiement. — D'après l'usage, le paiement des appointements se constate par la signature de l'artiste, apposée sur la feuille d'émargement au registre de l'administration.

En cas de différend sur le chiffre des appointements ou sur leur paiement, c'est aux tribunaux qu'il appartient de décider, en s'entourant des documents et preuves qui pourront leur être fournis ; en effet les acteurs ne peuvent être assimilés aux locataires, domestiques et ouvriers, ce qui amène à dire que le directeur ne doit pas être cru sur sa simple affirmation judiciaire. Le tribunal pourra donc fixer les appointements de l'artiste pour le passé, mais nous croyons qu'il outrepasserait ses droits s'il les fixait pour l'avenir.

Prescription. — Les appointements des artistes se prescrivent par cinq ans. L'article 2277 du Code civil déclare, en effet, prescriptible par ce laps de temps tout ce qui est payable par année ou à des termes périodiques moins longs.

Terminons en insistant sur un point que les artistes se refusent souvent à comprendre. Le retard dans le payement des appointements, leur suppression ou leur réduction ne donnent pas à l'acteur le droit de se refuser à jouer sur le théâtre où il est engagé. Il doit s'adresser aux tribunaux pour obtenir la résiliation régulière de son engagement, et alors seulement il peut sans danger abandonner le théâtre.

Appointements d'été. — Il est peu d'engagements qui n'autorisent l'administration à retenir la moitié des appointements de l'artiste, à dater du 1er juin jusqu'au 1er septembre, cette moitié reversible sur les mois de janvier, février et mars de l'année suivante.

Évidemment cette clause doit être respectée par l'acteur qui l'a consentie, mais nous ne saurions trop engager les artistes à ne l'accepter qu'après mûres réflexions. Il n'est pas juste, en effet, qu'un directeur puisse ainsi priver ses pensionnaires d'une partie de leurs appointements pendant trois mois, alors qu'ils n'ont généralement pour subsister que le produit de leur travail. Ceux-ci ne participent pas aux bénéfices de l'entreprise, c'est donc le directeur seul qui devrait subir la mauvaise chance, comme il bénéficie de la bonne.

Approbation de la censure. — Aucune pièce ne peut être représentée publiquement sans l'autorisation préalable de la censure. En conséquence, si la censure oppose un refus à la représentation, le contrat qui s'est formé entre le directeur et l'auteur est rompu, et ce dernier ne serait pas recevable à réclamer des dommages-intérêts.

Il est arrivé quelquefois que, malgré l'approbation de la censure, l'autorité défende la représentation d'une pièce. Dans ce cas encore, le directeur ne peut être tenu de dommages-intérêts envers l'auteur et le contrat est résilié. Peu importe, du reste, qu'il s'agisse d'une pièce nouvelle ou d'une œuvre ancienne déjà représentée sans difficulté.

Si la censure, revenant sur une première décision, accorde plus tard l'autorisation nécessaire pour que la pièce soit représentée, le contrat, qui primitivement s'était formé entre l'auteur et le directeur, n'en reste pas moins résilié. L'auteur peut réclamer son manuscrit, sans être tenu d'y faire les modifications que la censure exigerait, et il peut en disposer à son gré.

A-propos. — Les à-propos ou pièces de circonstance, bien que reçus après certaines pièces, ne sont pas soumis au tour de rôle. Ils doivent être joués dans un délai ordinairement fixé à trois mois. On conçoit, en effet, qu'ils n'ont plus de raison d'être si ils ne sont pas représentés en temps opportun.

Le directeur du théâtre doit donc les faire jouer aussitôt qu'il lui est possible, s'il ne veut s'exposer à des dommages-intérêts envers l'auteur.

Armes. — Lorsque les spectateurs, comme cela s'est vu à certains moments politiques, rendent l'introduction de la force armée nécessaire, celle-ci doit uniquement faire évacuer le théâtre et ne se servir de ses armes qu'après les formalités et les sommations requises par les lois des 3 août 1791, 10 avril 1831 et 7 juin 1848 sur les attroupements.

L'autorité doit veiller à prévenir les excès ou l'usage illégitime de ce moyen extrême. La garde doit être extérieure et n'a pas le droit de s'occuper des détails intérieurs relatifs à l'occupation des places ou à la distribution du public dans les diverses parties qui lui sont affectées.

L'article 7 de la loi du 19 janvier 1791 ordonne, en effet, que la garde ne pénétrera dans la salle que dans le cas où la sûreté publique serait compromise et sur la réquisition expresse de l'officier civil.

A Paris, c'est le corps de la gendarmerie qui est chargé du service des spectacles, à l'exclusion de toutes autres troupes.

Dans le cas où des soldats pénétreraient sans ordre exprès

de l'officier civil, les citoyens pourraient s'adresser à cet officier qui, immédiatement, devra faire sortir les soldats quel que soit le théâtre où il exerce sa surveillance.

Les maires, les officiers municipaux, les commissaires de police, et, à Paris, le préfet de police ont seuls le droit de requérir la force armée. Cette faculté est absolument interdite à tout autre agent. Aucune loi ne la leur attribue. Les officiers des troupes doivent donc se refuser à toute réquisition illégale s'ils veulent éviter d'exposer leur responsabilité.

L'officier civil doit, au préalable, avertir les citoyens et ne procéder soit à leur arrestation partielle, soit à l'expulsion de la salle, qu'en se conformant aux lois et règlements de police. Il est bien entendu que, s'il s'agit d'un délit, commis par un spectateur, l'arrestation pourra avoir lieu conformément au droit commun.

Arme à feu. — Toutes les fois que, dans une représentation, on devra faire usage d'armes à feu, le commissaire de police s'assurera qu'elles ne sont chargées qu'à poudre.

Arrangements de musique. — Les frais d'arrangements de musique, dans les vaudevilles, drames et autres pièces analogues, sont aux frais de la direction et non des auteurs.

De même, lorsqu'il s'agit de partition, le compositeur est tenu d'en donner une à ses frais, orchestrée entièrement.

Les dépenses nécessitées par la copie et les diverses corrections, soit dans la partition, soit dans les rôles, soit enfin dans l'orchestration, restent aux frais du directeur.

Les chefs d'orchestre, attachés aux divers théâtres, composent ordinairement les arrangements de musique destinés aux pièces représentées à ces théâtres. Une fois adaptés à ces pièces, les arrangements, ainsi composés, font corps avec elles. Aussi, lorsque le chef d'orchestre abandonne ses fonctions, il est obligé, s'il ne s'est réservé d'une manière expresse la propriété de ses manuscrits, de laisser les copies de sa musique au théâtre, qui en est propriétaire. On doit décider de même à l'égard des compositeurs de musique, chargés par les entrepreneurs de bals publics d'arranger des symphonies.

Quant aux arrangements particuliers, faits de morceaux d'opéras et d'opérettes non tombés dans le domaine public, ils constituent une propriété, pour leur auteur, si celui-ci a obtenu l'autorisation des auteurs des opéras ou opérettes. Dans le cas contraire il y aurait contrefaçon.

Celui qui s'empare d'une composition musicale, en arrange

les motifs pour divers instruments, ne peut être considéré comme le compositeur d'une œuvre nouvelle. Il cause, en effet, un préjudice à la propriété de l'auteur, il sépare ce qui était réuni et détruit ainsi, en lui portant atteinte, la réputation de l'auteur.

Il en est de même de celui qui, sur le motif d'un air créé par un autre, compose des fantaisies, des variations, des contre-danses, sans le consentement de l'auteur. Toutefois si une pen-sée ou une phrase musicale devenaient le germe d'une com-position brillante, l'auteur de cette composition ne saurait être assimilé à un copiste ou un traducteur. Il aurait créé un ou-vrage nouveau.

Les tribunaux n'admettent pas comme excuse de retard, ap-porté à la représentation d'un ouvrage, présentée comme telle par les directeurs pour se soustraire à leurs obligations, le dé-faut par l'auteur d'avoir fourni les arrangements de musique pour un ballet.

Arrangements nouveaux. — V. *Modifications* et *Imita-tions*.

Arrestation. — La liberté individuelle est le principe le plus sacré de notre ordre politique; aussi nul ne doit être arrêté ou prévenu que dans les cas prévus par la loi.

Naguère pourtant, sous prétexte de mesure administrative, et sur un ordre purement arbitraire de l'autorité municipale, on ne craignait pas d'incarcérer, avec une facilité révoltante, l'artiste qui, pour être arrivé trop tard, faisait manquer la re-présentation ou commettait quelque infraction à la discipline intérieure du théâtre.

Trop longtemps les acteurs ont, non-seulement toléré cet abus inqualifiable, mais même accepté formellement une clause de leurs engagements par laquelle ils se soumettaient d'avance à la peine des arrêts en cas d'infraction.

De nos jours, fort heureusement, il n'est plus question de semblables iniquités; néanmoins nous avons cru devoir met-tre les artistes en garde contre une telle violation de la loi, pour le cas où, par impossible, elle pourrait se représenter.

Il est bien entendu que, si le comédien est prévenu de quel-que crime ou délit de droit commun, il pourra, par une juste mesure de précaution, être arrêté comme tout autre citoyen et traduit devant les tribunaux compétents.

Mais en ce qui touche les infractions relatives à la discipline du théâtre, elles ne constituent en aucune façon des délits ou des crimes ; c'est tout au plus si elles affectent le caractère des *contraventions*, dont la connaissance est donnée aux tribunaux de simple police. Or, l'arrestation préventive n'a pas lieu en matière de contravention. Si donc, pour toute autre cause qu'un crime ou un délit, une atteinte était portée à la liberté du comédien, celui-ci devrait immédiatement porter plainte auprès du procureur de la République.

Lorsque l'artiste est arrêté pour crime ou délit, peut-il être tenu de dommages-intérêts envers son directeur pour interruption de service ? A cet égard il y a lieu de distinguer. Si l'acteur est déclaré coupable par les tribunaux, nul doute qu'il doit réparation du préjudice causé par son fait. Dans l'hypothèse contraire, il ne peut être tenu d'aucun dommage, son arrestation constituant un cas de force majeure.

En cas de trouble causé dans la salle par un spectateur, l'officier public, chargé de la surveillance, doit commencer par s'adresser lui-même à l'auteur de ce trouble. Si l'individu refuse d'obéir, l'officier peut procéder à son arrestation, même avec l'assistance de la force armée.

Si le désordre et le tumulte s'étendent à tous les spectateurs, les mesures légales doivent être employées par l'officier de police pour le rétablissement de l'ordre, et selon les circonstances il peut procéder à des arrestations.

Ajoutons qu'il ne faut pas confondre, avec ces hypothèses, les marques d'approbation ou d'improbation, données par les spectateurs, même bruyamment ; l'autorité n'a pas à intervenir, et c'est par abus de son pouvoir que parfois elle se permet d'expulser un individu qui siffle à son gré et selon son droit.

Arrêtés municipaux. — Lorsque le maire d'une commune, où se trouve un théâtre public, prend des arrêtés à cet égard, il doit immédiatement les transmettre au sous-préfet. Le préfet peut les annuler ou en suspendre l'exécution.

Dans le cas où le maire refuserait ou négligerait de faire un des actes qui lui sont prescrits par la loi, le préfet, après l'en avoir requis, pourra y procéder d'office par lui-même ou par délégué spécial. Du reste, le préfet n'a le droit d'agir que si la mise en demeure, adressée au maire, est demeurée sans effet.

Les arrêtés, pris par l'autorité municipale, sont obligatoires pour les tribunaux et pour tous les citoyens, lorsqu'ils ont été légalement rendus, et tant qu'ils n'ont pas été réformés par l'autorité supérieure. Toutes contraventions à ces arrêtés exposeraient les directeurs, acteurs ou auteurs à une amende de

2.

un à quinze francs et à l'emprisonnement d'un à cinq jours. On a vu plus haut (V. *Arrestation*) que notre Code a complétement fait disparaître les détentions arbitraires auxquelles autrefois on ne craignait pas de soumettre les acteurs.

Les arrêtés pris par les maires, dans les départements, peuvent être attaqués devant le préfet, et la décision rendue par ce dernier, devant le ministre. Les ordonnances du préfet de police, à Paris, ne peuvent être attaquées que devant le ministre, et enfin c'est devant le conseil d'État que doit être porté le pourvoi contre la décision du ministre dans les deux cas.

Artistes en société. — Quelquefois une société se forme sans écrit, pour exploiter en commun le théâtre, entre tous les artistes de la troupe. Le plus souvent cette association se forme en cas de faillite du directeur. Les artistes, ainsi associés, sont alors tenus solidairement des engagements de la société et de ceux contractés par leur gérant ou directeur choisi parmi eux. Comme le directeur, ils font acte de commerce et sont ainsi soumis aux lois commerciales.

Assignation. — Lorsque, par suite de difficultés survenues entre un artiste et un directeur ou autres, des assignations ou actes de procédure doivent être échangés, il suffit que ces actes contiennent les noms sous lesquels l'artiste ou le directeur sont habituellement désignés. Il arrive souvent, en effet, que ceux-ci ne portent ni dans le monde ni au théâtre leurs véritables noms. Il suffit que l'identité de la personne soit indubitable.

Association. — Le directeur d'un théâtre peut s'associer avec des bailleurs de fonds pour exploiter son théâtre et trouver de la sorte des ressources plus importantes. Dans ce cas, et quel que soit le mode d'association employé, l'entreprise théâtrale garde toujours le caractère commercial et se régit par les lois commerciales.

On peut employer le mode d'association en nom collectif, en commandite ou la forme anonyme, et l'on doit à cet effet se reporter aux règles du droit commun en matière de société.

La forme de société en participation peut également être adoptée.

Association des artistes dramatiques. — Cette association de secours mutuels a été fondée le 20 mars 1840, par le baron Taylor. Les règlements en ont été, à diverses

reprises, modifiés, et un décret du 6 décembre 1856 les a rendus définitifs. Elle compte aujourd'hui près de trois mille
adhérents.

Il suffit de transcrire ici les statuts de cette généreuse association pour que les artistes dramatiques, désireux d'en faire
partie, en apprécient le but si louable et en même temps si
pratique.

NATURE ET OBJET DE L'ASSOCIATION.

ARTICLE 1er. — Une Association de prévoyance est établie
entre les artistes dramatiques.

ART. 2. — Cette Association a pour objet:

1° La distribution de secours aux artistes dramatiques faisant partie de la Société;

2° La création de pensions de retraite.

ART. 3. — La Société prend le titre d'*Association de secours
mutuels des artistes dramatiques*.

ART. 4. — Le siége de l'Association demeure fixé à Paris.

COMPOSITION DE LA SOCIÉTÉ.

ART. 5. — Sont aptes à faire partie de l'Association tous les
artistes dramatiques des deux sexes après une année d'exercice
de leur profession, sauf les exceptions stipulées ci-après.

ART. 6. — Pour devenir membre de l'Association tout artiste
dramatique doit :

1° Déclarer, par une demande d'admission, ses nom, prénoms et surnoms, son âge, son domicile et la date exacte de
ses débuts;

2° Exprimer, par écrit, son adhésion aux présents statuts;

3° Acquitter un droit d'admission fixé à quarante francs.

L'inscription du nouveau sociétaire sur les registres matricules n'aura lieu qu'après ce versement.

ART. 7. — Indépendamment du droit d'admission, chaque
sociétaire est tenu de payer une cotisation dont le minimum
est fixé à un franc par mois.

Néanmoins, ceux des sociétaires actuels qui, à la condition
expresse de n'obtenir que les pensions promises par les anciens
statuts, après trente et quarante ans d'exercice de l'art dramatique, voudraient rester sous l'empire de ces statuts, en ce qui
concerne le taux de la cotisation mensuelle, pourront continuer
à ne payer que cinquante centimes par mois. Ils devront en
faire la déclaration par écrit au comité, savoir :

1° Les sociétaires résidant en France, dans le délai de trois
mois;

2º Les sociétaires résidant hors de France, mais en Europe, dans un délai de six mois;

3º Les sociétaires résidant hors de l'Europe, dans le délai d'un an, à compter de l'approbation des présents statuts.

ART. 8. — Les sociétaires qui auront accepté les présents statuts, mais qui seraient temporairement hors d'état d'acquitter la cotisation d'un franc par mois, pourront demander par écrit l'autorisation de ne payer mensuellement que cinquante centimes. Le comité d'administration est investi du droit de statuer sur ces demandes et de maintenir ou de révoquer les autorisations qu'il aura données.

ART. 9. — Le montant de la cotisation mensuelle du sociétaire secouru sera prélevé sur le chiffre du secours qu'il aura obtenu, et versé en son nom, par le trésorier, dans la caisse de la Société, afin de prévenir la déchéance ci-après stipulée.

ART. 10. — Sauf les cas prévus par les articles 7 et 8, tout sociétaire, qui aura laissé écouler deux années sans payer la cotisation d'un franc par mois, cessera de plein droit, à l'expiration de la seconde année, de faire partie de l'Association, sans qu'il soit besoin d'aucun acte de mise en demeure et par la seule échéance du terme.

ART. 11. — Il est loisible aux sociétaires d'anticiper sur les époques du payement de la cotisation mensuelle pour autant de temps qu'ils le jugeront convenable. Ils ont également la faculté de s'exonérer définitivement de cette cotisation par la remise pure et simple, sans clause de retour, entre les mains du trésorier et en une seule fois, de la somme nécessaire pour acheter douze francs de rentes, trois pour cent, au cours du jour de leur versement.

ART. 12. — Ne pourra être admis dans l'Association aucun artiste ayant subi une peine afflictive ou infamante, ou un emprisonnement de plus d'une année, à raison de crimes ou délits prévus dans le livre III, titre II, chapitre 2 du Code pénal.

Le membre de l'Association qui viendrait à être condamné à l'une des peines ci-dessus énoncées, sera rayé immédiatement des registres de la Société.

ART. 13. — Les artistes dramatiques qui auront cessé de faire partie de l'Association, par suite de démission, de déchéance ou d'exclusion, non plus que les héritiers des sociétaires décédés, ne pourront en aucun cas exercer contre la Société aucune répétition, à raison des sommes versées par eux ou leur auteur dans la caisse de l'Association. Ces sommes demeurent acquises à la Société.

ADMINISTRATION DE LA SOCIÉTÉ.

Art. 14. — Le comité désigne à M. le ministre de l'intérieur par la voie du scrutin secret, trois candidats pour les fonction de président.

Les trois candidats devront, pour être présentés, réunir un nombre de suffrages égal aux deux tiers plus un du nombre des membres du comité en exercice.

Le président de l'Association est nommé par l'Empereur.

Art. 15. — La Société est administrée par un comité de trente membres, dont M. le baron Taylor, président-fondateur de l'Association, fait partie de droit. Les vingt-neuf autres membres du comité sont nommés par l'assemblée générale, au scrutin et à la majorité relative des suffrages parmi les sociétaires, hommes, âgés de plus de vingt-cinq ans.

Dans le cas où plusieurs sociétaires obtiendraient un nombre égal de suffrages, l'élection profitera au plus âgé.

Art. 16. — Le comité se renouvelle chaque année par cinquième. Pendant les quatre premières années, les membres sortants sont désignés par la voie du sort. L'ancienneté déterminera ensuite l'ordre de sortie.

Les membres sortants sont toujours rééligibles.

Art. 17. — Lorsque, par suite de décès ou de toute autre cause, le comité se trouvera réduit à moins de vingt membres dans l'intervalle des élections, le comité pourra combler les vacances par l'adjonction de membres provisoires, qui jouiront des mêmes droits que les membres titulaires, jusqu'au moment de la prochaine assemblée générale.

Art. 18. — Dans le cas de démission de tous les membres du comité ou de réduction du comité par une cause quelconque à moins de quinze membres, une assemblée générale extraordinaire sera convoquée dans le délai d'un mois par les soins du président de l'Association pour reconstituer le comité.

Les sociétaires élus en remplacement des membres du comité, qui n'auraient pas atteint le terme de leurs fonctions, ne seront nommés que pour le temps pendant lequel ces derniers devaient rester en exercice.

Cette restriction n'est pas applicable au cas de renouvellement intégral du comité.

Art. 19. — Le comité nomme dans son sein : quatre vice-présidents, un secrétaire rapporteur, quatre secrétaires, un archiviste. — Les membres du bureau ne sont nommés que pour un an.

Art. 20. — Le comité se réunit au moins une fois par semaine.

Art. 21. — Le comité statue sur : les demandes d'admission, les déchéances encourues par les sociétaires, les demandes de secours et pensions. — Il nomme et délègue des agents et autres employés, soit à Paris, soit dans les départements et à l'étranger pour les intérêts de la Société. — Il accepte les dons et legs faits à l'Association et la représente dans tous les actes de la vie civile. — Il arrête les comptes du trésorier et dresse les budgets de la Société. — Il prend toutes les mesures d'ordre et d'administration que peuvent exiger l'intérêt des sociétaires, le bon emploi des ressources et la prospérité de l'Association.

Art. 22. — Les délibérations du comité sont prises à la majorité des membres présents.

En cas de partage, la voix du président est prépondérante.

Art. 23. — Pourra être déclaré démissionnaire tout membre du comité qui aura manqué à trois séances consécutives, sans motif reconnu légitime par le comité.

Pour être valable, la décision du comité entraînant la démission d'un de ses membres ou l'exclusion d'un sociétaire, pour des causes autres que celles prévues par les articles 10 et 12, devra résulter d'un nombre de votes affirmatifs égal à la moitié plus un du nombre des membres du comité en exercice.

ASSEMBLÉES GÉNÉRALES.

Art. 24. — Il y aura chaque année, dans l'intervalle compris entre le 15 avril et le 15 juin, une assemblée générale de l'Association. — Cette assemblée sera annoncée quinze jours à l'avance par un avis inséré dans deux journaux de théâtres et dans deux grands journaux quotidiens de Paris. — Tous les sociétaires présents à Paris ont le droit d'assister à l'assemblée générale et de prendre part à ses opérations, qu'ils aient ou non reçu des lettres de convocation individuelle.

Art. 25. — Les président, vice-présidents et secrétaires du comité remplissent les mêmes fonctions aux assemblées générales.

Art. 26. — Les délibérations de l'assemblée générale sont prises à la majorité relative de voix des membres présents, et constatées par des procès-verbaux signés du président et du secrétaire de service. — Les délibérations de l'assemblée générale obligent tous les membres de la Société.

Art. 27. — Indépendamment de l'assemblée générale annuelle, prévue par les présents statuts, le président en convoque d'extraordinaires pour un objet déterminé, lorsque le comité en reconnaît la nécessité. — Lorsqu'il ne se trouvera pas trois cents membres présents à une assemblée générale extraordinaire, aucune délibération ne pourra être adoptée. Une nouvelle convocation sera faite conformément aux dispositions de l'article 24. Les résolutions prises dans cette seconde réunion seront valables, quel que soit le nombre des membres présents. — Dans l'intervalle de ces réunions annuelles ou extraordinaires, le comité est investi du droit de consentir les changements que le gouvernement jugerait nécessaire d'apporter aux propositions ou projets quelconques adoptés par l'assemblée générale.

Art. 28. — Le comité présente à l'Assemblée générale annuelle le compte-rendu de l'état de l'Association, des recettes et dépenses de l'année écoulée, ainsi que la situation du fonds social. Il dépose sur le bureau, à l'appui de son rapport, le compte en deniers affirmé et signé par le trésorier, vérifié et certifié par le comité d'administration, et enfin visé par le président de la Société. — Un double de ce compte-rendu est adressé par les soins du président à S. Exc. M. le ministre de l'intérieur. — Après l'audition du compte-rendu, l'assemblée procède au remplacement des membres sortants du comité; et de ceux qui auraient déjà cessé d'en faire partie pour quelque cause que ce soit.

RESSOURCES ET COMPTABILITÉ.

Art. 29. — Les ressources de l'Association se composent : 1º du produit des capitaux placés en rentes sur l'État; — 2º du produit des droits d'admission; — 3º du produit des cotisations mensuelles; — 4º du produit des bals, concerts, représentations et fêtes donnés au profit de l'Association; — des dons, legs, subventions et autres libéralités.

Art. 30. — Les intérêts des fonds placés sont seuls à la disposition du comité. Ils seront exclusivement affectés jusqu'en 1869 inclusivement : 1º aux frais annuels d'administration; — 2º aux pensions pour trois quarts, et aux secours pour un quart de la somme restante. — Le surplus des recettes ordinaires ou accidentelles de la Société, déduction faite des frais de bals, fêtes, concerts ou représentations, sera intégralement consacré à l'acquisition de rentes sur l'État, lesquelles rentes recevront l'emploi déterminé par le paragraphe précédent. — Le capital des rentes est inaliénable.

Art. 31. — Toutes les recettes et les dépenses de l'Association sont effectuées par un trésorier à la nomination du comité.

— Le trésorier est tenu de fournir pour la garantie de sa gestion un cautionnement dont le chiffre est fixé par le comité.

Art. 32. — Le comité détermine le mode des écritures et les règles de la comptabilité. — Les dépenses sont acquittées sur des mandats délivrés par le président, après autorisation et vérification de chaque dépense par le comité.

Art. 33. — Le trésorier présente au comité, dans le mois de janvier, son compte de gestion pour l'année expirée. Le comité arrête au mois de décembre le budget des recettes et dépenses de l'Association pour l'année suivante.

SECOURS ET PENSIONS.

Art. 34. — Les sociétaires ne peuvent réclamer aucune somme à titre de prêt. — Les demandes de secours et pensions doivent être formulées par écrit, signées par les pétitionnaires et adressées directement au comité d'administration.

Art. 35. — Le droit aux secours ne s'ouvre pour les sociétaires qu'un an après leur admission. — Le comité détermine par le règlement d'administration intérieure le chiffre et la durée des secours. — Dans des cas rares et vraiment exceptionnels, dont le comité sera juge, des secours pourront être donnés aux père, mère, conjoint ou enfants d'un sociétaire décédé. — Aucun membre du comité ne peut obtenir de secours pour lui et les siens, pour quelque cause que ce soit, pendant l'exercice de son mandat.

Art. 36. — A partir du premier avril mil huit cent cinquante-huit, des pensions seront liquidées par le comité en faveur des artistes sociétaires qui auront cessé l'exercice de leur profession, au taux et sous les conditions déterminés par les anciens statuts de l'Association.

Art. 37. — Les pensions de retraite seront, à partir du premier avril mil huit cent soixante-dix, de trois, quatre et cinq cents francs.

Art. 38. — Une pension de retraite ne peut être accordée qu'aux sociétaires qui n'exercent plus leur profession, qui ont soixante ans révolus et trente années de sociétariat.

Trente années d'exercice de la profession dramatique seront exigées des artistes pour avoir droit à la pension de cinq cents francs.

Vingt-cinq années d'exercice seront exigées pour la pension de quatre cents francs.

Vingt années d'exercice suffiront pour obtenir la pension de trois cents francs.

Art. 39. — Dans le cas d'une incapacité permanente de travail, les sociétaires âgés de cinquante ans, qui rempliront les conditions énoncées dans l'un des trois derniers paragraphes de l'article 38, pourront obtenir une subvention annuelle de deux cents francs, à titre de secours fixe, jusqu'à l'âge de soixante ans. — A soixante ans, il leur sera liquidé par les soins du comité une pension viagère définitive calculée d'après les dispositions des articles 37 et 38. — En aucun cas, les subventions annuelles ne pourront excéder la moitié de la somme réservée au budget pour les secours.

Art. 40. — Le payement de la pension de retraite cessera de plein droit pour tout artiste qui reprendrait l'exercice de sa profession pendant tout le temps de cette nouvelle période d'activité. — Quelle que soit la durée de cette période, il ne peut en résulter aucun droit de réclamer une seconde liquidation de la pension de retraite, dont le payement recommencera au taux déjà fixé, lorsque le titulaire aura définitivement abandonné sa profession. — Néanmoins, le cumul de la pension avec l'exercice de l'art dramatique pourra être toléré par le comité dans le seul cas où le traitement du sociétaire en activité n'excédera pas huit cents francs par an. Toute cession de pension est interdite.

Art. 41. — L'ordre de priorité entre les sociétaires, pour l'obtention d'une pension de retraite, sera déterminé par l'ordre de leur inscription sur les registres matricules de la société.

Art. 42. — Les intérêts des fonds placés, appartenant à l'Association, seront affectés à partir du premier janvier mil huit cent soixante-dix pour un sixième aux secours fixes ou temporaires et pour les cinq sixièmes restants, au service des pensions viagères, après le prélèvement préalable des frais d'administration sur la totalité du revenu. — La Société ne s'engage au service des pensions viagères, que dans la limite ci-dessus indiquée.

Art. 43. — Les titulaires des pensions continueront de payer la cotisation et d'avoir droit aux secours éventuels.

Art. 44. — Dès que les présents statuts auront été légalement sanctionnés, il sera dressé par les soins du comité un règlement d'administration qui devra être soumis à l'approbation de Son Excellence M. le ministre de l'intérieur.

Art. 45. — Aucune modification aux présents statuts ne sera soumise à l'assemblée générale qu'autant qu'elle aura été présentée par le comité d'administration. — Elle devra être approuvée par décret impérial.

3

EXTRAIT DU RÈGLEMENT D'ADMINISTRATION INTÉRIEUR

Approuvé le 10 février 1862 par le ministre de l'intérieur.

BUREAU DU COMITÉ.

ARTICLE 1ᵉʳ. — Le président assure l'exécution des statuts et du règlement, le maintien de l'ordre dans les assemblées générales et dans le sein du comité d'administration. Il pose et résume les questions, les met aux voix, proclame le résultat des votes et porte la parole au nom de l'Association.

Les vice-présidents ont tous les droits et prérogatives du président lorsqu'ils le remplacent, ils siégent près de lui dans le comité et dans les assemblées générales.

TENUE DES SÉANCES. — ORDRE DES DÉLIBÉRATIONS.

ART. 10. — Le président rappelle seul à l'ordre le membre du comité ou le sociétaire qui enfreint quelque disposition des statuts ou du règlement, qui s'écarte de la question ou qui blesse les convenances.

ART. 11. — En cas de tumulte dans le sein d'une assemblée générale ou du comité, le président peut suspendre la séance, et si, lorsqu'elle est reprise, le tumulte renaît, le président met fin à la réunion.

ART. 15. — Aucune personne étrangère à la Société ne peut assister aux assemblées générales sans une autorisation du président. Tout sociétaire appelé devant le comité d'administration ou réclamant son introduction, pour quelque cause que ce soit, ne pourra demeurer dans la salle des séances que pendant l'examen de l'affaire qui le concerne.

DES ADMISSIONS ET DE L'IMMATRICULATION.

ART. 39. — Les artistes dramatiques, lyriques, mimes et chorégraphes, ayant rempli toutes les conditions déterminées par les statuts, seront proposés par la commission des comptes à l'acceptation du comité. Les admissions prononcées par le comité seront insérées au procès-verbal et les sociétaires admis seront immatriculés par les soins de la commission des comptes.

Les artistes qui n'auront par versé dans la caisse de la société la somme intégrale du droit d'admission, ou qui devront régulariser leur acte d'adhésion, ne seront immatriculés qu'après avoir pleinement satisfait à toutes les conditions des statuts. Ils prendront le titre de STAGIAIRES, jusqu'au jour de leur immatriculation.

Art. 40. — Le droit aux secours et à la pension de retraite ne court pas pour les stagiaires.

Les à-comptes versés par les stagiaires à valoir sur le droit d'admission fixé à 40 francs par les statuts ne pourront jamais être inférieurs à la somme de 2 francs.

Art. 41. — Le numéro-matricule le plus favorable sera toujours accordé au stagiaire qui, le premier, aura soldé complétement son droit d'admission. Dans le cas où plusieurs stagiaires auraient acquitté leur droit d'admission le même jour, le plus âgé aura toujours la priorité.

Dans le cas exceptionnel où plusieurs stagiaires seraient nés le même jour, la priorité appartient au plus ancien dans la carrière théâtrale.

Art. 42. — Le sociétaire doit la cotisation de l'année entière où il est admis.

Quelle que soit la date de l'immatriculation d'un sociétaire, dans le cours d'une année, l'année entière est comptée pour un an de sociétariat.

DES RADIATIONS.

Art. 43. — La liste générale des sociétaires est révisée tous les ans, au mois d'avril, dans le but d'effectuer les radiations devenues nécessaires.

Tout sociétaire qui, au moment de la révision, se trouvera débiteur d'une somme égale ou supérieure à DEUX ANNÉES DE COTISATIONS, sera définitivement rayé.

Tout stagiaire qui aura laissé écouler deux années, à partir du jour de son dernier versement, sans donner un nouvel à-compte sur son droit d'admission, sera également radié.

Tout artiste qui aura fait une fausse déclaration dans l'une des pièces produites par lui, et tout délégué qui aura sciemment certifié une fausse déclaration, seront passibles de la même peine.

Art. 44. — Tout sociétaire qui aura temporairement versé par anticipation des sommes plus fortes que la cotisation exigible sera maintenu sur la liste générale des sociétaires, si, à l'époque des radiations, le chiffre total de ses versements égale le minimum des cotisations fixées par les statuts, même dans le cas où il aurait cessé de payer lesdites cotisations pendant une période de temps quelconque.

DES DÉLÉGUÉS.

Art. 49. — Les pouvoirs des délégués sont valables pour une

année seulement, et pour le théâtre désigné dans leur brevet. Ils peuvent être renouvelés.

Le droit de nomination comporte, pour le comité, le droit de révocation des délégués.

Art. 50. — Les délégués transmettent, du 1er au 15 de chaque mois, — au trésorier, le montant intégral des fonds reçus par eux; — au comité, un avis indiquant la date, la nature et le chiffre des versements.

Toutes demandes, communications ou rapports doivent être adressés directement, par les délégués, à MM. les membres du comité de l'Association des artistes dramatiques, à Paris.

Art. 51. — Au commencement de chaque année théâtrale, immédiatement après les débuts, les délégués font parvenir au comité, en double expédition, un tableau contenant les noms, prénoms, surnoms de tous les artistes dramatiques attachés à leur théâtre, qu'ils fassent ou non partie de la Société.

Ce tableau, arrêté, certifié et signé par les délégués, indiquera, d'après le dernier annuaire, les numéros des folios des comptes des sociétaires, et sera transmis au comité.

Art. 52. — Les délégués sont chargés de veiller à ce que tous les renseignements exigés à l'appui des demandes d'admission soient exactement donnés. Ils certifient et signent les actes d'adhésion. Ils ont la mission d'organiser des fêtes, bals, représentations et collectes en faveur de la Société, et sont les représentants du comité dans leurs théâtres respectifs.

DU TRÉSORIER.

Art. 54. — Le trésorier tient, jour par jour, un livre de caisse sur lequel il inscrit tout ce qu'il reçoit et paye.

Le livre de caisse de la Société établit seul la date officielle de tous les versements.

Art. 57. — Le trésorier inscrit au compte particulier du sociétaire la date de sa réception et de tout autre document qui peut déterminer le point de départ des droits aux secours et aux pensions de retraite. Mention de cette date est faite sur les documents eux-mêmes.

Les pièces produites à l'appui des demandes d'admission, de secours ou de pensions, sont confiés à la garde du trésorier, et ne sont restituées aux sociétaires sous aucun prétexte.

Toutes modifications, additions ou surcharges auxdites pièces sont interdites, à peine de révocation du trésorier.

Art. 59. — Le montant des cotisations des pensionnaires et des sociétaires secourus est toujours prélevé sur les arrérages de la pension ou sur le secours, et porté en recette au compte particulier de chacun d'eux.

Art. 62. — Le bureau du comité sera ouvert tous les jours de neuf heures du matin à cinq heures du soir, les dimanches et fêtes jusqu'à midi.

DES DIPLÔMES DES SOCIÉTAIRES ET DES ANNUAIRES.

Art. 64. — Un diplôme énonçant les nom, prénoms, surnoms, date et lieu de naissance, profession et domicile du sociétaire, la date de sa réception et généralement tous les faits résultant des déclarations et productions prescrites par l'article 6 des statuts, sera remis, sur sa demande, à chaque sociétaire, par le trésorier. Ce diplôme porte un numéro d'ordre correspondant à celui du registre matricule sous lequel est admis le sociétaire. Il contient les statuts en vigueur et les instructions générales ; il est signé par le président de la Société.

Le prix du diplôme est fixé à un franc.

Art. 66. — Les noms des stagiaires figureront dans les annuaires, dans un caractère typographique différent de celui des sociétaires.

DES SECOURS.

Art. 75. — Les membres d'un conseil médical, composé de médecins des villes dans lesquelles le comité a des délégués, donnent gratuitement leurs soins aux sociétaires qui leur sont adressés, à Paris par le comité, et en province ou à l'étranger par les délégués. Le comité publie la liste des pharmaciens qui délivrent aux sociétaires des médicaments à prix réduits.

JUSTIFICATION DU DROIT A LA PENSION DE RETRAITE.

Art. 77. — Aucune pension de retraite n'est liquidée d'office au profit du sociétaire qui ne l'a point réclamée. Toute demande de pension doit être adressée au comité, trois mois avant les époques déterminées pour les liquidations par l'article 79 ci-dessous.

Cette demande est accompagnée, sous peine de nullité : 1° de l'acte de naissance du sociétaire ; — 2° d'une déclaration constatant son domicile ; — 3° de ses engagements, certifiés par l'autorité municipale de la ville où ils auront été remplis.

A défaut d'engagements et lorsque l'impossibilité de les produire aura été prouvée au comité, les années d'exercice de l'art dramatique pourront être constatées par un acte de notoriété, affirmé ès-mains des notaires, par la partie intéressée, et signé de deux témoins.

La demande en liquidation et les pièces à l'appui sont inscrites au procès-verbal.

Art. 79. — Toute demande de pension est renvoyée à l'examen de la commission des comptes, qui en soumet postérieurement la liquidation à la sanction du comité.

Le comité liquide les pensions de retraite deux fois par an à compter du 1er avril et du 1er octobre. Les arrêts de liquidation sont rendus en séance par le comité.

Art. 80. — La jouissance des pensions de retraite commence toujours du 1er janvier ou du 1er juillet. Les pensions de retraite sont payées par douzième et à terme échu le 1er de chaque mois.

Art. 81. — Les arrérages des pensions, dont le paiement n'aura pas été réclamé par les titulaires, demeureront acquis à la Société, après un délai d'une année.

Le titulaire qui se présente après une ou plusieurs années d'absence obtient de plein droit le paiement des six derniers mois de la pension de retraite, et sa réintégration dans tous ses droits pour l'avenir.

Les arrérages dus au décès d'un pensionnaire demeureront acquis à la Société.

Art. 82. — Le comité a le droit, pour le paiement d'une pension de retraite, d'exiger la production d'un certificat de vie. Tout sociétaire, convaincu d'avoir employé des moyens frauduleux et mensongers pour obtenir la liquidation de sa pension, sera immédiatement exclu de la Société, sans préjudice des poursuites légales.

Art. 83. — Tout pensionnaire rayé des registres de la Société, en exécution de l'article 12 des statuts, perd ses droits à la pension, lors même qu'elle aurait été liquidée et déjà payée.

La perte du droit à la pension et la déchéance sont prononcées par un arrêté du comité.

DISPOSITIONS GÉNÉRALES.

Art. 84. — Les cotisations mensuelles sont payables d'avance.

Tous frais de poste et d'affranchissements restent à la charge des sociétaires intéressés.

Le trésorier les retient sur le montant des sommes à expédier.

Les mêmes frais, pour la correspondance du Comité avec ses délégués, demeurent à la charge de l'Association.

Art. 86. — Les réclamations des sociétaires ne sont admises que sur des faits accomplis depuis moins de cinq ans.

Art. 87. — Le Sociétaire qui a perpétué sa cotisation de 6 francs par an, avant le décret impérial du 6 décembre 1856, devra, pour jouir des bénéfices accordés par les statuts actuels, payer une cotisation supplémentaire de CINQUANTE CENTIMES par mois, s'il ne préfère s'exonérer définitivement, en remettant au trésorier la somme nécessaire pour acheter, de nouveau, 6 francs de rente.

Le Sociétaire, qui n'accomplira pas l'une ou l'autre de ces prescriptions, conservera néanmoins sa qualité de sociétaire perpétuel; son nom sera maintenu sur les annuaires, mais il n'aura droit qu'aux pensions de retraite promises par les·statuts de 1840.

Entreprise avec un modeste capital de trois mille francs, l'Association est, aujourd'hui, deux fois millionnaire, et, comme le disait naguère M. Edmond Thierry, grâce aux cotisations, aux dons, aux legs accumulés, aux représentations, aux bals, aux loteries, les premiers mille francs du baron Taylor ont produit quatre-vingt mille livres de rente, et bien des infortunes se reposent à cette ombre tutélaire.

Quel plus bel éloge peut-on faire de cette respectable Association ?

Ajoutons qu'une décision du 19 août 1863 a déclaré cette Société sans droit pour exercer devant les tribunaux toutes autres actions que celle ayant trait à sa propre conservation.

Association des Artistes Musiciens. — A l'instar des artistes dramatiques, les musiciens ont fondé, en 1843, sous les auspices de M. le baron Taylor, une Association de secours mutuels.

Comme on le voit par les statuts que nous reproduisons, cette Association a pour but de venir en aide à chacun de ses membres, de défendre leurs droits et de contribuer au développement des arts.

OBJET DE LA SOCIÉTÉ.

Article 1er. — Une Association est établie entre tous les artistes musiciens.

Art. 2. — Cette Association a pour triple but :

1º De fonder une caisse de secours et de pensions au profit des sociétaires;

2º D'améliorer la position et de défendre les droits de chacun de ses membres;

3º D'appliquer toute la puissance que donne la combinaison

des forces et des intelligences, au développement et à la splendeur de l'art.

Art. 3. — Sont aptes à faire partie de l'Association :

1° Tous les musiciens français en exercice ou retirés ;

2° Tous les musiciens étrangers ;

3° Tous les amateurs de musique ;

Pour être membre de l'Association, toute personne devra :

1° Être agréée par le comité :

2° Adhérer aux présents statuts dans la forme fixée par le comité ;

3° Payer exactement la cotisation ci-après fixée.

Un retard de douze mois dans le payement de la cotisation peut entraîner la déchéance. Toutefois le comité ne pourra prononcer cette déchéance qu'après trois mises en demeure infructueuses, ou un refus constaté de payer. Le comité appréciera les causes de retard, et pourra, s'il y a lieu, relever de la déchéance.

Le membre de l'Association qui aura manqué à son engagement sera déchu de plein droit des avantages de l'Association, et les sommes par lui versées antérieurement resteront acquises à la Société.

Si un membre, après avoir été rayé, rentre dans l'Association, il prendra rang, parmi les sociétaires, d'après la date de sa rentrée ; à moins qu'il n'acquitte toutes les cotisations arriérées.

Ne pourra faire partie de l'Association aucun individu ayant subi une peine afflictive ou infamante ou une condamnation pour crimes et délits compris dans le chapitre II, titre II, livre 3 du Code pénal.

NATURE DE L'ASSOCIATION.

Art. 4. — N'auront droit aux avantages de l'Association que les personnes ayant adhéré par signature aux présents statuts.

Toutefois, le comité aura le droit d'accorder un secours, une fois donné, aux père, mère, veuve ou enfants d'un sociétaire.

Art. 5. — L'Association prend le nom de : *Association des Artistes Musiciens.*

Art. 6. — Le siége de la Société est provisoirement chez M. Taylor, fondateur de l'Association, rue de Bondy, 50, à Paris.

Le comité sera juge de la convenance de le transférer ailleurs, selon les besoins, le développement et l'extension de la Société.

Art. 7. — En raison de sa nature et de son triple but, la durée de la Société est illimitée.

En aucun cas et sous aucun prétexte, il ne peut y avoir lieu à une liquidation du capital, qui demeure propriété collective inaliénable, et dont les intérêts seuls peuvent être employés par le comité conformément aux statuts.

Art. 8. — La Société est purement civile. Seulement le comité devra, aussitôt que possible, faire les démarches nécessaires pour obtenir la conversion en Société anonyme, comme *établissement d'utilité publique.*

Art. 9. — Tout sociétaire demandant un secours, ou postulant une pension, devra adresser sa demande par écrit au comité, ou à l'un de ses membres, signer et indiquer son domicile. La demande sera soumise au comité dans la séance qui en suivra immédiatement le dépôt.

FONDS SOCIAL.

Art. 10. Le fonds social se compose :

1° D'une cotisation mensuelle fixée au minimum de 50 centimes par mois ;

Le mode de perception et d'acquit de cotisations sera déterminé par le comité.

2° Des dons, legs, recettes de concerts, bals et fêtes de tout genre, et généralement de tous autres profits que l'Association pourra réaliser.

3° Et de l'excédant des intérêts non employés pendant le cours de l'exercice, lequel excédant devra être placé par les soins du comité, comme le reste des capitaux de l'Association.

Art. 11. Toutes les recettes sont effectuées par un trésorier. Ce comptable fournit un cautionnement dont le montant est déterminé par le comité, qui fixera également le mode des écritures et de la comptabilité.

Les recettes de la Société seront converties en valeurs immobilisables, garanties par l'Etat. L'agent-trésorier de l'Association ne devra jamais conserver en caisse, outre la somme nécessaire aux pensions, au-delà de la somme suffisante pour acheter dix francs de rente.

Les intérêts ou arrérages produits par les fonds appartenant à la Société seront à la disposition du comité, qui ne pourra, en aucun cas et sous aucun prétexte, en aliéner le capital.

ASSEMBLÉES GÉNÉRALES.

Art. 12. — L'assemblée générale est convoquée pour entendre le compte-rendu des opérations de chaque année. Ce compte, comprenant l'exposé des recettes et dépenses, l'état du fonds social, doit être affirmé par l'agent-trésorier responsable, vérifié et certifié par le comité, et visé par le président et l'un des secrétaires.

L'assemblée générale se compose de tous les sociétaires.

Cette réunion aura lieu à l'époque jugée la plus opportune par le comité. Toutefois, il ne pourra pas s'écouler moins de neuf mois ni plus de quinze entre deux assemblées générales.

Elle pourra être convoquée dans tous les cas extraordinaires, quand le comité le jugera nécessaire.

Il sera donné avis de l'assemblée générale dans les quinze jours qui la précéderont :

1° Par affiches dans tous les foyers des orchestres et chœurs des théâtres, et chez les marchands de musique, luthiers, etc.;

2° Par lettres écrites aux chefs de musique de l'armée ; aux chefs d'orchestre des bals et sociétés lyriques dont l'existence aura été signalée au comité ;

3° Par insertion gratuite dans le plus grand nombre possible de journaux.

L'assemblée générale nommera aux places vacantes du comité.

Ce comité sera renouvelé par cinquième chaque année ; le sort désignera les quatre premiers cinquièmes des membres sortants.

Les membres sortants pourront être réélus.

Les délibérations seront prises au scrutin secret, à la majorité relative des voix.

Le président, les vice-présidents et les secrétaires du comité exerceront les mêmes fonctions dans les réunions de l'assemblée générale.

COMITÉ DE LA SOCIÉTÉ.

ART. 13. — Le comité sera composé :

1° De M. Taylor, fondateur ;

2° De soixante membres, dont quarante au moins pris parmi les compositeurs et artistes musiciens exerçant.

Aussitôt après son élection annuelle, et dans la réunion qui suivra, le comité formera son bureau.

Le comité s'assemblera au moins une fois par semaine.

Le comité est appelé :

A délibérer sur les demandes d'admission, sur les demandes de secours et de pensions et sur toutes les mesures à prendre dans l'intérêt de l'Association et de ses membres;

A entendre les observations, propositions et communications, que tout sociétaire a le droit de lui faire dans l'intérêt de l'Association ou des artistes.

Le comité est spécialement chargé de tout ce qui concerne l'administration de la Société.

Attendu que les fonctions du comité sont purement officieuses et n'entraînent aucune gestion ni responsabilité, par le seul fait de la réunion de l'assemblée générale annuelle et de la nomination du nouveau comité, tous les membres sortants sont et demeurent, de plein droit, dégagés de toute responsabilité sans qu'il soit besoin d'aucune décharge, de quelque nature que ce soit.

Pour son ordre particulier, le comité aura un règlement d'intérieur auquel chacun de ses membres se trouvera soumis.

En cas de démission, déchéance ou décès d'un ou de plusieurs de ses membres, le Comité pourvoira aux vacances, et les nouveaux membres prendront le rang de ceux qu'ils auront à remplacer.

Pourra être déclaré démissionnaire, tout membre du comité qui aura manqué à huit séances ordinaires consécutives, sans motifs reconnus légitimes par le comité.

Si le comité se trouve réduit à moins de trente membres, une assemblée générale extraordinaire devra être convoquée pour procéder aux élections.

Art. 14. — Si dans le cours de la Société, l'expérience démontre que des modifications doivent être apportées aux présents statuts, le comité, s'en référant à l'avis du conseil judiciaire, est investi du droit de faire ces modifications qui seront communiquées à la prochaine assemblée générale, et devront ensuite être déposées pour minute au notaire de l'Association, par un acte signé de tous les membres du comité.

CONSEIL JUDICIAIRE.

Art. 15. — La Société sera pourvue d'un conseil judiciaire nommé par le comité, et composé au moins :

1° D'un notaire;

2° De deux avoués près le Tribunal civil de première instance de la Seine;

3° De deux avoués à la Cour d'appel;

4° De quatre avocats près la Cour d'appel;

5° De deux agréés près le Tribunal de commerce.

Le conseil judiciaire aura pour fonction :

1° D'éclairer le comité sur toutes les affaires litigieuses et contentieuses qui pourront intéresser l'existence ou la prospérité de l'Association.

2° De venir en aide au comité pour défendre les droits de tout sociétaire, dans les circonstances où le comité aura reconnu que la moralité de la cause doit motiver son intervention.

CONSEIL MÉDICAL.

ART. 16. — La Société sera également pourvue d'un conseil médical.

Ce conseil sera composé de tous les médecins, chirurgiens et pharmaciens, qui voudront bien mettre au service de l'Association leurs lumières et leur dévouement, et qui seront agréés par le comité pour cette œuvre fraternelle.

Le comité seul désignera aux médecins et chirurgiens les sociétaires qui auront besoin de leurs secours, et indiquera aux sociétaires les pharmaciens chargés de leur livrer les médicaments.

Les visites des médecins de l'Association pourront être accordées, suivant l'avis du comité, aux ascendants et descendants directs partageant le domicile des sociétaires.

DISPOSITIONS TRANSITOIRES.

ART. 17. — Les membres du comité, actuellement en fonctions, continueront d'en faire partie jusqu'à leur renouvellement, conformément à l'art. 12 ci-dessus.

Dans l'assemblée générale prochainement convoquée pour la communication des présents statuts, il sera pourvu à la nomination des membres devant compléter le nombre fixé par l'art. 13.

Dans sa séance annuelle de 1876, le rapporteur de l'Association a fait connaître aux intéressés que l'Association possède actuellement, en chiffres ronds, 50,000 francs de rente.

Il a en outre déclaré que la reconnaissance de la Société comme établissement d'utilité publique amenait une modification à l'article 10 des statuts. La cotisation de 6 francs a été, en conséquence, portée à 12 francs par an, et les pensions de droit de 200 et 300 francs ont été élevées à 400 et 500 francs à partir de l'année 1900.

Comme on le voit le succès de cette Association n'a fait que s'accroître, et tout éloge serait superflu.

Association en participation. — Une association dramatique peut se constituer sous la forme de société en participation.

Le directeur du théâtre, étant connu du public et, dans tous les cas, garant indéfini des engagements qu'il contracte, rien ne s'oppose à ce qu'il fasse participer aux bénéfices ou aux pertes de son entreprise des étrangers dont le nom n'est pas livré à la publicité.

De même, il peut être formé entre le directeur et un auteur une participation pour l'exploitation d'une ou plusieurs pièces déterminées. La même association peut se faire entre le directeur et un artiste pour un nombre fixe de représentations. Il est bien entendu que, dans ces deux hypothèses, l'association n'existe réellement qu'autant que l'un et l'autre supportent une partie des pertes de même qu'ils sont appelés à recueillir une part de bénéfices.

Assurance contre l'incendie. — C'est devant le tribunal de commerce que doivent être portés les procès relatifs à l'assurance faite par un directeur de la salle où il exploite son industrie.

Assurance et prorata. — Il existe, dans un très grand nombre d'entreprises départementales, un mode par lequel le directeur, sans mettre les artistes en société, stipule avec eux qu'ils auront une part d'appointements fixes et une autre part variable en raison des recettes. C'est ce que l'on appelle appointements avec *assurance et prorata*.

La portion déterminée est payée mensuellement à l'artiste, mais le prorata ne se touche qu'à la fin de l'année théâtrale.

Ce mode d'engagement a pour effet de laisser au directeur l'initiative entière de l'entreprise, l'appréciation des dépenses de toute nature qui sont à faire, en un mot tout ce qui tient à l'administration, sans autre contrôle que la vérification des dépenses annoncées. De telle sorte que le directeur ne court aucun risque sérieux, puisque sa part de traitement, équivalent aux appointements de l'artiste le mieux rétribué, est par lui prélevée mensuellement, que l'augmentation du matériel, obtenue aux frais de tous, ne profite qu'à lui seul, et qu'enfin il touche une part proportionnelle dans les bénéfices.

Nous ne saurions trop engager les artistes à ne point signer de semblables clauses, qui sont tout à l'avantage du directeur, sans profit sérieux pour eux.

Ateliers. — Aucun atelier ne peut être établi au-dessus du théâtre. — Des ateliers ne peuvent être établis au-dessus de la salle que pour les peintres et les tailleurs, et sous la condition

que les planchers soient carrelés et lambrissés ; dans le cas où
l'on établirait des ateliers pour les peintres, la sorbonne, à moins
que les combles ne soient en fer ou en plâtre, doit être renfermée
dans des cloisons hourdées et enduites en plâtre, plafonnée,
carrelée et fermée par une porte en tôle. — Aucune division ne
peut être faite dans les combles que pour les ateliers désignés
ci-dessus.

Attaques systématiques. — Il arrive assez fréquemment que, systématiquement et dans le but de nuire à un artiste, un journaliste se permette de diriger contre lui des attaques réitérées, qui sortent des limites de la critique.

Lorsque ces vexations prennent le caractère de l'injure ou
de la diffamation, l'acteur lésé doit en demander réparation
devant le tribunal correctionnel. Si elles touchent seulement à
sa position d'artiste, il doit s'adresser aux tribunaux civils,
seuls juges du dommage causé à l'acteur.

Attribution de rôle. — Un auteur dramatique n'est pas
fondé à contester l'attribution, faite à un artiste, d'un rôle qu'il
a déjà répété si, un procès ayant eu lieu au sujet de la pièce,
alors que l'artiste avait déjà suivi les répétitions, il n'a pas produit cette contestation au cours de ce procès.

Auteur anonyme. — Quelquefois les auteurs d'une
œuvre dramatique, représentée ou imprimée, conservent l'anonyme. Il n'en résulte pas, pour cela, que l'œuvre tombe dans
le domaine public. Le dépôt régulièrement opéré conserve, vis-
à-vis des tiers, la propriété relative au droit d'impression, et le
droit de représentation est également sauvegardé par l'effet de
la cession à l'éditeur ou au directeur du théâtre.

Auteurs. — Un auteur dramatique n'est pas commerçant.
En conséquence, il ne peut-être cité par le directeur devant le
tribunal de commerce. Si, au contraire, c'est lui qui actionne
le directeur, il peut l'assigner devant le tribunal de commerce
ou le tribunal civil à son choix.

En outre, la stipulation que fait l'auteur d'une part proportionnelle des recettes ne lui attribue pas la qualité de commerçant. Mais il en est autrement s'il forme avec le directeur une
association pour l'exploitation de son œuvre. Dans ce cas, l'auteur fait un véritable acte de commerce, et devient justiciable
des tribunaux consulaires.

De même, celui qui prend la direction d'un théâtre pour y

représenter ses pièces, devient commerçant, et comme tel est soumis à la compétence du tribunal de commerce.

Il ne faut pas confondre l'auteur et le propriétaire d'un ouvrage. Ces deux qualités peuvent se trouver réunies dans la même personne, mais elles peuvent aussi être séparées par suite d'une cession.

Auteurs étrangers. — Relativement à la propriété littéraire de leurs œuvres, lorsqu'ils les publient autrement que par la voie de la représentation, les auteurs étrangers jouissent, en France, des mêmes droits que les auteurs français, en se conformant aux formalités prescrites et imposées aux nationaux pour la conservation de ces droits.

Lorsqu'un auteur était Français au moment de son mariage, les droits de ses cessionnaires, comme ceux de sa veuve, sont également réglés par la législation française.

Il en est ainsi, encore bien qu'ayant acquis la qualité de français par l'annexion de son pays d'origine à la France, il l'ait perdue plus tard par l'effet de la séparation du pays annexé.

On ne saurait davantage opposer à ses concessionnaires ou à sa veuve qu'il ne résidait plus dans son pays d'origine au moment de l'annexion, et qu'il n'avait pas acquis de domicile en France.

N'ayant pu conserver une nationalité qui n'existait plus, il devient de plein droit Français, et on ne peut lui en contester la qualité qu'autant qu'on établirait qu'il s'est fait naturaliser ailleurs.

La femme, ayant acquis la qualité de Française par son mariage, n'a pu la perdre ni par le retour légal de son mari à son ancienne nationalité, ni par son décès, et par suite les droits des cessionnaires restent régis par la loi française, quant à leur durée.

L'absence de contrat de mariage entraîne pour la femme, dans ce cas, l'adoption du régime de la communauté légale, et lui donne le droit, ainsi qu'aux cessionnaires, d'invoquer le bénéfice des lois françaises sur la propriété littéraire.

En ce qui concerne le droit spécial de représentation, les auteurs et compositeurs étrangers, non admis à établir leur domicile en France, restent soumis au principe général ancien, qui ne les assimilait aux nationaux, qu'à l'égard des œuvres publiées ou représentées pour la première fois en France. Ils sont, dès lors, sans droit pour s'opposer à la représentation de leurs œuvres en France, lorsqu'elles ont été primitivement représentées en pays étrangers.

Autorisation de jouer. — L'autorisation de la censure est nécessaire pour qu'un ouvrage dramatique quelconque puisse être représenté. Cette approbation, une fois donnée, met la direction et les auteurs à l'abri des peines édictées par le décret de 1852, contre ceux qui laissent représenter une pièce non autorisée ; mais elle ne les met pas à l'abri de toutes poursuites.

Nous voulons parler de celles que le ministère public croirait devoir exercer contre eux dans le cas où la pièce contiendrait un outrage à la morale publique ou porterait atteinte au respect des lois. Il en serait de même si des particuliers se prétendaient diffamés, ou si la pièce était représentée sans autorisation.

Les théâtres nationaux ont des règles spéciales. Ainsi, le comité de lecture du Théâtre-Français est muni des pouvoirs les plus étendus pour accepter ou refuser une pièce ; mais cette réception doit être approuvée par le ministre. En effet, un arrêté du ministre d'Etat, du 5 décembre 1853, porte qu'aucun ouvrage, reçu par le comité, ne peut être mis à l'étude sans l'autorisation du gouvernement.

Un autre arrêté, du 11 février 1854, a d'ailleurs étendu cette mesure à tous les théâtres nationaux.

Autorisation d'ouvrir un théâtre. — Imaginé par Charles VI, en 1402, le privilége de l'ouverture des salles de spectacle a depuis subi bien des vicissitudes. Il subsista depuis le commencement du quinzième siècle jusqu'à la fin dix-huitième, où il fut aboli par la loi du 13 janvier 1791.

Rétabli ensuite par une loi de 1835, il est aboli de nouveau en 1848 ; rétabli une seconde fois en 1850, il est consacré par le décret du 30 décembre 1852. Il est enfin aboli une dernière fois par le décret du 6 janvier 1864, relatif à la liberté des théâtres.

Désormais tout individu peut faire construire et exploiter un théâtre, à la charge de faire une déclaration au ministère de l'intérieur et à la préfecture de police pour Paris, à la préfecture pour les départements. Cette déclaration n'est soumise à aucune formalité particulière. Elle consiste à faire connaître à l'autorité municipale l'intention d'élever un théâtre. Elle doit seulement indiquer le lieu où le théâtre sera élevé, sa nature, en un mot toutes les circonstances relatives aux divers intérêts que l'autorité municipale a mission de surveiller.

L'ancienne autorisation, que le gouvernement pouvait, à son gré, accorder ou refuser, n'existe donc plus. L'industrie théâtrale est libre comme toute autre industrie. L'administration peut en surveiller le mode d'action mais non le paralyser ou l'anéantir. Le ministre de l'intérieur conserve le droit de censure sur les ouvrages dramatiques.

Le décret de 1864, abolissant l'ancien privilége, autorise par cela seul tout entrepreneur à faire représenter des pièces à quelque genre qu'elles puissent appartenir.

En ce qui concerne les théâtres d'amateurs ou de société, on s'est demandé si la déclaration au ministère et à la préfecture est nécessaire. Il y a lieu de faire une distinction. Si le public n'est pas admis aux représentations, il n'y a pas lieu de faire cette déclaration. La police ne peut avoir de surveillance directe sur les lieux privés, elle n'en a que sur les réunions publiques. Mais il suffit que le public soit admis, même gratuitement, à des représentations théâtrales, pour que le droit de surveillance, qui appartient à l'autorité, puisse être exercé. Dans ce cas la déclaration doit être faite conformément au décret de 1864.

Autorisation maritale. — V. *Femme mariée.*

Autorité administrative. — Depuis le décret de 1864, relatif à la liberté des théâtres, les attributions de l'autorité administrative se trouvent bien restreintes. Sa compétence s'étend principalement aux contestations, touchant le droit des pauvres, contestations qui, par dérogation au droit commun, sont soumises à cette autorité.

Elles sont d'abord décidées par les préfets en conseil de préfecture, après que les comités consultatifs, établis dans chaque arrondissement pour le contentieux de l'administration des pauvres et des hospices, ont donné leur avis à cet égard. Le recours exercé contre ces premières décisions doit être porté devant le Conseil d'État, section du contentieux. Néanmoins, les décisions des préfets, ainsi rendues, sont exécutoires provisoirement et nonobstant le pourvoi formé devant le Conseil d'État.

Si des poursuites sont nécessitées pour le recouvrement du droit, elles ont lieu par voie de contrainte, suivant le mode ordinaire fixé pour les contributions directes, ou indirectes, mais ces contraintes doivent porter le visa du préfet.

Les contestations que le directeur peut soulever au sujet de ces contraintes doivent être soumises au conseil de préfecture, sauf recours au Conseil d'État si elles portent sur la forme ou le fond de la contrainte; si, au contraire, elles portent sur la validité des poursuites en expropriation forcée, le directeur doit s'adresser aux tribunaux civils.

Dans un grand nombre de cas, l'intervention de l'autorité administrative devient nécessaire. Les ordres qu'elle peut donner doivent être considérés comme des cas de force majeure, et l'entrepreneur doit s'y soumettre,

Autorité municipale. — La police des théâtres appartient, dans les départements, aux maires et adjoints, et dans Paris, au préfet de police. Aucun autre fonctionnaire, les préfets notamment, ne peuvent s'immiscer dans la police ou le gouvernement de ces sortes d'entreprises ; ils n'ont qu'un droit de surveillance. La liberté accordée à tout citoyen, d'élever et exploiter un théâtre public ne touche en rien aux droits de l'autorité municipale. En effet, aux termes de l'article 2 du décret de 1864, sur la liberté des théâtres, les entrepreneurs doivent se conformer aux ordonnances, décrets et règlements pour tout ce qui concerne l'ordre, la sécurité et la salubrité publics. Les lois existant sur la police et la fermeture des théâtres continuent donc à être exécutées.

Pendant le spectacle, il doit y avoir dans chaque théâtre de Paris un officier de police chargé de la surveillance générale et des officiers de paix tenus de faire exécuter ses ordres. Cet officier de police doit porter les marques distinctives de ses fonctions, afin de maintenir l'ordre. Le cas échéant, c'est à lui que l'on doit provisoirement obéir et sur sa sommation verbale on doit se rendre au bureau de police pour y fournir toutes explications. Le commissaire interroge l'individu arrêté au théâtre et, selon les circonstances, il ordonne le renvoi devant les juges compétents ou la mise en liberté.

L'article 19 du règlement pour les théâtres, du 25 avril 1807 et de 1814, autorisent l'administration municipale à intervenir pour décider provisoirement toutes contestations entre directeurs, acteurs et auteurs, qui pourraient troubler ou interrompre les représentations. Toutefois, ces décisions n'empêchent pas, bien entendu, la juridiction ordinaire de statuer sur les questions de dommages-intérêts qui pourraient être soulevées.

Si la demande est formée contre le directeur, elle doit être portée devant le tribunal de commerce, si, au contraire, elle a lieu contre l'auteur ou l'acteur, c'est devant le tribunal civil. Au cas de contrefaçon ou d'abus de confiance, on devrait s'en référer à la juridiction correctionnelle ou civile. Mais les droits accordés par ce décret à l'autorité municipale ne vont pas jusqu'à lui permettre de s'immiscer dans les questions d'intérêt purement privé, par exemple dans les traités passés entre les propriétaires des salles et les troupes.

Là, où l'intérêt public n'est plus engagé, le pouvoir de l'autorité municipale s'arrête.

Nous avons dit plus haut que l'autorité municipale se compose du maire, à son défaut de l'adjoint. Eux seuls ont le droit de statuer provisoirement, et par mesure d'ordre public. Le commissaire de police n'a pas cette faculté. Le maire, en effet, ne peut déléguer une partie de ses fonctions qu'à ses adjoints et aux conseillers municipaux. Par conséquent la délégation qu'il ferait à un commissaire de police serait illégale. De même, à Paris, le préfet de police *seul* peut entendre le directeur et l'acteur et seul il a le droit de prononcer provisoirement sur la contestation et de faire exécuter sa décision.

Dans les départements surtout, l'autorité municipale a le droit de régler le nombre et la régularité des représentations que le public et les abonnés peuvent exiger. Les arrêtés, rendus à cet égard par le maire, tiennent à l'ordre public et doivent être exécutés. — De même en ce qui concerne l'apposition des affiches.

Enfin, l'autorité municipale doit surveiller l'exécution des dispositions concernant les devoirs imposés aux directeurs et notamment les congés et engagements.

Ses pouvoirs ne vont pas jusqu'à s'opposer à la représentation d'une pièce qui a été autorisée par le ministre. Dès que le directeur est muni de l'autorisation ministérielle à cet égard il n'est pas obligé d'obtenir celle du préfet ou du maire. Ces derniers ne peuvent arrêter les représentations que si la pièce occasionne du trouble ou des désordres.

Le rôle de surveillance, attribué à l'autorité municipale, est surtout relatif à la sûreté des citoyens. Elle doit notamment, avant l'ouverture d'un théâtre, reconnaître que la construction ne présente aucun danger pour le public, et fréquemment exiger les vérifications et les expériences nécessaires à cet égard.

De même, des précautions constantes doivent être prises contre l'incendie. Ainsi le décret du 1er germinal an VII ordonne que les décors et machines soient déposés dans des magasins séparés de la salle, qu'un réservoir toujours rempli d'eau soit installé dans la salle même et que la direction paie à ses frais en tout temps un nombre de pompiers suffisant. Il existe encore d'autres précautions qui peuvent être prescrites, telles que l'emploi du fer ou de matériaux particuliers pour la construction du théâtre, un rideau et des portes de fer séparant la scène et la salle, en un mot l'autorité est libre d'ordonner toutes mesures qu'elle juge nécessaires en cas d'accident.

Lorsque le directeur néglige, même un seul jour, les précautions contre l'incendie ou la sûreté de l'édifice, il peut être contraint à fermer son théâtre.

L'autorité municipale est également juge des précautions à prendre pour éviter l'encombrement à l'entrée et à la sortie du théâtre, et le danger d'une trop grande agglomération de voitures.

Son pouvoir s'étend encore à tout ce qui pourrait interrompre la représentation et troubler le public ; ainsi, elle peut autoriser ou défendre la lecture de billets jetés sur la scène, la comparution du directeur ou autre devant le public, mais elle ne peut enlever aux spectateurs le droit d'approbation ou improbation légitimement exprimé.

Ajoutons, enfin, que des mesures exceptionnelles peuvent être prises par l'autorité municipale lorsque des circonstances particulières se présentent, telles que le trouble occasionné par la présence d'un acteur ou par une pièce.

Avances en cas de débuts. — Il est d'usage, lorsque l'artiste doit faire ses débuts, qu'un mois de ses appointements lui soit payé à titre d'avances. L'acte d'engagement stipule en ce cas que, si l'acteur n'est pas accepté par le public dans ses débuts, l'avance qui lui a été ainsi faite, lui sera acquise pour toute indemnité, sans qu'il puisse rien exiger de plus. Mais s'il n'en a point été ainsi convenu dans l'acte d'engagement, les tribunaux décident généralement que, dans le cas où les débuts ont été jugés insuffisants, l'artiste doit rembourser au directeur les avances qu'il lui a faites. Nous croyons que c'est là se montrer bien rigoureux, car souvent l'artiste aura été obligé de se déplacer, ses dépenses auront été plus élevées, et enfin l'insuccès d'un artiste doit toujours entrer dans les prévisions du directeur. Nous pensons donc qu'une indemnité est toujours due à l'artiste malheureux, et qu'il y a lieu de déclarer acquises pour lui les avances qui lui ont été faites.

Le directeur ne peut donc, sous aucun prétexte, refuser d'exécuter cette clause après la signature de l'engagement. Il pourrait seulement, si les débuts ont été mal accueillis par le public, par la faute flagrante ou la mauvaise volonté de l'artiste, réclamer contre lui des dommages-intérêts.

Il est bien entendu que, si les débuts n'ont pas lieu, l'artiste n'a pas le droit de conserver les avances qu'il a reçues, à moins que la direction ne l'ait empêché de débuter. Les tribunaux devraient alors être saisis de la difficulté, pour statuer sur une question de dommages-intérêts.

Avant-scène. — Les difficultés nombreuses imposées au directeur de l'Opéra, par suite de l'incendie du 15 janvier 1875, ont donné lieu à un procès tout particulier. Nous croyons intéressant de rapporter la décision rendue à ce sujet par le tribunal civil de la Seine, le 25 janvier 1875.

Le Tribunal : — Attendu que Debrousse réclame à Halanzier la restitution d'une partie du prix de location qu'il a payé pour l'avant-scène des premières loges n° 3, au nouvel Opéra, par ce motif que sa location a été calculée et payée pour huit places, tandis qu'elle ne devait l'être que pour six places ; — Qu'il fonde sa réclamation sur une convention du 26 janvier 1874, qui sera enregistrée avec le présent jugement, par laquelle Halanzier se serait engagé à lui donner, dans la nouvelle salle de l'Opéra, une loge contenant autant de places et dans la même situation que celle qu'il occupait dans l'ancienne salle ; — Attendu que la loge dont Debrousse a été mis en possession, et que, dès le premier jour, il a déclaré accepter, correspond par sa situation à son ancienne loge de la rue Le Peletier, mais qu'elle a été disposée par l'architecte et réglée par l'administration pour contenir huit spectateurs ; qu'en livrant cette loge à Debrousse moyennant un prix de location qui représente la totalité des places qu'elle contient réellement, Halanzier soutient qu'il a rempli toutes ses obligations.

Attendu qu'aux termes de l'article 1134 du Code civil, les conventions doivent être exécutées de bonne foi, et que l'article 1156 du même Code prescrit de rechercher dans les conventions quelle a été l'intention commune des parties, plutôt que de s'arrêter au sens littéral des termes ; — Attendu qu'après l'incendie de la rue Le Peletier et au moment de la translation provisoire de l'Opéra dans la salle Ventadour, Halanzier, dans l'espérance que ses abonnés consentiraient à l'aider à pourvoir aux nécessités d'une situation sans précédent, leur a adressé, le 13 janvier, une circulaire dans laquelle il leur offrait de mettre à leur disposition, dans la salle Ventadour, une loge analogue par sa situation et le nombre de ses places à celle dont ils avaient été dépossédés ; que, pour reconnaître le sacrifice qu'il demandait à leur bienveillance, il leur offrait également le privilége très-recherché d'obtenir dans la nouvelle salle qui s'ouvrirait prochainement une loge équivalente à celle qu'ils occupaient dans la salle incendiée ; qu'enfin il indiquait qu'à cette époque il soumettrait à leur approbation un exposé des nouvelles conditions d'abonnement ; — Attendu que l'esprit évident de cette circulaire a été d'assurer aux abonnés, qui consentaient à le suivre à la salle Ventadour, une loge au nouvel Opéra aussi semblable que possible, comme situation et comme étendue, à celle qu'ils occupaient rue Le Peletier, mais jamais d'obliger M. Halanzier à n'exiger de ses abonnés que le prix du nombre des places contenues dans l'ancienne loge, alors même que la loge nouvelle renfermerait un nombre de places plus considérable ; — Que cette convention a été ainsi entendue et acceptée par tous les anciens abonnés qui occupent, dans la nouvelle salle, des loges contenant un plus grand nombre de spectateurs que dans leur ancienne loge, et n'ont jamais songé à refuser le paiement des fauteuils qui dépassent le nombre de ceux qu'ils occupaient rue Le Peletier ; — Que Debrousse seul a élevé une pareille prétention et interprété de cette façon l'offre d'Halanzier ; — Attendu que la convention du 26 janvier n'a pas créé pour Debrousse une situation différente de celle qui lui avait été faite, ainsi qu'à tous les autres abonnés, par l'acceptation des conditions de la circulaire du 13 janvier précédent ; — Que cet acte, intervenu à la suite des difficultés relatives à la détermination de la loge qu'il devait occuper dans la salle Ventadour, n'a pas créé pour lui un droit nouveau, mais n'a fait qu'appliquer à sa situation particulière l'engagement pris par Halanzier dans la circulaire du 13 janvier, à laquelle il se réfère expressément ; — Qu'ainsi Halanzier, en énonçant dans cet acte qu'il assurait une loge d'autant de places que dans l'ancienne, n'a entendu s'engager que dans les limites du possible, et que Debrousse, qui a accepté une loge de huit places, ne peut pas équitablement n'en payer que six ; — Qu'il résulte de ce qui précède que les réserves contenues dans les offres réelles de Debrousse ne sont pas fondées, et que, faute par lui d'accepter l'offre de résiliation faite par Halanzier, les sommes par lui payées sont définitivement acquises à ce dernier ;

Déclare Debrousse mal fondé en sa demande.

B

Bagages. — Le créancier d'un comédien n'a pas le droit de saisir-arrêter ses bagages, lorsqu'il lui avait été accordé terme et délai pour se libérer. Sur la demande de l'acteur, le tribunal devra immédiatement prononcer la main-levée de cette saisie, mais, d'après les circonstances de la cause, il pourra ordonner qu'une fraction des appointements dus à l'artiste sera spécialement affectée à la créance du saisissant.

En cas de répétition à exercer contre l'acteur, le directeur peut-il retenir à titre de gage les malles et les bagages de cet acteur ? Non assurément, car ces objets ne lui sont pas remis en gage dans les formes indiquées par les articles 2073 et 2074 du Code civil. Il en serait de même si l'acteur, après l'envoi de ses malles, refusait de venir au théâtre où il s'est engagé.

Le directeur n'aurait pas davantage le droit de retenir ces bagages, pour se payer des avances et dommages-intérêts qu'il pourrait avoir à réclamer, ou des frais de voiture et de conservation, lorsqu'aux termes de l'engagement il s'est obligé à les payer.

Si, au contraire, il ne s'est pas obligé à payer ces derniers frais, pour se couvrir de tout ce qu'il pourra avoir à réclamer, le directeur doit se faire autoriser par le président du tribunal à saisir forainement les malles de son pensionnaire et faire valider cette saisie. La vente de ces objets sera alors ordonnée et le prix en provenant distribué entre les créanciers de l'acteur. Le directeur viendra en concours avec eux pour ce qui concerne les avances faites et les dommages-intérêts, s'il lui en a été accordé, et par privilége pour le montant des frais de voiture et de conservation.

Bail. — Depuis le décret du 1864, il n'est plus douteux que les contestations entre le propriétaire d'une salle de spectacle et le directeur, son locataire, doivent être portées devant les tribunaux civils seuls compétents.

L'autorité administrative n'a pas le droit de fixer le prix d'un loyer, ou de requérir l'ouverture d'une salle, appartenant à un particulier, pour y autoriser des représentations ou bals publics, ni de fixer une indemnité au profit du propriétaire.

Les communes, propriétaires d'une salle de spectacle, peuvent en disposer gratuitement ou moyennant une redevance au profit d'un entrepreneur. En cas de location, c'est le maire qui passe le bail. Le conseil municipal ne peut être consulté que s'il s'agit d'une location de plus de neuf années. Néanmoins, l'approbation du préfet est indispensable dans les deux cas. Les tribunaux civils sont également compétents pour connaître des contestations auxquelles ce bail peut donner lieu.

Lorsque le bail a été fait par écrit, il cesse de plein droit a l'époque fixée ; mais s'il est seulement verbal, le propriétaire doit donner congé au directeur aux époques déterminées par l'usage dans chaque pays. A défaut d'usage certain, la location est censée faite pour la durée de l'année théâtrale.

Dans le cas où, à l'expiration du bail écrit, le directeur reste en possession du théâtre, il s'opère un nouveau bail, par tacite-reconduction, dans les mêmes termes et conditions que le précédent, et sa durée est assimilée à celle d'une location verbale, d'après l'usage du pays.

La destruction totale du théâtre, survenue par cas fortuit, entraîne la résiliation du bail, alors même que le propriétaire offrirait de le reconstruire. Le directeur n'aurait pas le droit de forcer le propriétaire à reconstruire si la destruction n'est que partielle, il peut seulement, à son gré, demander la résiliation du bail ou une diminution du prix.

Le directeur doit jouir des lieux conformément à leur destination ; il est, du reste, tenu de se conformer, en principe, aux règles du droit commun. Ainsi, à moins de conventions expresses, le directeur d'un *théâtre* ou d'un *concert*, ne peut faire dans la salle à lui louée, une exhibition d'animaux ou de bêtes fauves, ce genre de spectacle n'ayant rien de commun avec l'exploitation des théâtres ou concert proprements dits.

La fermeture des théâtres, prescrite par un arrêté de l'Administration, en temps de guerre, constitue un empêchement de force majeure entraînant la résolution pure et simple, à partir de la date de l'arrêté, du bail intervenu entre le directeur d'un théâtre et le propriétaire de la salle.

Baisser du rideau. — L'auteur et le directeur ont le droit de faire baisser le rideau du théâtre, lorsque le public accueille défavorablement une pièce. Mais si l'un des deux s'y oppose, l'autre ne peut disposer seul de ce droit.

Toutefois, si la représentation trouble l'ordre ou met les artistes en danger, le directeur peut faire tomber le rideau nonobstant la résistance de l'auteur.

Ballets. — Il est de principe que le livret d'un ballet n'est définitivement admis que si la musique est acceptée, à moins de stipulation contraire.

La traduction littérale du livret d'un ballet, lorsque ce travail a été commandé et rétribué, n'est pas suffisante pour motiver un droit de propriété littéraire, et pour que le nom du traducteur figure sur l'affiche à côté de celui du chorégraphe.

De même, le fait d'avoir avec le concours de l'auteur, travaillé à l'appropriation à une autre scène d'un ballet, déjà représenté, peut bien, en l'absence de conventions expresses, donner droit à une rémunération, mais non au titre de collaborateur et aux avantages qui y sont attachés.

Bals. — De même que les représentations dramatiques, les bals, même ceux masqués, donnés dans les salles de spectacle sont soumis au droit des pauvres, lequel est fixé au quart de la recette brute.

Les établissements de danse et autres divertissements, offerts au public, sont des opérations commerciales, assimilées aux entreprises théâtrales.

Les sommes, perçues par l'entrepreneur comme prix des billets d'entrée ou comme rétributions pour la danse, ainsi que celles perçues par voie d'abonnements ou de cachets, soit à titre de paiement des frais, doivent être comptées comme un produit de la recette.

En ce qui touche les billets d'entrée, donnant en même temps droit à des consommations, le prix du billet, quels que soient les droits accessoires qui s'y rattachent, n'en constitue pas moins le prix d'entrée ; dès lors le droit des pauvres doit être perçu sur la totalité de ce prix.

L'autorisation d'ouvrir et de tenir un bal public doit être demandée au préfet de police à Paris, et aux préfets dans les départements.

Bals de bienfaisance. — Les organisateurs ou commissaires d'un bal de bienfaisance, ne peuvent être poursuivis

4

comme ayant commis le délit de contrefaçon, au détriment
des compositeurs de musique, dont les œuvres sont jouées
sans leur consentement, alors qu'il est constaté, en fait, qu'ils
ont traité à forfait avec un chef d'orchestre, sans lui imposer
aucun programme et sans que la liste des airs de danse ou
autres ait été publiée ni affichée à l'avance.

De même, le maire d'une ville ne saurait être responsable,
même civilement, de l'exécution des morceaux de musique
sans le consentement des auteurs, par cela seul que le bal
aurait eu lieu dans les salons de la mairie, alors surtout que,
ce bal étant donné par souscription, on n'y a admis qu'un
certain nombre de personnes choisies et nominativement
invitées.

Bals de Société. — Les bals et concerts de réunion et
de société, où l'on n'entre que par abonnements, ne sont
exemptés du droit des pauvres qu'autant qu'il est constant que
l'abonnement n'est pas public, et qu'il n'entre dans ces réunions aucun but de spéculation.

Peu importe, d'ailleurs, que l'abonnement soit assujetti à
certaines conditions particulières.

De même on ne doit pas considérer comme public un bal
par souscription, alors que l'entrée y est subordonnée à l'obtention d'une carte nominale, délivrée par une commission
investie du droit d'admission et d'exclusion. Peu importe que,
pour certaines catégories de personnes, l'admission soit de
droit et sans réserve de contrôle. En conséquence, des airs de
danse, non encore tombés dans le domaine public, peuvent être
exécutés dans un tel bal, sans le consentement préalable des
auteurs.

Bals masqués. — En 1806, le privilége de donner des
bals masqués fut attribué exclusivement à l'Opéra. Aujourd'hui
ce privilége a disparu. Tous les théâtres de Paris, y compris ceux
subventionnés, peuvent en donner, ainsi que les établissements
de bals ordinaires, mais seulement avec l'autorisation du ministre de l'intérieur, auquel est soumis le programme de chaque bal.

En province, ce droit appartenait de même exclusivement au
directeur du théâtre principal des chefs-lieux de départements,
mais cette disposition, purement réglementaire, a disparu en
partie et la jurisprudence a conféré ce droit aux directeurs de
théâtre de villes qui ne sont pas chefs-lieux, de même qu'aux
directeurs des troupes ambulantes, dans les endroits où elles

se trouvent exercer, à la condition de ne pas porter atteinte au privilége du théâtre de la localité. Ajoutons que ce privilége ne s'étend pas, comme à Paris, aux établissements ordinaires de bals et que le droit accordé aux directeurs de donner des bals masqués ne leur confère pas celui d'en donner non masqués.

Quelques actes d'engagement, faits en province, portent que les artistes feront l'ouverture des bals, et que ceux qui s'y refuseraient seraient passibles d'une amende de vingt-cinq francs. Nous n'avons pas besoin d'insister sur l'immoralité de cette clause, et nous croyons que les tribunaux en feraient prompte justice, *à fortiori* s'il n'a rien été convenu à cet égard.

Le décret de 1809, relatif aux droit des pauvres pour les bals masqués, est encore en vigueur, sans que l'on ait à distinguer le lieu où ils sont donnés. A Paris, le droit perçu est actuellement de quinze pour cent sur la recette brute.

Lorsque, dans le bail du théâtre, le propriétaire interdit au directeur de donner des bals masqués, celui-ci, sous prétexte qu'il en a le privilége, ne peut enfreindre cette prohibition. Le propriétaire pourrait lui demander une indemnité ou la résiliation de la location. Mais s'il n'a rien été stipulé à cet égard, il y aura lieu, selon les circonstances, d'examiner l'usage suivi jusqu'alors.

Banlieue. — La banlieue comprend les théâtres de Batignolles, Montmartre, Belleville, Montparnasse, Grenelle, Saint-Marcel et Passy, et les localités suivantes : Adamville, Aubervilliers, Asnières, Bellevue, Boulogne, Billancourt, Charenton, Clamart, Chaville, Courbevoie, Gentilly, Grand-Montrouge, La Villette, Le Raincy, Levallois, Meudon, Nanterre, Puteaux, Romainville, Saint-Mandé, Saint-Cloud, Saint-Denis, Sceaux, Sèvres, Viroflay, Ville-d'Avray, Argenteuil, Auteuil, Châtillon, Créteil, Fontenay-sous-Bois, Joinville-le-Pont, Montreuil, Vitry et Vanves,

Quelques cafés chantants de Paris ont, en outre, été compris dans la banlieue.

Dans sa séance du 28 mai 1868, l'assemblée générale de la Société des auteurs et compositeurs dramatiques a adopté l'article suivant, ajouté désormais aux traités qu'elle fait avec les directeurs de théâtre : « Les ouvrages appartenant à un théâtre » de Paris pourront, sans avoir cessé de faire partie de son » répertoire, être représentés sur les théâtres placés, avant et » depuis l'annexion, dans le rayon de l'ancienne banlieue, sauf » aux directeurs à se conformer aux délais d'usage et obtenir » le consentement des auteurs. »

Quant à l'ancien répertoire, les théâtres de banlieue peuvent le jouer d'office, à l'exception des pièces pour lesquelles les auteurs font une réserve.

Bénéfices. — V. *Représentation à bénéfices.*

Billets. — L'autorité municipale doit veiller à ce que les entrepreneurs de théâtre ne distribuent pas un nombre de billets supérieur à celui des places, et ce afin d'éviter les discussions qu'un tel abus pourrait engendrer. Toutefois, elle ne peut prescrire la forme des billets, leur couleur, les énonciations à y inscrire ; elle n'a pas, en effet, le droit de s'immiscer dans les intérêts particuliers de l'entreprise.

La vente et l'offre des billets ou contremarques, et le raccolage ayant ce trafic pour objet, sont formellement interdits sur la voie publique. Tout individu trouvé vendant ou offrant des billets ou des contremarques sur la voie publique, ou raccolant pour en procurer aux passants, sur lieu ou dans une localité quelconque, doit être être conduit au commissaire de police.

Depuis le décret de 1864, sur la liberté des théâtres, les directeurs fixent aux billets d'entrée la valeur qu'ils jugent convenable ; mais une fois porteur d'un billet, le spectateur a le droit formel d'exiger la place qui y est indiquée. Le directeur ne saurait le contraindre à des exigences de toilette, ni à se conformer à des convenances locales.

Le porteur d'un billet d'auteur, de faveur ou acheté à l'avance, est libre de le céder à une autre personne, et le directeur ne peut refuser l'entrée à cette personne.

En principe, le spectateur qui a payé ne peut exiger le remboursement de son billet, même si la place à laquelle il a droit est incommode. Les affiches ne doivent pas nécessairement porter cet avis. Mais si, par l'erreur ou la faute de l'administration, le spectateur ne peut jouir des droits que lui confère ce billet, le remboursement doit lui en être immédiatement fait.

Dans maintes circonstances les tribunaux ont alloué, outre la restitution du prix de la place, des dommages-intérêts au spectateur, lorsque, porteur d'un billet fixant la place et le numéro, il la trouve occupée par une autre personne qui se refuse à la rendre.

Le tribunal de commerce de la Seine a même jugé que, dans ce cas, l'avis placé par l'administration, sur les affiches du jour, qu'à défaut de places les billets pris au bureau ne donneraient droit qu'au remboursement, cette exception ne peut être opposée aux personnes qui ont des billets pris d'avance ; que ces billets donnent invariablement droit aux places retenues et que le remboursement du prix payé ne peut être considéré comme une indemnité suffisante.

Il arrive assez fréquemment que le succès d'une pièce est tel que le public épuise d'avance, pour un certain nombre de représentations, tous les billets disponibles. En ce cas, l'administration doit, par déférence pour les spectateurs, prévenir qu'il ne sera pas délivré de billets à l'ouverture. Néanmoins, si le directeur négligeait de se conformer à cette convenance, nul ne pourrait lui réclamer une indemnité.

Celui-ci ne peut émettre aucun billet indiquant plusieurs catégories de places au choix des spectateurs ; réciproquement, ces derniers ne peuvent s'installer qu'aux places portées sur leurs billets.

Lorsque, par une circonstance quelconque, après la délivrance des billets, le directeur se trouve dans la nécessité de faire relâche, les porteurs de billets payés ont seuls le droit d'exiger le remboursement de ce qu'ils ont payé.

Si le directeur ne fait pas représenter les pièces annoncées sur l'affiche, le spectateur a le droit d'exiger la restitution du prix de son billet. Le directeur doit, en effet, jouer le spectacle annoncé, quel que soit le nombre des spectateurs. C'est un engagement qu'il contracte envers les porteurs de billets, et il ne saurait s'y soustraire en offrant de rendre la recette.

Billets d'auteurs. — Ces billets sont un droit et non une faveur. Ils jouissent, en conséquence, de toutes les prérogatives attachées à ceux que l'on achète à l'avance. Le nombre en est fixé entre le directeur et l'auteur d'après leurs conventions ou suivant les règlements du théâtre, s'il n'y a pas eu de convention.

Si l'auteur en émet plus qu'il n'a le droit de le faire, le directeur peut, avec raison, lui en demander le prix, même après avoir laissé entrer les personnes qui les ont reçus. Ce sont, en effet, des valeurs dont il doit tenir compte au théâtre.

Ces billets acquittent le droit des pauvres comme ceux achetés d'avance au bureau. Ce sont les directeurs et non les auteurs qui supportent ce droit.

En ce qui concerne les ouvrages, dits du domaine public, la commission de la Société des auteurs et compositeurs dramatiques a décidé, le 24 juillet 1874, que la clause suivante serait insérée dans tous les traités qui interviendraient avec les directeurs de théâtre de Paris : « Les héritiers directs des auteurs, » s'il en existe, ou à leur défaut les agents généraux, passe-

4.

» ront le même nombre de billets que pour les ouvrages des
» auteurs vivants. A défaut d'héritiers directs, le produit de ces
» billets sera acquis, comme les droits d'auteur des mêmes
» auteurs, à la caisse sociale. »

Bien que les auteurs soient autorisés à faire vendre ces billets,
et que se soit là un supplément de prix, ces billets ne sauraient,
à moins de stipulation expresse, être considérés comme compris dans une cession pure et simple de droits d'auteurs.

Nous devons ajouter que les billets d'auteurs, étant un complément de leurs droits, sont dus individuellement, pour leur
part et portion, à chaque collaborateur. En conséquence, lorsqu'un tiers, dont le nom ne figurait pas, dans l'origine au nom
bre des collaborateurs d'une œuvre dramatique, a fait ultérieurement consacrer sa collaboration, il a droit à sa quote-part
de l'indemnité représentant les billets d'auteur, et le directeur
ne saurait lui opposer l'abandon que ses collaborateurs lui en
avaient fait.

Billets de faveur. — Les billets de faveur donnent à celui qui les a reçus, les mêmes droits que ceux achetés à l'a-
vance. Il est néanmoins loisible à l'administration de ne les
admettre qu'à certaines places et à des conditions moins avan-
tageuses, à la condition, bien entendu, que ces places soient
du nombre de celles désignées sur le billet.

Ils peuvent être vendus à un étranger absolument comme
ceux achetés, à moins qu'ils ne contiennent la mention qu'ils
sont personnels et ne peuvent être cédés ou vendus. Dans ce
cas, l'administration du théâtre doit prouver que ce billet a été
cédé ou vendu, pour motiver son refus d'admission, sinon elle
s'expose à un recours de la part du spectateur porteur d'un titre
légitime.

Le directeur a le droit de n'assigner à ces billets qu'une valeur de convention, lorsque le spectateur veut les échanger
contre d'autres et les prendre à un prix inférieur à celui de la
place qui s'y trouve indiquée. Il pourrait encore refuser au porteur des contremarques, pour éviter qu'elles ne soient remises
à d'autres personnes, ou enfin, ce qui se fait journellement,
imposer ces billets d'un certain droit destiné aux pauvres. A
cet égard le directeur est maître absolu:

Quant au droit des pauvres, il n'est point perçu et ne s'étend
pas aux billets de faveur lorsqu'ils ne donnent lieu au paiement
d'aucun prix ou compensation soit au bureau, soit ailleurs.

Dans le but d'attirer le public, quelques théâtres répandent
journellement de nombreux billets avec lesquels « *il ne sera*

perçu que moitié prix à toutes places. » Ils ne portent ni date ni inscription de jour et sont conçus en termes généraux. Les droits qu'ils confèrent ne sont pas les mêmes que ceux donnés au porteur d'un billet de faveur ordinaire. Ils obligent le directeur à réduire de moitié le prix des places, mais non à fournir des places s'il n'y en a plus de disponibles.

Ajoutons, enfin, que l'administration théâtrale est libre de distribuer autant de billets de faveur qu'il lui plaît, sans que les auteurs aient rien à prétendre relativement à leurs droits. Mais il est bien entendu que si l'administration retire de ces billets, soit directement soit indirectement, un profit quelconque, ce bénéfice doit être compris dans la recette qui sert de base à la fixation des droits d'auteur.

Afin d'éviter certaines fraudes qui se commettaient au préjudice des auteurs, la commission de la Société a inséré, dans les traités qu'elle consent aux directeurs, une clause spéciale, aux termes de laquelle ceux-ci sont tenus de désigner par un signe connu des agents généraux tout billet donnant droit à une rétribution quelconque. Quant aux véritables billets de faveur, ils doivent chaque jour être mentionnés sur la feuille du contrôle, de telle sorte que les agents puissent constater que le nombre de billets de toute nature correspond rigoureusement au nombre de places occupées dans la salle.

Le directeur, après avoir délivré des billets de faveur, n'a pas le droit d'annoncer sur l'affiche qu'ils ne seront pas reçus.

Blessures. — Lorsqu'un acteur reçoit une blessure pendant son service au théâtre, il y a lieu de distinguer si elle est le résultat d'un fait personnel à l'artiste, ou si, au contraire, l'imprudence ou la négligence d'un employé du théâtre n'en a pas été la cause.

Dans le premier cas, l'acteur ne peut réclamer au directeur aucune indemnité, dans le second il a droit à des dommages-intérêts contre l'employé négligent ou imprudent, et par suite contre le directeur civilement responsable.

Blessures en duel. — Dans un grand nombre d'engagements, il est stipulé que les appointements des artistes seront suspendus au cas de blessures en duel ou de maladies secrètes.

Rien de plus juste, si la convention en a été faite expressément. Mais, si rien n'a été stipulé à cet égard, les blessures ou maladies secrètes ne peuvent donner lieu à une suppression d'appointements qu'autant qu'elles ont empêché l'artiste de remplir ses engagements.

Boites à musique. — La reproduction d'une œuvre musicale, au préjudice des droits du compositeur, constitue le délit de contrefaçon, quel que soit le mode de publication par lequel elle est obtenue, et spécialement lorsque c'est à l'aide de procédés mécaniques, tels que les cylindres pointés des boites à musique.

Boutiques. — V. *Interdiction de jouer.*

Bulletin de la Société des auteurs et compositeurs dramatiques. — V. *Annuaire.*

Bulletins *de réception des pièces à Paris.* — Dans ses traités avec les directeurs, la commission des auteurs a stipulé que ceux-ci seraient tenus d'envoyer un bulletin constatant la réception des pièces à leurs théâtres. Elle a décidé depuis, en janvier 1874, qu'à l'avenir l'article des traités, relatif au bulletin de réception, serait complété par une clause portant que le directeur devra, avant l'ouverture de son théâtre, faire connaître, dans un bulletin spécial, le titre de toutes les pièces acceptées par lui, ainsi que le nom de leurs auteurs.

Ces bulletins sont réunis par l'inspecteur de la Société et déposés chaque mois entre les mains de la commission.

En cas de négligence ou d'infraction, les directeurs s'exposent à des poursuites et à voir prononcer la résiliation de leurs traités avec la Société des auteurs.

Bureau de bienfaisance. — V. *Droit des pauvres.*

C

Cabale. — Si le plus grand respect est dû au public par les artistes, le public leur doit aussi des égards. Il n'est pas loisible à un mauvais vouloir individuel de briser ou compromettre méchamment la position et l'avenir d'un acteur par le moyen d'une cabale.

Celui-ci, victime des agissements d'un étranger, devra s'adresser aux tribunaux civils pour obtenir la réparation du préjudice qui lui aura été causé.

Si le mauvais accueil, que reçoit l'artiste à ses débuts, provient de manœuvres et cabales formées par le directeur lui-même, ou qu'il a connues sans chercher à les empêcher, celui-ci est tenu à des dommages-intérêts envers l'acteur.

Il lui est dû également une indemnité, bien qu'il n'ait pas été agréé du public, s'il résulte des faits que, avant l'arrivée de cet acteur, la direction avait traité un deuxième engagement pour le même emploi avec un autre artiste, et que la chute du premier avait été préparée à l'avance.

Réciproquement, si par fraude et dans le but de faire rompre son engagement, l'artiste avait volontairement attiré sur lui la réprobation du public, les tribunaux pourraient, tout en résiliant l'acte d'engagement, prononcer contre lui des dommages-intérêts.

Cachets. — On appelle ainsi une somme déterminée à l'avance et payable après chaque représentation ou après un certain nombre de représentations.

Ce mode d'appointements se rapproche beaucoup des feux et jetons de présence, mais il en diffère en ce que ces derniers sont le complément d'une somme fixe allouée mensuellement à l'artiste. Le cachet, au contraire, ne suppose pas l'existence d'un traitement fixe, de sorte que si, par un accident quelconque, qui lui soit imputable, l'artiste est affranchi de paraître sur la scène, il ne peut réclamer le montant de son cachet.

De même que pour les feux cependant, si, après avoir paru dans la première partie du spectacle, il se trouve tout à coup dans l'impossibilité de continuer, nous n'hésitons pas à reconnaître que le montant intégral du cachet lui est dû, sans restriction.

Cafés. — Il appartient au préfet de police, dans le département de la Seine, et aux préfets, dans les autres départements, de fixer l'heure de clôture des cafés, cafés-chantants, cabarets et autres lieux publics.

Néanmoins, l'autorité municipale n'a pas le pouvoir d'autoriser les visites des officiers de police dans les cafés, cabarets et autres lieux publics à toute heure de la nuit, pour y prendre connaissance des désordres ou contraventions aux règlements. Lorsque ces lieux de réunion sont réellement fermés, après la clôture prescrite par l'autorité municipale, les personnes qui les exploitent doivent être assurées du repos dont jouissent les autres citoyens. En cas de fraude, les agents de la police administrative judiciaire peuvent la constater extérieurement, sans qu'il soit besoin d'enfoncer les portes, à moins qu'il n'y ait réclamation de l'intérieur, ou autres cas exceptionnels prévus par les lois.

Le limonadier qui reçoit, dans la salle de son café, des artistes qui y donnent une soirée musicale, dont il connaissait à l'avance le programme, peut être condamné à une amende, bien qu'il n'ait fait faire aucun travail d'appropriation et qu'il n'ait pas tiré un profit personnel de cette représentation, si les morceaux ont été exécutés sans le consentement préalable des auteurs. Peu importe que le concert ait été donné exclusivement au profit de ces artistes.

Mais ce cafetier ne saurait être poursuivi comme ayant commis une infraction à l'article 428 du Code pénal, punissant la représentation illicite d'œuvres dramatiques ou musicales, lorsqu'il a autorisé des chanteurs ambulants à exécuter des morceaux de musique devant la porte de son établissement, sans leur rien donner ni rien recevoir d'eux, et sans augmenter le prix de ses consommations.

Cafés-concerts. — L'exploitation d'un café-concert constitue une entreprise commerciale, soumise comme telle aux règles ordinaires.

Les cafés-concerts sont assujettis au payement du droit des pauvres, quel que soit le mode de rétribution qu'ils exigent. Ainsi la taxe des pauvres doit être perçue lorsque le prix du concert est compris dans celui des consommations. Toutefois, le bénéfice du décret de 1864, sur la liberté des théâtres, ne s'étend pas à ces établissements. Comme débits de boissons, ils continuent à être régis par le décret du 29 décembre 1851, c'est-à-dire qu'ils ne peuvent être ouverts qu'avec l'autorisation, essentiellement révocable, du préfet de police à Paris et des préfets dans les départements. En outre, la surveillance de la police s'exerce sur eux plus spécialement encore que sur les théâtres ordinaires.

Ils ont, néanmoins, le bénéfice du décret de 1864, en ce que depuis cette époque ils n'ont plus à payer aux directeurs de théâtre, dans les départements, la redevance qui leur était imposée autrefois. De plus, ils ont pu étendre le domaine de leur exploitation, et l'administration préfectorale autorise assez facilement les représentations des pièces lyriques ou de vaudevilles dans les établissements de cette nature.

Sous ce rapport, sans pourtant être assimilées aux théâtres, les salles de cafés-concerts sont tenues de s'assujettir à toutes les prescriptions du décret de 1864 pour ce qui concerne la solidité intérieure et la disposition de leur aménagement.

A la différence des théâtres ordinaires, la scène ne peut avoir de dessous, et les décors doivent être fixes, sans jamais dépasser le nombre de trois. Elles ne peuvent, bien entendu, représenter aucune pièce appartenant au répertoire de la Société des auteurs et compositeurs dramatiques sans le consentement des auteurs et sans avoir de traité avec cette Société.

Une circulaire du ministre des beaux-arts, en date du 23 novembre 1872, est venue prévenir les établissements de cafés-concerts que, à partir de ce jour, des instructions formelles enjoignent à l'inspecteur des théâtres de redoubler de sévérité dans l'examen de toutes les productions qui leur sont destinées et de refuser rigoureusement tout programme qui ne serait pas présenté dans les conditions suivantes : les programmes devront tous être conformes à un modèle fourni, et écrits très lisiblement à peine de nullité ; — les programmes ne devront point contenir plus de quarante morceaux ; — à chaque programme seront joints, dans l'ordre indiqué au programme même, les manuscrits ou les exemplaires des morceaux qui y figurent ; — il ne sera visé de programme que pour deux jours

au plus ; — chaque fois qu'un morceau, interdit ou non conforme au texte autorisé, figurera sur le programme, le programme tout entier sera refusé ; les programmes devront toujours être déposés au bureau des théâtres avant midi ; ils seront
rendus le même jour entre trois et quatre heures ; — tout morceau soumis pour la première fois à l'examen devra être déposé cinq jours à l'avance ; — les morceaux qui figureront pour la
première fois devront être inscrits à part en tête des programmes ; les titres de ces morceaux devront être soulignés ; — l'autorisation accordée à un morceau pourra toujours être retirée ;
— aucune pièce appartenant au répertoire des théâtres ne sera
visée pour un café-concert, si elle n'est accompagnée de l'autorisation écrite de l'auteur.

De nombreux excès ayant été signalés, le ministre de l'intérieur a, le 27 novembre 1872, adressé à tous les préfets une
circulaire, de laquelle nous extrayons les lignes suivantes :

« Je vous rappellerai, à cette occasion, qu'aux termes des
» instructions antérieures, un double du programme de cha-
» que concert doit être remis vingt-quatre heures au moins à
» l'avance à M. le commissaire de police, auquel doivent être
» communiquées également, avant l'ouverture du concert,
» toutes les modifications qu'on désirerait introduire dans le
» programme primitif.

» J'ajouterai, enfin, que les cafés-concerts étant assimilés
» aux cafés et débits ordinaires, que régit le décret du 29 dé-
» cembre 1851, l'autorité préfectorale est toujours à même de
» prononcer la fermeture des établissements qui lui semble-
» raient dangereux, soit après une condamnation pour con-
» travention aux lois et règlements, soit par mesure de sûreté
» publique. »

Nous extrayons des instructions adressées par les agents
généraux de la Société des auteurs et compositeurs dramatiques, le 1ᵉʳ mai 1867, à leurs correspondants des départements, les lignes suivantes :

« Les règles fixées pour les représentations données dans les
théâtres sont en tous points applicables aux représentations
qui pourraient être permises par l'autorité dans les cafés-chantants. »

D'où il résulte que : 1° aucune pièce ne peut être montée
dans ces établissements sans le consentement formel de la
commission des auteurs ; 2° qu'aucune pièce ne peut être modifiée ou réduite sans une autorisation spéciale de l'auteur. Il
va sans dire que la représentation d'une pièce, manuscrite ou
brochée, ne peut avoir lieu, dans ces établissements comme sur

tout autre théâtre, que si elle est revêtue de l'autorisation signée de l'auteur.

Nous devons ajouter que l'article 18 des statuts de la Société interdit aux auteurs de donner des pièces à tout directeur, de quelque établissement que ce soit, qui n'a pas de traité avec la commission, et qu'il ne suffit pas de démarquer le titre d'un ouvrage ou d'en modifier le texte, pour avoir le droit de le faire passer du théâtre dans un café-concert qui aurait négligé de s'entendre préalablement avec la commission.

En tout cas, l'auteur, qui autorise la représentation d'un ou plusieurs ouvrages dans un café-concert, doit en prévenir l'agent-général de la Société, qui a ses pouvoirs, en lui envoyant la liste exacte de ces ouvrages, faute de quoi la perception des droits se trouverait entravée.

Ce sont les agents généraux de la Société des auteurs et compositeurs dramatiques qui perçoivent, dans ces établissements, les droits relatifs aux ouvrages dramatiques ou lyriques. C'est, au contraire, la Société des auteurs, compositeurs et éditeurs de musique qui perçoit par ses agents, à Paris, dans les départements et à l'étranger, tous les droits relatifs aux intermèdes, airs, duos, chansonnettes, etc.

Du reste, dans le but d'éviter toute erreur, la commission des auteurs a adressé à tous les sociétaires, le 6 août 1875, une circulaire, à laquelle se joignait la copie ci-après des bulletins imprimés qui doivent être signés en double par les auteurs et par l'un des agents généraux, certifiant que le traité est en vigueur. L'un des doubles doit rester au ministère de l'intérieur.

« Je déclare autoriser la représentation, au café-concert
» de la pièce intitulée
» dont je suis auteur.

» Cette autorisation est donnée sous réserve de l'autorisation
» écrite de mes collaborateurs.

» Elle n'est valable que pour la durée du traité général passé
» actuellement entre la commission des auteurs et le direc-
» teur dudit établissement. Elle cessera d'avoir son effet lorsque
» le traité général sera suspendu ou rompu, pour quelque cause
» que ce soit. — Elle n'a aucun caractère exclusif, les auteurs se
» réservant le droit d'autoriser en même temps la représenta-
» tion dudit ouvrage, soit au théâtre, soit dans d'autres établis-
» sements.

» Paris, le....

Canevas. — Le canevas d'une pièce peut faire l'objet d'une propriété littéraire.

5

Cannes. — Il est défendu d'entrer au parterre et aux amphithéâtres avec des armes, cannes et parapluies. Un vestiaire, destiné à recevoir ces objets en dépôt, doit être établi dans chaque théâtre, de telle sorte que la circulation ne soit pas gênée. Un exemplaire du tarif pour le prix de ce dépôt doit être affiché au vestiaire.

Toutefois, le spectateur infirme, qui a besoin de canne pour marcher, ne contrevient pas à l'arrêté municipal, interdisant le port des cannes, et n'est pas obligé de déposer la sienne au vestiaire.

Capacités. — V. *Débuts.*

Catalogue. — Le fait, par un éditeur, d'annoncer dans un catalogue la mise en vente d'une pièce, en l'attribuant à un auteur autre que celui qui l'a réellement écrite, donne ouverture à une action en dommages-intérêts au profit de l'auteur désigné à tort.

Caution judicatum solvi. — Les auteurs étrangers qui intentent, contre des Français, une action civile ou correctionnelle en contrefaçon, ou relative à l'exécution des contrats, sont tenus de fournir la caution dans les termes du droit commun.

Cautionnement. — Autrefois les règlements obligeaient les directeurs de théâtre à déposer un cautionnement comme garantie de leur gestion, et pour assurer le traitement des artistes et employés en même temps que le paiement du droit des pauvres et des droits d'auteurs, et enfin des fournitures faites pour les besoins de l'exploitation. Le décret de 1864, qui a proclamé la liberté des théâtres, a rendu cette industrie libre et par conséquent aboli la nécessité du cautionnement.

Néanmoins, lorsque le ou les théâtres d'une ville sont donnés en régie à un entrepreneur, l'autorité peut lui faire déposer un cautionnement, comme condition de l'investiture administrative. Elle est libre de fixer ce cautionnement comme elle veut, de l'affecter à qui elle veut et dans l'ordre qui lui convient. Une fois déposé, il devient le gage des créanciers désignés. En conséquence, les acteurs sont privilégiés sur ce cautionnement pour le paiement de leurs appointements, et les auteurs pour le paiement de leurs droits, mais seulement dans la proportion et dans l'ordre que l'autorité administrative a stipulé dans leur intérêt. Si donc l'autorité n'a rien décidé à cet égard, les artistes

et les auteurs ne peuvent recevoir ce qui leur est dû qu'au marc
le franc, comme tout créancier chirographaire,

Lorsque l'autorité leur a conféré un privilége sur ce cautionnement, le directeur, qui en a fait le dépôt, ne peut plus le
céder à un tiers.

Censeurs. — On appelle ainsi les employés spéciaux chargés, par le ministère, d'examiner les ouvrages dramatiques.
Leurs pouvoirs sont absolument discrétionnaires et ne sauraient donner lieu à aucun recours ni à aucune responsabilité
légale.

Ils reçoivent les manuscrits des auteurs à titre de dépôt.
Toute divulgation, soit du sujet, soit des détails de la pièce,
motiverait contre eux une réclamation en justice. En cas de
fraude, ils s'exposeraient à des poursuites criminelles.

Censure. — La censure remonte à 1609, époque à laquelle
une ordonnance royale semble confirmer, en l'établissant, plusieurs arrêtés du Parlement. Abolie en 1791, cette mesure administrative fut rétablie le 25 pluviose an X. Elle fut ensuite
consacrée en 1835; abolie une seconde fois en 1848; rétablie
de nouveau en 1850, et consacrée par le décret du 30 décembre
1852. Enfin, elle a été solennellement confirmée par le décret
du 6 janvier 1864.

Une circulaire ministérielle du 28 août 1864, adressée aux
préfets, leur confirme que, seuls, ils doivent examiner et ap-
prouver les œuvres nouvelles destinées aux théâtres de leurs
départements; qu'un ouvrage, interdit à Paris, l'est de plein
droit dans toute la France, et que même ils ont le droit, selon
les circonstances, d'interdire chez eux une œuvre dont la représentation est autorisée à Paris, sous la réserve cependant
de prévenir immédiatement le ministre.

Un décret du 30 septembre 1870 destitua la commission d'examen, qui fut rétablie le 1er février 1874, et fonctionne aujour-
d'hui encore.

C'est donc, comme nous l'avons dit plus haut, le décret de
1852 qui régit la matière. Aux termes de ce décret, aucun ouvrage dramatique ne peut être représenté sans l'autorisation
préalable du ministre de l'intérieur à Paris et des préfets dans
les départements. Cette autorisation peut toujours être retirée.
Toute contravention à ces dispositions est punie par les tri-
naux correctionnels, sans préjudice des poursuites auxquelles
peuvent donner lieu les pièces représentées

Plusieurs circulaires ministérielles ont été en outre adressées aux directeurs de théâtres et aux préfets. Leurs dispositions sont encore en vigueur aujourd'hui, aussi croyons-nous indispensable de les rapporter ici *in extenso*.

CIRCULAIRE AUX PRÉFETS. — 3 AOUT 1850.

La loi du 30 juillet 1850 a décidé qu'aucun ouvrage dramatique ne pourra être représenté à Paris sans l'autorisation du ministre de l'intérieur et des préfets dans les départements. — Je vous invite, monsieur le préfet, à prendre les dispositions nécessaires pour assurer l'exécution de cette loi dans votre département, aussitôt que la promulgation en aura été régulièrement faite. — Je saisis cette occasion pour vous rappeler les dispositions des anciennes instructions qui pourront être mises en vigueur. — Toutes les pièces nouvelles jouées à Paris ne seront représentées dans les départements que d'après un manuscrit ou exemplaire visé au ministère de l'intérieur. La disposition de la loi comprend tout ce qui se produit sur la scène : pièce, cantate, scène détachée, chanson ou chansonnette. Vous voudrez bien rappeler ces prescriptions à MM. les sous-préfets et maires dans votre département. Le visa ministériel ne sera apposé que sur les pièces nouvelles. — Quant aux pièces anciennes, elles seront comprises sur les répertoires ou suppléments de répertoire, qui devront à l'avenir être renvoyés avec la plus grande exactitude au ministère de l'intérieur, et dont copie approuvée vous sera renvoyée pour être remise à chaque directeur. C'est sur la présentation de cette pièce, revêtue de mon approbation, que les autorités permettront la représentation des ouvrages qui s'y trouveront compris. — Toutes les modifications qu'un directeur de troupe de province voudra apporter à son répertoire devront être approuvées dans la même forme. — Comme cette formalité avait été abandonnée depuis deux ans, par suite de l'abrogation de la loi du 9 septembre 1835, vous voudrez bien demander à chaque directeur et m'envoyer dans le plus bref délai un répertoire, en double exemplaire, contenant toutes les pièces qu'il se propose de jouer dans le courant de l'année théâtrale. Je vous invite à exiger des directeurs la plus grande célérité dans cet envoi, afin que ces répertoires puissent être promptement approuvés et que la loi reçoive ainsi son exécution. Des raisons de convenance publique et de protection due aux intérêts privés m'engagent à vous recommander de ne pas tolérer les changements de titre des ouvrages ni les additions que les directeurs croient devoir y faire sur les affiches. Il est essentiel pour cela que les autorités loca-

les exigent la représentation régulière des répertoires approuvés et des exemplaires des ouvrages visés à mon ministère. —
Je n'ai pas besoin de vous dire, monsieur le préfet, que vous
conservez toujours le droit d'examen sur les pièces nouvelles,
faites spécialement pour les théâtres des départements, ainsi
que la faculté d'interdire les ouvrages autorisés à Paris et dont
vous jugeriez la représentation dangereuse dans certaines localités de votre département. — Enfin, la loi vous donne en
outre le droit de retirer, pour des motifs d'ordre public, l'autorisation que vous auriez donnée.

CIRCULAIRE AUX DIRECTEURS DE PARIS. — 3 AOUT 1850.

La loi du 30 juillet 1850 a décidé qu'aucun ouvrage dramatique ne serait représenté à Paris sans l'autorisation du ministre de l'intérieur. — Pour arriver à l'exécution de cette loi, j'ai
prescrit les dispositions suivantes, auxquelles je vous invite à
vouloir bien vous conformer.—Vous m'enverrez, dans un délai
de cinq jours, la liste en double exemplaire des ouvrages dramatiques qui composent le répertoire courant de votre théâtre.
Cette liste devra comprendre toutes les pièces qui sont en cours
de représentation actuelle ou sont susceptibles d'être représentées, sans exiger de nouvelles études. Cette liste vous sera renvoyée dans un très-bref délai, revêtue de mon approbation.
Aucune autre pièce ne pourra être jouée sans être préalablement autorisée par moi.—Pour obtenir cette autorisation, vous
déposerez à la direction des beaux-arts, quinze jours au moins
avant la représentation projetée, deux exemplaires manuscrits
de l'ouvrage nouveau, quel qu'il soit, pièce, cantate, scène détachée, romance, chanson ou chansonnette. Le dépôt sera
constaté par un numéro d'ordre sur le registre ouvert à cet
effet et par un récépissé qui vous sera remis.—Après l'examen,
en cas de l'approbation de l'ouvrage, un des exemplaires manuscrits vous sera rendu, revêtu de ma signature, et vous
pourrez faire jouer la pièce. Le second exemplaire restera déposé
dans les archives de la commission d'examen. — L'exemplaire
revêtu de mon approbation devra être par vous représenté, à
toute réquisition, au commissaire de police chargé de la surveillance de votre théâtre, ou, en cas d'absence, à l'officier de
paix qui remplacera le commissaire de police. — La pièce nouvelle ne pourra être affichée et annoncée qu'après la remise
qui vous aura été faite du manuscrit, et sous le titre et la dénomination du genre approuvés par moi. — Deux inspecteurs
des théâtres, dont les noms vous seront notifiés, seront chargés

le surveiller l'exécution des dispositions que j'aurai prises relativement à la représentation des ouvrages nouveaux.—Ils auront droit d'entrer dans votre théâtre à toute réquisition. Et, comme il est indispensable que la mise en scène d'une pièce, les décors, les costumes, les accessoires, etc., soient soumis à un examen attentif, ils devront assister aux dernières répétitions générales et à la première représentation de chaque ouvrage. — Vous aurez soin de donner avis au directeur des beaux-arts du jour et de l'heure auxquels auront lieu les trois dernières répétitions générales de chaque ouvrage nouveau, afin que l'inspecteur des théâtres puisse assister à l'une d'elles et me faire son rapport. Une de ces répétitions, au moins, devra être faite avec décors, costumes et accessoires. Ce n'est que sur le vu du rapport de l'inspecteur que sera délivrée l'autorisation définitive de jouer. — Une place devra être réservée pour l'inspecteur des théâtres à chaque première représentation, même quand cette représentation aurait lieu un dimanche, et le coupon de cette place envoyé la veille au ministère de l'intérieur, direction des beaux-arts. — Je n'ai pas besoin de vous dire, monsieur, que j'espère que les inspecteurs des théâtres, chargés d'assurer l'exécution de mes ordres, seront reçus avec tous les égards auxquels a droit un fonctionnaire public agissant pour l'exécution des lois. Je compte assez sur votre bon esprit pour être assuré que vous donnerez à tous vos employés des ordres nécessaires. —Vous aurez à recevoir du préfet de police les instructions relatives à l'affichage, à l'annonce des pièces nouvelles et aux justifications à faire aux agents placés sous ses ordres.

CIRCULAIRE AUX PRÉFETS. — 20 OCTOBRE 1850.

L'exécution de la loi du 30 juillet 1850 ayant donné lieu à quelques observations, je crois devoir vous adresser les instructions suivantes, destinées à régulariser notre action à l'égard des exploitations théâtrales. — La loi dit, article 1er, qu'aucun ouvrage dramatique ne pourra être représenté sans l'autorisation préalable du ministre de l'intérieur à Paris et des préfets dans les départements. — S'il s'agit de représenter dans un département un ouvrage entièrement inédit, vous devez examiner ou faire examiner le manuscrit qui vous est soumis, en double exemplaire, et l'autoriser la représentation qu'autant qu'il résulte, du rapport qui vous est adressé, que l'ouvrage ne contient rien de contraire à la morale publique, à la loi et au respect qui est dû à l'autorité du Gouvernement. Le manuscrit approuvé par vous est remis au directeur du théâtre, et vous conservez le double exemplaire qui servira aux agents de votre administration pour s'assurer qu'à la représentation de l'ouvrage les changements ou modifications prescrits ont été scrupuleusement observés et qu'on n'a pas rétabli à la scène les passages supprimés. — S'il s'agit d'ouvrages représentés à Paris et déjà soumis à l'examen de la commission spéciale instituée près le ministère de l'intérieur, la brochure imprimée devant servir à la représentation sera revêtue dans les bureaux de mon administration d'un timbre portant ces mots : *Commission d'examen des ouvrages dramatiques, — bureau des théâtres, — vu et vérifié conforme au manuscrit déposé.* — L'apposition de ce timbre constatera l'identité de la brochure avec le manuscrit examiné par la commission spéciale, et, dans la majeure partie des cas, il vous garantira que la pièce peut être représentée sans inconvénient. Cependant, il n'emportera pas d'emblée pour les directeurs des théâtres des départements la faculté de jouer l'ouvrage ainsi visé. Votre droit d'examiner la pièce restera entier, et vous devrez l'exercer sous votre responsabilité personnelle et dans la limite des dispositions de la loi nouvelle, c'est-à-dire que vous devrez vous rendre compte de la nature de la pièce et de son effet possible sur l'esprit des populations que vous administrez. Il ne peut, en effet, y avoir aucune règle absolue en pareille matière, et telle pièce indifférente dans une localité pourrait offrir de grands dangers dans une autre. Ainsi, et pour ne citer qu'un exemple, l'opéra des *Huguenots*, joué presque partout, n'a jamais été autorisé dans les pays où les querelles religieuses ont laissé de funestes souvenirs et ne pourraient être remises en question sans un certain danger. — Vous devez donc, monsieur le préfet, apprécier les circonstances exceptionnelles et toutes locales qui pourraient faire prendre une mesure pareille au point de vue de la religion ou de la politique. — Je n'ai pas besoin d'appeler votre attention sur la disposition de la loi qui dit que l'autorisation pourra toujours être retirée pour des motifs d'ordre public, c'est-à-dire dans les cas où la représentation d'un ouvrage aura amené des désordres qu'il n'a pas été donné de prévoir et de prévenir. Cette mesure, du reste, ne devra être prise qu'avec une réserve dont vous comprenez facilement les motifs. — Quant aux pièces qui ont été jouées antérieurement à la loi du 30 juillet 1850, dans l'intervalle qui s'est écoulé entre cette date et le 24 février 1848, la conduite que vous avez à tenir est facile à tracer. — Elles ne peuvent être soumises à la commission d'examen des ouvrages dramatiques : ce serait donner à la loi un effet rétroactif qu'elle ne comporte pas, mais il vous appartient, en vertu de votre droit de police administrative, d'interdire la représentation de ceux de ces ouvrages qui vous paraîtront de nature à compromettre la paix publique ou à entretenir dans l'esprit des citoyens des sentiments de haine ou de division que le désir du Gouvernement est d'éteindre. — Les scandales qui ont rendu nécessaire la loi du 30 juillet 1850 ne sauraient survivre à cette loi, et vous devrez veiller avec soin à ce qu'aucun ouvrage fait dans un sentiment politique exagéré ou injurieux, ou attentatoire à la morale et à la religion, ne puisse être représenté sur les théâtres de votre département. Je vous y aiderai autant qu'il dépendra de moi, et le visa donné par mon administration aux répertoires des pièces que se proposent de jouer les directeurs de province vous servira de guide à cet égard. — Je vous recommande la même surveillance sur la représentation des pièces jouées antérieurement à la loi du 9 septembre 1835, et même sur celles qui ont été autorisées sous l'empire de cette loi. Une tolérance, toute naturelle à cette époque, avait ouvert l'accès de la scène à certains ouvrages auxquels des circonstances récentes ont donné une importance qu'ils n'avaient pas alors et dont la représentation pourrait n'être pas aujourd'hui sans danger. — Quant aux pièces dites de l'ancien répertoire, qui sont en possession de la scène depuis longues années, il n'y a pas lieu de les soumettre au visa ni à une autorisation préalable. Ce ne pourrait donc être que dans des circonstances tout à fait accidentelles, et qu'il vous appartient d'apprécier, que vous auriez à en suspendre la représentation, si elle avait donné lieu à quelque scandale ou à des désordres graves. — Dans le cas où vous croiriez devoir user du droit de suspendre ou interdire la représentation de quelque ouvrage ancien ou moderne, vous me rendriez compte des ordres donnés par vous dans le plus bref délai et des motifs qui auraient dicté ces ordres...

CIRCULAIRE AUX DIRECTEURS DE THÉATRE.
24 AVRIL 1858.

Je vois avec regret s'introduire de plus en plus dans le langage du théâtre l'usage des locutions vulgaires et brutales et de certains termes grossiers empruntés à l'argot. C'est là un mauvais élément de bas comique dont le bon goût se choque, et qu'il ne m'est pas permis de tolérer davantage. La commission de censure vient de recevoir à ce sujet des instructions sévères, et je m'empresse de vous en prévenir, en vous priant de me seconder par votre légitime influence. — Toutes les œuvres dramatiques ne sont pas, sans doute, assujetties à la même pureté de langage ; la diversité des genres implique et autorise la diversité des formes ; mais, pour les théâtres, même les plus frivoles, il est des règles et des limites dont on ne s'aurait s'écarter sans inconvénient et sans inconvenance.

CIRCULAIRE AUX DIRECTEURS DE THÉATRE.
16 DÉCEMBRE 1861.

Malgré les prescriptions ministérielles qui veulent que les pièces de théâtre soient toujours jouées conformément aux manuscrits examinés par la commission de censure, il arrive souvent, après les premières représentations, que les artistes, croyant échapper à la surveillance administrative, rétablissent les passages supprimés et ajoutent d'eux-mêmes des phrases nouvelles, des mots et des jeux de scène qui n'eussent pas été approuvés, et dont le public est justement choqué. — Les directeurs étant responsables des faits de leurs artistes, toute altération des textes autorisés constitue pour eux une grave infraction aux cahiers des charges, qui les obligent à se conformer à toutes les dispositions réglementaires, instructions et consignes qui régissent les théâtres. — Avant d'user de la rigueur de mon droit, je vous invite, chacun en ce qui vous concerne, à prendre des mesures pour faire cesser ou pour prévenir, dans vos théâtres, un abus que je suis décidé à ne pas tolérer.

CIRCULAIRE AUX DIRECTEURS DE THÉATRE.
30 DÉCEMBRE 1861.

Par une circulaire en date du 16 de ce mois, je vous ai invités à prendre des mesures pour que le texte des ouvrages autorisés soit respecté par les artistes, qui ne doivent y ajouter d'eux-mêmes ni phrases nouvelles ni jeux de scène. — Voulant assurer l'exécution de cette circulaire, je viens de créer un emploi spécial de commissaire-inspecteur des théâtres et spectacles de Paris. — D'une part, je pourrai ainsi étendre à toutes les représentations la surveillance administrative qui, qu'à ce jour, n'était exercée par les inspecteurs des théâtres qu'aux répétitions générales et aux premières représentations, comme un complément du travail de la commission d'examen.

De l'autre, je serai plus à même de connaître, et, par con-

séquent, de signaler à M. le préfet de police, pour **les faire**
réprimer, les empiétements irréguliers que les entrepreneurs
de spectacles, cafés-concerts et autres établissements du même
genre se permettent trop souvent sur le domaine des théâtres.
— Vous trouverez donc, comme moi-même, dans la création
de cet emploi, une nouvelle garantie et une protection de plus
pour vos intérêts.

CIRCULAIRE AUX DIRECTEURS DE PARIS.
28 FÉVRIER 1868.

Conformément à la circulaire du 3 août 1850, l'inspection
des théâtres doit être prévenue du jour et de l'heure auxquels
auront lieu les trois dernières répétitions générales de chaque
ouvrage nouveau, afin qu'un de ses membres puisse assister à
l'une d'elles et m'en faire son rapport. — Une de ces répétitions doit être faite avec décors, costumes et accessoires. —
Une circulaire du 30 janvier 1852 a prescrit la présence des inspecteurs aux répétitions générales des ouvrages repris. — Une
autre circulaire du 16 mars 1857 a décidé qu'aucune répétition
générale ne pourrait excéder six heures, et que, dans aucun
cas, les répétitions du soir ne devraient dépasser l'heure de
minuit. — L'inspecteur des théâtres doit toujours être convoqué quarante-huit heures à l'avance pour assister à ces répétitions. — Dans ces derniers temps, la bienveillance de l'administration a toléré que quelques répétations générales eussent
lieu au dernier moment et d'une manière incomplète, de sorte
que le temps nécessaire n'était pas laissé à l'inspecteur pour
constater les changements opérés ou faire exécuter les suppressions prescrites. — Je vous invite, monsieur le directeur, à
prendre des mesures pour que les répétitions générales des ouvrages nouveaux ou remis à la scène aient toujours lieu le plus
complétement possible et de manière à ne dissimuler aucun
les effets de la représentation. Je vous préviens en même
temps que je donne à MM. les inspecteurs des théâtres l'ordre
de n'accorder leur visa qu'après une répétition générale satis-
faisante, et après que les changements jugés nécessaires auront été exécutés.

EXTRAIT DES DISPOSITIONS RÉGLEMENTAIRES DE LA DIRECTION
GÉNÉRALE DES THÉATRES (SEPTEMBRE 1868).

La première représentation d'une pièce nouvelle ou d'une
pièce reprise ne peut avoir lieu que le surlendemain du jour de

la dernière répétition générale. — Deux places doivent être réservées pour l'inspecteur des théâtres, à chaque représentation d'un ouvrage nouveau ou repris, même quand cette représentation aurait lieu un dimanche. — Le coupon de ces deux places doit lui être envoyé la veille. — Le ministre fixe le service de surveillance des premières représentations et celui des représentations de chaque jour. — Les directeurs sont tenus de se conformer à cette disposition.

Il n'existe qu'une seule voie de recours contre les décisions de la censure, l'appel au ministre de l'intérieur, dont la décision est souveraine et définitive. La juridiction civile s'est constamment déclarée incompétente à ce sujet,

En cas d'infraction au décret de 1852, les directeurs et même les auteurs qui font représenter une pièce non autorisée peuvent être punis d'une amende de simple police.

L'interdiction prononcée par la censure contre la représentation d'une pièce est un cas [de force majeure qui rompt la convention passée entre le directeur et l'auteur, sans indemnité de part ni d'autre, alors même que la censure, ayant primitivement autorisé la pièce, en interdit les représentations déjà commencées.

On s'est demandé si, lorsqu'après avoir opposé son veto, la censure autorise la représentation d'une pièce, le contrat passé entre l'auteur et le directeur revit par cela même. Il y a lieu de distinguer. Si, au moment du premier refus, l'auteur a retiré son manuscrit, il est libre d'en disposer dans le cas où l'on accorderait ultérieurement l'autorisation, le contrat ayant été résilié par cas de force majeure. Si l'auteur n'a pas fait le retrait de son manuscrit, et que le directeur ne lui en ait pas fait la remise, qu'il s'agisse d'une pièce d'actualité, repoussée d'abord et ensuite autorisée à une autre époque, que l'auteur soit obligé de faire subir à sa pièce des remaniements pour la mettre en harmonie avec la nouvelle époque ; cette pièce doit être considérée comme reçue à corrections. Elle doit donc être soumise à une nouvelle lecture et peut être refusée.

Lorsque l'interdiction émane de l'autorité, elle constitue un cas de force majeure qui résilie le contrat. Dans ce cas il n'y a aucune voie de recours possible devant les tribunaux ordinaires.

Si la commission d'examen s'est bornée à indiquer des modifications, à changer le titre, et que l'auteur veuille bien se soumettre à cette décision, le directeur est tenu de jouer la pièce. Si, au contraire, il préfère la retirer il est libre de le faire.

Le directeur n'a pas le droit de représenter un ouvrage

sans informer l'auteur que des suppressions ont été faites par la censure, quand même ces suppressions n'auraient été ordonnées qu'après la représentation. Il serait passible de dommages-intérêts envers l'auteur, car celui-ci aurait pu retirer son œuvre plutôt que de la voir représentée sans les passages supprimés.

· L'auteur est tenu de fournir, à ses frais, deux manuscrits de sa pièce pour être remis à la commission d'examen.

Ajoutons que depuis 1829, seulement, le droit de la censure à Paris et des préfets dans les départements s'étend sur les chants, parades et autres exibitions des théâtres forains et même des théâtres de marionnettes aussi bien qu'aux pièces des théâtres ordinaires. En un mot à tout ce qui est spectacle de curiosités.

Certificats de médecins. — V. *Maladie.*

Cession de pièces. — Les auteurs ont le droit de céder leurs œuvres à un éditeur, ou à des étrangers, soit à titre gratuit, soit à titre onéreux.

Il n'est pas nécessaire que cette cession soit constatée par écrit; le cessionnaire est en conséquence saisi, vis-à-vis des tiers, sans la nécessité de la signification de son transport. La preuve peut en être faite par tous les moyens légaux. Une simple lettre non datée et signée seulement des initiales du cédant suffit.

Par conséquent il n'est pas besoin que la cession ait date certaine pour que le cessionnaire puisse faire saisir les exemplaires contrefaits. La certitude de cette date n'aurait d'intérêt que si un différend s'élevait entre deux cessionnaires se trouvant en concurrence. Mais elle importe peu à l'égard du contrefacteur.

De la part de l'auteur la cession, qu'il fait de ses œuvres, n'est pas un acte de commerce.

La première condition pour pouvoir céder est d'être capable. En conséquence les femmes mariées et les mineurs doivent se conformer aux règles prescrites pour l'aliénation de leurs biens.

Pour que la cession produise tous ses effets, elle doit être faite par tous les auteurs de la pièce. Celle faite par l'un d'eux, sans le consentement de ses collaborateurs, n'investit l'éditeur d'aucun droit. Néanmoins le consentement tacite peut résulter des circonstances, et toutes les difficultés, qui s'élèvent à cet égard, entre les collaborateurs, leurs héritiers, leurs enfants, ou entre l'un des auteurs et les enfants de l'autre, doivent être soumises aux juges compétents.

L'auteur, qui aliène tout ou partie de ses œuvres, conserve néanmoins, pour lui et ses héritiers ou légataires, le droit de veiller à leur reproduction exacte. De là il résulte que l'auteur peut, dans son testament, désigner telle personne qu'il lui convient, pour exercer cette surveillance. Ce droit peut être confié par l'auteur à sa femme aussi bien qu'à toute autre personne.

Le cessionnaire se trouve, par le fait de la cession, aux lieu et place du cédant. Il exerce ses actions et peut poursuivre les contrefacteurs. Sur le point de savoir si le cessionnaire peut poursuivre les contrefacteurs avec le consentement de l'auteur ou de ses représentants, il y a lieu de distinguer. Si la cession est définitive, le concessionnaire peut agir seul, mais si la cession n'est que temporaire, les intérêts à venir de l'auteur étant en jeu, le concours de l'auteur est nécessaire. Bien plus, si le cessionnaire temporaire ne poursuit pas les contrefaçons, nous n'hésitons pas à dire que l'auteur pourra le mettre en demeure d'intenter une action contre ceux qui se sont emparés de son œuvre. Le cessionnaire n'a pas le droit de faire des modifications, changements ou suppressions dans l'œuvre qui lui est cédée. A *fortiori* ne peut-il modifier ou supprimer le nom de l'auteur.

Il est tenu, et c'est là sa première obligation, de publier l'œuvre cédée. S'il n'a rien été stipulé sur le nombre d'éditions cédées, on décide que le cessionnaire ne peut faire qu'une seule édition. En cas d'inexécution des conventions, la résolution du contrat peut être prononcée par les tribunaux.

Lorsque le cessionnaire publie un nombre d'exemplaires plus grand qu'il n'avait le droit de le faire, il ne commet pas le délit de contrefaçon, mais une violation des traités qui peut entraîner leur résolution.

De même si plusieurs éditions lui ont été cédées et qu'il se refuse à les publier toutes, le tribunal, juge du fait, est libre de rompre le contrat.

Dans le cas où l'auteur a cédé ses œuvres à deux éditeurs, le second cessionnaire se rendrait coupable de contrefaçon en commençant sa publication avant le jour fixé par le contrat. Mais il ne pourrait être poursuivi que civilement par le premier cessionnaire, s'il avait ignoré la précédente cession, sauf son recours contre le cédant. Dans le cas où une contestation sur la validité ou l'étendue d'une cession s'élève entre deux prétendus ayant-droit de l'auteur, ce dernier doit être mis en cause.

Les lois nouvelles, qui prorogent les droits des héritiers des auteurs, profitent exclusivement, aux termes de la jurisprudence actuelle, à ceux-ci et même aux donataires ou légataires universels, non aux cessionnaires, lorsque dans l'acte de cession il n'y a pas eu de convention contraire expressément stipulée. Les cessions doivent, en effet, être régies et interprétées par la loi en vigueur au moment où elles ont lieu. Si donc le cessionnaire reproduit l'œuvre, à lui cédée, après l'expiration du terme auquel devait s'arrêter le droit de reproduction d'après la législation existante, il se rend coupable du délit de contrefaçon, et les héritiers du cédant ont une action contre lui. Il est bien entendu que le cessionnaire peut, même après l'extinction de son traité, vendre les reproductions par lui loyalement faites avant ladite extinction.

La cession faite à un éditeur ne comprend pas le droit de représentation, mais seulement celui d'impression.

Les auteurs, qui cèdent le droit de publier séparément leurs pièces, ont toujours le droit de publier une édition complète de leurs œuvres, sans que le cessionnaire de cette nouvelle édition puisse se plaindre de la publication partielle antérieure.

Si une seule édition a été cédée, l'auteur n'a le droit d'en faire une seconde qu'après l'entier épuisement de la première ; et bien que, malgré la cession, il ait toujours le droit de changer, modifier et perfectionner son œuvre, il ne pourra la publier, concurremment avec l'édition cédée, que si c'est une création nouvelle et sous un autre titre, sinon il se rendrait coupable de contrefaçon.

Le devoir du cédant est de mettre le cessionnaire à même d'exploiter l'œuvre cédée ; s'il manque à cette obligation, le contrat peut être résilié. De même, la convention serait nulle si le cédant n'était pas propriétaire de l'ouvrage cédé.

Ajoutons qu'un auteur peut, par anticipation, céder à un directeur ou à un éditeur les produits d'œuvres à faire. En effet, une telle convention n'est pas contraire à la loi, rien ne s'opposant à ce que le gain à provenir de contrats, qui confèrent à chacune des parties des droits et des devoirs réciproques, soient la matière d'une cession.

Lorsque l'auteur cède à un éditeur le droit de publier son œuvre sans faire de réserves formelles, la présomption est qu'il a cédé la pleine propriété, et c'est à lui à prouver qu'il n'a vendu qu'une édition.

Est valable la stipulation par laquelle un auteur, en cédant à un éditeur la pleine propriété de son œuvre, lui interdit de céder, sans son consentement écrit, à aucun éditeur autre que son successeur, le droit d'imprimer et vendre l'œuvre cédée. C'est là une condition résolutoire qui, en cas d'infraction, fait rentrer l'auteur dans son droit de propriété, alors surtout que, par son fait, spécialement en cessant sa profession d'imprimeur-libraire, le cessionnaire s'est mis dans l'impossibilité de continuer personnellement l'impression et la vente.

Si l'auteur, en cédant à un éditeur le droit de publier un certain nombre de ses œuvres, lui a concédé un droit de préférence sur les éditions futures, cette stipulation ne met pas obstacle à ce que l'auteur ou ses héritiers cèdent à un autre éditeur soit la pleine propriété, soit le droit de publication de la totalité de ses œuvres.

La cession, par un auteur, du droit de publier ses œuvres, en brochures, entraîne pour l'éditeur la faculté d'en faire sous cette forme autant d'éditions qu'il le juge convenable.

L'éditeur d'une œuvre littéraire ou musicale n'est tenu de rendre compte de l'exécution de ses engagements qu'à celui des auteurs avec lequel il a contracté, et cela encore bien que l'auteur, qui prétend avoir des droits de collaboration à exercer, aurait assigné son co-auteur en déclaration de jugement commun.

La juridiction commerciale est incompétente pour connaître, même entre éditeurs et commerçants, d'une contestation relative à la publication d'une œuvre littéraire lorsque la contestation soulève une question de propriété.

Les tribunaux correctionnels ne sont pas compétents pour juger les contestations entre les différents cessionnaires d'un auteur au sujet de la publication de ses œuvres.

Lorsqu'un éditeur a acquis le droit de publier la partition d'un opéra tel qu'il a été représenté sur un théâtre déterminé, il y a concurrence déloyale de la part de celui, qui bien qu'en possession antérieure du droit de publication de la même œuvre, rédige ses annonces de manière à faire croire que son édition est conforme à celle de son concurrent.

Si l'auteur n'a cédé à un éditeur qu'une partie de ses droits, spécialement le droit exclusif de faire les éditions illustrées de ses œuvres, l'auteur a qualité pour intervenir dans une instance civile en contrefaçon dirigée par cet éditeur contre un tiers. Mais si, en fait, l'édition poursuivie constitue une contrefaçon du genre de publication concédé à cet éditeur, ou tout au moins lui a causé un préjudice, c'est à l'éditeur et non à l'auteur, que doivent être attribués les dommages-intérêts.

Cession d'un théâtre. — Le directeur d'un théâtre, qui

cède à un autre son exploitation, n'en reste pas moins garant des loyers envers le propriétaire de la salle.

Il reste également responsable des dettes par lui contractées
au cours de son exploitation.

Changement dans le spectacle. — Toute personne,
qui a payé sa place au théâtre, a le droit de s'opposer à ce que
des changements soient apportés dans le spectacle ou parmi
les acteurs annoncés. Si le directeur ne tient pas compte de
son opposition, il peut être tenu de restituer le prix de la place.

Changements dans les pièces. — Après la réception
d'une pièce, l'auteur ne peut y faire de changements, et le
directeur ne saurait en exiger, qu'autant que les deux parties
sont d'accord sur ce point. Mais souvent le directeur se réserve
le droit d'y faire apporter des modifications par un tiers. Ces
modifications, une fois opérées, pourvu toutefois qu'elles aient
une importance appréciable, entraînent, pour celui qui les a
faites, le droit de prendre la qualité de collaborateur, de toucher une part des droits et de se faire nommer sur l'affiche.

Le directeur ne peut, sous aucun prétexte, faire des changements ou coupures sans le consentement des auteurs.

Quand il s'agit d'une œuvre lyrique, le consentement du musicien est aussi indispensable que celui du librettiste. S'ils ne
peuvent se mettre d'accord, à cet égard, l'œuvre doit être représentée, telle qu'elle était au moment de sa réception, et,
s'il s'agit d'une reprise, telle qu'elle a été créée.

L'autorisation, donnée à un directeur, de faire des coupures
ou changements dans une pièce, par un seul collaborateur,
n'engage pas l'autre.

Les pièces doivent être représentées conformes au manuscrit revêtu du visa ministériel, sans que les directeurs ou leurs
acteurs y puissent apporter aucuns changements.

Lorsque des modifications sont apportées à l'ouvrage, le
directeur ne peut exiger une nouvelle lecture, si ce n'est une
lecture conditionnelle ne pouvant entraîner le refus dudit ouvrage et ne portant que sur les changements.

Mais lorsque l'auteur a volontairement remanié son travail,
et qu'il consent à se soumettre à une nouvelle lecture pour
l'ensemble, il en doit subir la loi et s'exposer à un refus de
son œuvre.

Dès que sa pièce a été représentée, et tant qu'elle reste au
répertoire, l'auteur ne peut, de son côté, la modifier que s'il
est, en cela, d'accord avec le directeur.

Changements dans les rôles. — Lorsque la représentation d'une pièce a été autorisée par la censure, l'auteur ne peut y faire après coup des changements ou additions sans soumettre son œuvre à un nouveau visa. En conséquence, les acteurs ne doivent pas non plus faire de changements dans les rôles qu'ils interprètent. En agir autrement, serait s'exposer aux peines édictées par l'article 2 de la loi du 30 juillet 1850, sur la police des théâtres.

De son côté, le directeur, responsable de ce qui se passe sur la scène, contreviendrait lui-même aux dispositions de la même loi et s'exposerait aux peines qu'elle édicte.

Quant aux auteurs, nous devons ajouter que l'autorisation donnée par la censure, tout en les protégeant contre la loi de 1850, ne les met pas à l'abri des poursuites que le ministère public croirait devoir diriger contre eux et contre le directeur, s'il lui semblait que la pièce contient un outrage à la morale publique ou des attaques contre les lois ou les institutions. De même toute personne, qui croirait trouver dans la pièce une diffamation, pourrait, nonobstant l'autorisation donnée par la censure, en référer aux tribunaux. En effet, le délit de diffamation consiste principalement dans la publication, dans les représentations scéniques, le publicateur est le directeur du théâtre, celui-là qui ordonne ou dirige les représentations et profite de leurs avantages.

Les artistes doivent se soumettre, pendant leurs répétitions, aux changements apportés par l'auteur à leurs rôles. De même ils ne peuvent rien y ajouter ou en retrancher. Ils s'exposeraient, d'une part, à des dommages-intérêts envers les auteurs, et, d'autre part, ils pourraient être cités, conjointement avec leur directeur, civilement responsable, devant le tribunal correctionnel.

Changement de directeur. — Lorsque le directeur d'un théâtre vend son exploitation à un autre, la situation des auteurs, dont les pièces étaient reçues au moment de la vente, n'est pas modifiée. Leurs œuvres doivent être représentées à leur tour de réception, sans changements. Mais il n'en est ainsi qu'autant que la nouvelle direction succède non-seulement au local et au titre du théâtre, mais encore réellement à la précédente administration.

Dans l'hypothèse contraire, le nouveau directeur est libre de maintenir, de rejeter ou de modifier les traités faits par son prédécesseur, sans distinguer s'il s'agit de théâtres subventionnés ou non.

Changement de titres. — V. *Titres des pièces.*

Changement de tour. — Lorsqu'un auteur a fait recevoir plusieurs pièces au même théâtre, si elles ont été admises le même jour, il peut, à son gré, faire représenter l'une avant l'autre. Mais si la réception a eu lieu à des époques différentes, ce droit ne lui sera acquis qu'autant que la représentation de la seconde avant la première ne préjudiciera pas aux auteurs qui, dans l'intervalle, auraient fait aussi recevoir leurs œuvres.

Chansons. — V. *Romances.*

Chanteurs ambulants. — Le chanteur ambulant et le saltimbanque ne peuvent chanter ou représenter publiquement les airs et pièces des auteurs sans le consentement de ces derniers, ou de leurs ayants-droit, et ce, alors même qu'ils n'exigent de leurs auditeurs ou spectateurs aucune rétribution.

Ils se rendraient coupables du délit de contrefaçon et seraient punis comme tels.

Les imprimeurs, pas plus que les chanteurs ambulants, qui font métier de vendre des chansons, ne sont recevables à invoquer leur bonne foi et à opposer qu'ils considéraient les chansons imprimées et vendues par eux comme étant tombées dans le domaine public, surtout si le dépôt légal a été effectué. Il en est ainsi, même alors que ces chansons seraient présentées sous un titre autre et comme ayant été recueillies de souvenir. L'un et l'autre doivent s'en assurer avant d'imprimer et d'éditer.

L'imprimeur, qui imprime pour le compte des chanteurs ambulants des chansons dont ces derniers ne justifient pas être propriétaires, doit être considéré comme l'auteur principal de la contrefaçon, ainsi que du délit d'outrage à la morale publique qui peut ressortir de quelques-unes des chansons imprimées.

Quant aux chanteurs, ils sont atteints des mêmes peines, tant pour débit d'ouvrages contrefaits que pour complicité du délit d'outrage à la morale, encore bien que les cahiers contenant les chansons incriminées seraient revêtues de l'estampille du colportage.

Chanteurs de concert. — En principe, ce que nous disons des comédiens s'applique aux chanteurs des cafés-concerts ou de concerts ordinaires. Ils sont tenus d'exécuter l'engagement par eux contracté.

A moins de réserve spéciale, ils ne sont pas, comme les acteurs, astreints à la formalité des débuts. Le directeur ne peut donc résilier leur engagement, sous le prétexte qu'ils n'ont pas été favorablement accueillis par le public.

Les conditions multiples de ces sortes d'engagements sont généralement insérées dans l'acte. En cas de doute, il faut consulter les usages.

Chants anciens. — L'air et les paroles d'un chant populaire ancien, dont on ne saurait indiquer la source, peuvent être considérés comme appartenant au domaine public. Une production de cette nature peut devenir, par l'arrangement spécial du texte ou de l'accompagnement musical, susceptible d'un droit de propriété; mais il faut, pour donner matière à une action en contrefaçon, que la copie soit identique à l'original approprié et que le contrefacteur ait précisément reproduit les détails de l'arrangement nouveau. Si la chanson poursuivie n'a pris à cet arrangement ni les paroles, ni les notations musicales, ni surtout les accompagnements gravés, [que les points d'identité et de ressemblance des deux chansons portent précisément sur les parties essentielles depuis longtemps vulgarisées, il n'y a ni contrefaçon, ni concurrence déloyale, chacun ayant puisé dans un fonds commun.

Chants d'amateurs. — L'expression « chants d'amateurs » ne peut s'entendre de buveurs chantant entre eux, sans avoir la prétention de chanter pour le public.

Lorsque ces chants d'amateurs ont été interdits dans les établissements publics, par un arrêté préfectoral, il ne s'en suit pas que l'aubergiste, qui a laissé des consommateurs chanter en buvant, dans une dépendance de son établissement, puisse être, pour contravention, poursuivi devant le tribunal de simple police.

Chants de circonstances. — Aucun spectateur ne peut exiger des acteurs des chants ou des couplets de circonstances, qui ne seraient pas annoncés sur l'affiche du jour. Il est expressément défendu à tout acteur, même sur la demande du public, de chanter des cantates ou des morceaux de musique qui ne feraient pas partie de la représentation du jour.

Chapeaux. — Nul ne peut avoir le chapeau sur la tête lorsque le rideau est levé.

Chauffage des salles. — Les salles de spectacle ne peuvent être chauffées que par des bouches de chaleur dont le foyer est dans les caves. Elles doivent s'ouvrir à 30 centimètres au-dessus du plancher.

Chef d'emploi. — Lorsque, dans l'acte d'engagement, il a été convenu qu'un artiste remplira, à l'exclusion de tous autres, certains rôles, la convention fait la loi des parties. Il en est ainsi quand il a été arrêté que l'acteur aura le choix des pièces où il lui plaira de paraître. Dans ce cas, il est en droit de s'opposer à ce qu'un autre, même accidentellement et pour des débuts, remplisse les mêmes rôles que lui. On doit décider de même, lorsque le directeur ne lui a assuré qu'un certain nombre de représentations par mois et que ce nombre aurait été atteint.

Toutefois, il ne saurait mettre obstacle à ce que son rôle fût tenu par une doublure en cas de maladie ou d'absence. A son retour, il est fondé à reprendre ses rôles, mais lui-même ne peut jamais être tenu de doubler un autre artiste.

Il ne peut pas se refuser à reprendre un rôle de son emploi complétement abandonné par l'artiste qui en a fait la création.

Si le titre de chef d'emploi ne lui a pas été, par l'engagement, donné exclusivement et sans partage, le directeur peut prendre, pour le même emploi, un autre chef, mais à la condition, bien entendu, de payer ses appointements au premier. Celui-ci, de son côté, est toujours tenu de jouer les rôles, à quelque époque que ce soit, si le directeur en manifeste la volonté.

En outre, il n'est pas loisible au chef d'emploi de se faire remplacer par une doublure quand bon lui semble. L'administration théâtrale est juge des motifs qui peuvent nécessiter son remplacement momentané. Il doit donc se soumettre à sa décision, sous peine de dommages-intérêts et même de la résiliation de son engagement.

Lorsque l'engagement contracté par un artiste dramatique pour jouer certains rôles, en chef ou en partage, permet au directeur de confier le rôle à un autre, il ne saurait lui conférer le droit d'imposer un rôle autre que celui prévu dans l'engagement.

Spécialement, l'actrice, qui s'est engagée pour remplir les rôles de première Dugazon, en chef ou en partage, en remettant à son directeur un répertoire signé d'elle, avec l'indication des rôles, qu'elle s'engage à remplir, ne peut pas se plaindre si un de ses rôles est donné à une autre actrice, mais elle ne saurait être contrainte à en jouer un autre dans la même pièce.

Chefs de pupitre. — On appelle ainsi les musiciens d'orchestre qui, tout en participant à l'exécution des parties ordinaires de l'orchestre, sont particulièrement chargés d'exécuter les soli.

Chef d'orchestre. — Ce que nous disons plus loin des engagements d'artistes et du congé-avertissement, s'applique aux chefs d'orchestre. Ceux-ci, en effet, sont placés au rang des artistes dramatiques, leurs droits et leurs obligations sont les mêmes. Naturellement, comme tout artiste, un chef d'orchestre ne peut être congédié avant l'expiration de l'année théâtrale, alors d'ailleurs qu'il n'existe aucun motif sérieux de renvoi.

C'est le directeur qui le nomme.

Les règlements spéciaux de chaque théâtre déterminent les fonctions et les obligations du chef d'orchestre. Dans le doute, il suffit de s'en rapporter à celui qui a été fait pour l'Opéra le 5 mai 1821.

Aux termes de ce règlement, le chef d'orchestre doit vérifier les copies de partitions. Il veille à ce que les musiciens soient exacts aux répétitions ; à ce que les instruments à vent s'accordent préalablement entre eux dans le foyer de l'orchestre, à ce que chaque artiste soit à sa place pour prendre l'accord, et se tienne prêt à commencer au premier signal donné ; à ce que l'accord, une fois pris, aucun artiste ne prélude, même pendant les entr'actes ; à ce qu'aucun d'eux ne quitte sa place pendant les représentations ; à ce qu'il ne soit introduit dans l'orchestre aucune personne étrangère ; à ce que l'ordre et le silence pendant les représentations soient exactement observés ; enfin à ce qu'aucun musicien ne donne de marques d'approbation ou d'improbation.

C'est lui seul qui peut donner à ses musiciens des dispenses de service de deux jours au plus. Il doit en remettre aussitôt la liste au directeur, en lui indiquant les motifs de ces dispenses.

Il a de même la surveillance des instruments et, selon ses appréciations, les musiciens doivent les remplacer ou les faire réparer.

Les feuilles de présence sont certifiées par lui. S'il tombe malade ou est obligé de s'absenter, le second chef d'orchestre le remplace au pupitre. Dans ce cas, le premier chef doit immédiatement l'en aviser.

Enfin, le chef d'orchestre doit informer le directeur des vacances qui se produisent dans son personnel, pour qu'il soit immédiatement pourvu à leur remplacement.

Le directeur n'a pas le droit de suspendre les appointements de son chef d'orchestre, en alléguant que celui-ci ne sait pas conduire suffisamment. Il doit le faire constater et demander judiciairement la résiliation de l'engagement.

Dans les théâtres, autres que les scènes lyriques, il est d'usage que le [chef d'orchestre compose ou arrange les airs de mélodrame ou de vaudeville, sans pouvoir exiger d'autre rétribution que ses appointements. En conséquence, la musique composée par lui exprès pour un drame, doit être considérée comme un accessoire lié, par sa nature même, au sort de l'œuvre dramatique, et si la propriété artistique du manuscrit reste au compositeur, les copies de cette musique appartiennent au théâtre.

Quelquefois c'est lui qui, moyennant une somme annuelle, fixée au contrat, compose son orchestre. Dans ce cas, les musiciens ne peuvent s'adresser qu'à lui pour le paiement de leurs cachets ou appointements, sans pouvoir exercer de recours contre l'administration, avec qui ils n'ont pas traité.

Il en est ainsi, notamment à la *Comédie-Française* et à l'*Odéon*. Ces administrations sont étrangères aux difficultés qui peuvent s'élever entre le chef d'orchestre et les musiciens.

Du principe que les morceaux composés par un chef-d'orchestre ne cessent pas d'être sa propriété, il résulte que sa situation est celle de tout auteur qui livre au théâtre une pièce ou une composition musicale, sous la réserve de ses droits d'auteur. La seule différence qui existe entre eux est que le chef d'orchestre, recevant un traitement fixe, le reçoit à la fois en qualité de chef d'orchestre et de compositeur. Il ne peut prétendre à des droits particuliers, tant qu'il dirige l'orchestre de son théâtre; mais s'il cesse d'appartenir comme chef d'orchestre à ce théâtre, ou si sa musique est jouée sur une autre scène, il reprend toutes les prérogatives des auteurs.

Chefs du chant. — Le chef du chant a pour mission de faire répéter les artistes et les coryphées, en un mot ce qui concerne l'exécution vocale.

Dans les théâtres de musique, ils sont généralement plusieurs. Quant aux théâtres ordinaires, cette mission rentre dans les fonctions du second chef d'orchestre.

Les chefs du chant sont mis au rang des artistes; ils ont les mêmes droits et les mêmes devoirs. A l'Opéra, le premier chef du chant est considéré comme premier sujet. Alors même que son engagement est purement verbal, il ne peut, en sa qualité d'artiste, être congédié que moyennant une indemnité équivalente à une année de traitement.

Chevaux de bois. — Le propriétaire d'un manége de chevaux de bois, qui le fait exploiter pour son compte, fait acte de commerce.

La vente qu'il fait de ce manége pour ne s'en désaisir qu'à une certaine époque, en en continuant pour son compte l'exploitation, constitue non-seulement un acte relatif à son industrie commerciale, mais encore un acte de commerce, dont la connaissance appartient au tribunal de Commerce.

Choix des acteurs. — V. *Distribution des rôles.*

Choix des théâtres. — V. *Consentement des auteurs.*

Choristes. — Les choristes et les figurants sont des acteurs, et non des employés. Cette question ne fait plus doute aujourd'hui. Ce que nous disons des acteurs s'applique donc aux uns comme aux autres. Leur caractère légal est le même, et leurs devoirs, sauf quelques légères distinctions, ne diffèrent pas. Toutefois ils ne sont pas assujettis à l'épreuve des débuts.

En effet, par la nature de leurs services, la modicité de leurs salaires, et leur peu d'importance personnelle, ils doivent être considérés comme traitant avec l'administration à ses risques et périls.

Nous disons de même pour les figurants et les jeunes artistes qui font pour ainsi dire leur apprentissage. Le contrat passé entre eux et l'administration théâtrale est aléatoire, et quel que soit le résultat de leurs premiers essais, il est définitif.

A notre avis, il n'y a pas à distinguer entre les choristes et ceux que l'on appelle coryphées, soit pour le chant, soit pour la danse, bien que parfois ils touchent des feux et que leurs noms soient annoncés sur l'affiche.

Leur devoir consiste à chanter, paraître et jouer dans les représentations, même deux fois par jour, si leurs contrats d'engagement ne stipulent pas le nombre de représentations par semaine, auxquelles ils sont tenus de donner leur concours. Ils sont tenus d'assister à toutes les leçons ou répétitions, quelle que soit l'heure, même après les représentations, s'il est nécessaire. En cas de transport, ils doivent suivre le directeur qui les a engagés sans pouvoir exiger une augmentation d'appointements. Ils n'ont droit qu'aux frais de voyage. Défense leur est faite de s'absenter sans permission expresse du directeur, ou, en cas de maladie, sans une permission du médecin.

Il est d'usage à Paris que, si un choriste quelconque s'absente trois jours consécutifs sans raison valable, il est loisible à l'administration de résilier immédiatement l'engagement, sans indemnité, et même sans payer le mois commencé.

De même que les artistes dramatiques, auxquels ils sont assimilés, les choristes ne peuvent paraître, chanter ni jouer dans les théâtres particuliers ou public autres que ceux où ils sont engagés, sans le consentement formel de leur directeur. Ils doivent, en outre, se procurer à leurs frais tous les costumes et accessoires autres que ceux de caractère et de genre. Ils sont soumis aux mêmes amendes que les artistes.

En cas de difficulté entre les choristes et leur directeur, ils doivent le traduire devant la juridiction consulaire, mais ils ne peuvent être appelés par lui que devant le tribunal civil. Ce que nous disons plus loin du congé à donner aux comédiens s'applique aux choristes.

Chute d'une pièce. — Dans le cas où une pièce subit un échec à la première représentation, il faut examiner si l'accueil défavorable du public est exempt de toute manœuvre, si l'opinion publique s'est manifestée sans pression. Dans ce cas, le directeur et l'auteur ont le droit de se considérer comme dégagés l'un vis-à-vis de l'autre et de considérer le contrat comme résolu. Mais s'il y a doute sur l'accueil fait par le public, il est incontestable que l'un et l'autre ne sauraient s'opposer à une seconde ou troisième épreuve.

Il est bien entendu que si, dans le contrat, il est stipulé que, en cas d'insuccès, il sera néanmoins donné un certain nombre de représentations de la pièce, le directeur et l'auteur sont tenus réciproquement de laisser représenter la pièce le nombre de fois stipulé.

Lorsqu'un artiste a été engagé pour tenir un rôle dans une pièce, et que cette pièce vient à tomber dès la première représentation, son engagement se trouve résilié, s'il n'en a été autrement convenu. Mais l'artiste ne saurait prétendre à des dommages-intérêts. En effet, en s'engageant pour une pièce, il accepte les chances de succès ou d'insuccès attachées à cette œuvre, et il ne peut exiger que ses appointements des représentations qui ont eu lieu.

Circonstances malheureuses. — Certains actes d'engagement d'artistes vont jusqu'à stipuler que, dans le cas où des circonstances malheureuses empêcheraient le directeur de satisfaire, dans le délai convenu, aux engagements contractés par lui envers l'artiste, celui-ci s'interdit le droit de le poursuivre judiciairement avant un certain délai.

Cette clause est évidemment de mauvaise foi, et nous ne doutons pas que les tribunaux, saisis par l'artiste, décideraient sans en tenir compte.

Circulation. — Il est défendu de placer des siéges, chaises ou tabourets dans les passages ménagés pour la circulation, notamment des personnes se rendant à l'orchestre, au parterre ou aux galeries et amphithéâtres.

Les spectateurs ne doivent ni parler ni circuler dans les corridors pendant la représentation de manière à troubler le spectacle.

Claqueurs. — Les traités qui se forment entre les entrepreneurs de succès, les directeurs, les auteurs et les acteurs sont contraires à l'ordre public et aux bonnes mœurs, et ne peuvent servir de base à une action judiciaire. De telles conventions sont, en effet, basées sur le mensonge et la corruption, et les tribunaux n'ont jamais hésité à les déclarer nulles comme illicites.

Clauses générales. — V. *Engagements.*

Climat malsain. — Les acteurs, qui s'y sont engagés, sont tenus de suivre leur troupe partout où elle est appelée à donner des représentations. Mais s'il est établi médicalement que le changement de climat ou de température d'un endroit sont funestes à la santé de l'artiste, celui-ci est en droit de demander la résiliation de son engagement.

Clôture. — Dans certains cas, l'autorité municipale a le droit d'ordonner la clôture d'un théâtre. Par exemple, lorsque le directeur néglige les précautions nécessaires contre l'incendie ou que la solidité insuffisante de la salle compromet la sécurité du public. Il en est de même si la représentation d'un ouvrage occasionne des troubles trop graves, et enfin en cas de faillite du directeur.

Ordonner la clôture pour d'autres motifs serait usurper les droits et les pouvoirs de l'administration supérieure, et com-

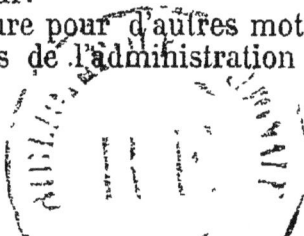

6

promettre la responsabilité des agents de l'autorité municipale.

D'ailleurs, l'ordre de clôture peut être attaqué devant l'autorité administrative supérieure ; mais provisoirement il doit être exécuté.

Quant à l'heure de la clôture et de l'ouverture quotidienne du théâtre, c'est à l'autorité municipale qu'il appartient de la fixer.

Dans le cas où la clôture a lieu en vertu d'un acte de l'autorité, il y a force majeure, et, à moins de convention contraire, les appointements des artistes se trouvent suspendus jusqu'au moment de la réouverture.

Si rigoureux que soit ce résultat pour l'artiste, il ne doit pas moins le subir. Mais il peut demander aux tribunaux de prononcer la résiliation de son engagement afin de ne pas être indéfiniment retenu, alors qu'il ne gagne plus d'appointements.

Lorsque la clôture a lieu momentanément, pour un deuil public, par exemple, sans un ordre émané de l'autorité, les appointements ne sont pas suspendus.

Clôture annuelle. — La plupart des théâtres ont l'habitude de rester fermés pendant la saison d'été. Cet état de choses n'empêche pas qu'un acteur puisse être engagé à l'année. Dans ce cas, ses appointements lui sont dus, même pendant les mois de clôture. Mais s'ils ont été fixés à tant par mois, ils ne lui sont pas dus pendant les mois de fermeture.

Lorsque l'acte d'engagement a prévu le cas où la clôture annuelle peut avoir lieu, la convention doit être respectée. Mais s'il a été déclaré que pendant la clôture les appointements seraient suspendus, l'artiste a néanmoins le droit d'en exiger le payement lorsque la durée de la clôture coïncide avec la durée du congé qui lui a été fixée dans l'acte d'engagement, et si ses appointements ont été fixés à tant par année.

En ce qui touche les auteurs, le directeur doit représenter leurs pièces à la date et dans les délais convenus soit avec eux, soit avec la commission des auteurs dramatiques. Il ne peut retrancher des délais fixés le temps écoulé pendant les mois de clôture annuelle ou de fermeture volontaire.

Coalition. — Il est arrivé quelquefois que, dans le but de faire augmenter leurs appointements, des comédiens se sont coalisés contre les directeurs de théâtre. On s'est demandé si les articles 414 et 415 du Code pénal leur étaient applicables, et le tribunal correctionnel de Paris a très-justement répondu que non. En effet, ces deux articles s'appliquent aux coalitions faites par les ouvriers contre leurs maîtres ou par les maîtres contre leurs ouvriers. Or, il est de principe que les lois pénales ne s'étendent pas.

Ainsi donc, il n'est pas défendu aux artistes, choristes, ni aux directeurs de se coaliser. Mais les contrats faits sous l'influence d'une coalition pourraient être attaqués comme illicites devant la juridiction civile, et il est peu douteux que les tribunaux n'hésiteraient pas à les annuler. De plus, les dommages-intérêts seront proportionnés, non-seulement au préjudice causé, mais aussi à la part que chacun aura prise dans la coalition.

Cohéritiers. — V. *Indivision.*

Collaboration. — On entend par collaboration tout ce qui constitue la participation à une œuvre dramatique. Le mérite des ouvrages destinés au théâtre ne réside pas exclusivement dans la forme donnée à la pensée, il tient essentiellement à l'idée, à la disposition des scènes, au développement des caractères, et celui qui, par ses conseils, son intelligence des effets dramatiques, et son expérience du goût du public, prépare le succès de la représentation, peut à bon droit, quoique étranger à la rédaction, être considéré comme auteur.

De même celui qui a surveillé les répétitions d'une pièce et sa mise en scène, alors surtout qu'il a fait des remaniements et des coupures jugés nécessaires, en un mot qui a participé à l'ensemble des travaux indispensables pour la représentation, doit être considéré comme collaborateur.

Est aussi considéré comme collaborateur celui qui, fournissant à un auteur dramatique la donnée principale d'une pièce, a stipulé certaines conditions n'ayant pas été ou ne pouvant plus être remplies. Il entre alors dans le partage du produit de l'œuvre, bien que la pièce produite par cette donnée n'ait été jouée qu'après avoir été transformée par un collaborateur qui, cependant, ne s'est servi de la première pièce qu'à titre de cadre et de modèle. Il en est spécialement ainsi d'un artiste dramatique qui, en donnant à un auteur le sujet d'une pièce, s'était réservé le principal rôle, depuis donné à un autre.

Il en est encore ainsi d'un tiers auquel un auteur s'est adressé pour arranger une pièce et en obtenir la représentation, bien qu'il n'ait pas accompli cette dernière condition, et qu'il soit établi que celui à qui appartient l'idée première a rédigé le manuscrit définitif.

Lorsque le projet de collaboration n'a pas été suivi d'exécu-

tion, l'auteur, qui avait communiqué à un co-auteur le scénario d'une pièce et à qui ce scénario a été rendu sans aucune
réserve, peut disposer de son idée et du plan sans qu'il y ait
collaboration, et sans que celui dont la qualité de collaborateur
a été rejetée puisse prétendre à un aucun droit sur l'œuvre ou
ses produits.

Dans les féeries, l'invention des trucs et machines constitue
une collaboration. L'inventeur et le fabricateur de ces machines
ont donc droit de participer aux bénéfices que les féeries peuvent
produire. Dans les œuvres littéraires, au contraire, la décoration ne peut être considérée que comme un accessoire très-
secondaire qui ne se rattache sous aucun rapport à la collaboration de l'ouvrage.

Ce qui s'applique à la collaboration entre écrivains s'applique également à celle entre auteur et compositeur. Néanmoins,
il faut que la convention ait un caractère suffisamment ferme
et définitif pour servir de base à une action judiciaire et qu'il
n'y ait pas eu de simples pourparlers.

Quant aux droits des collaborateurs, ils sont égaux. Si l'œuvre
doit être représentée ou modifiée, le consentement de chacun
des auteurs est indispensable. Le directeur d'un théâtre ne
peut donc, sans s'exposer à des dommages-intérêts, passer
outre à l'opposition formelle qui lui serait signifiée par l'un
des collaborateurs. Toutefois, le directeur ne peut être poursuivi
lorsque l'un des auteurs lui ayant porté sa pièce, son collaborateur n'a pas réclamé, bien qu'il connût ce fait. Le débat doit
avoir lieu dans ce cas entre les deux collaborateurs; le fait
de n'avoir pas interdit la représentation de la pièce, alors
qu'il savait qu'elle devait se jouer, le rend sans droit à réclamer pour le passé; de même, lorsque la pièce a été admise à
la représentation du consentement des deux auteurs, elle ne
peut être retirée que de leur consentement commun.

Un grave débat s'étant élevé entre MM. Sauvage et Ambroise
Thomas, relativement à l'opéra intitulé *Gillotin et son père,* la
Cour de Paris a décidé qu'un opéra constitue une propriété
individuelle pour l'auteur des paroles et pour le musicien, s'ils
ne sont pas convenus de reprendre chacun d'eux des droits
séparés sur le poème et la participation musicale; que la réception de l'œuvre par un directeur de théâtre confère à chacun
des co-stipulants le droit d'exiger l'exécution de cette œuvre;
que, d'une part, les auteurs, en offrant leur pièce à une administration théâtrale, s'interdisent de pouvoir empêcher en
aucun cas cette administration de la représenter, leur droit de
représentation se trouvant aliéné au profit de celle-ci; que,

d'autre part, l'administration théâtrale contracte envers eux l'obligation de représenter l'œuvre reçue; que l'un des auteurs peut donc à lui seul en réclamer la représentation, nonobstant la volonté contraire de son collaborateur, mais qu'il ne peut exiger que celui-ci assiste aux répétitions, cet usage de théâtre étant un droit facultatif pour les auteurs.

Il a, de même, été décidé par la Cour de Paris, qu'un compositeur de musique ne peut se délier d'un engagement formellement contracté, et sacrifier aux intérêts nouveaux, que peuvent lui créer ses succès, les droits et l'œuvre du librettiste son collaborateur. En mettant obstacle à la représentation, il cause à celui-ci un préjudice dont il lui doit réparation, et, bien qu'il prenne l'engagement de ne point appliquer à d'autres paroles qu'à celles du livret de son collaborateur la musique composée pour ce livret, et qu'il ne s'oppose pas à ce que son collaborateur fasse de son livret tel usage qu'il avisera, il n'en est pas moins passible en outre de dommages-intérêts.

Lorsqu'une pièce, faite en collaboration, n'est pas représentée, l'un des auteurs ne peut s'emparer des éléments de cette pièce pour en créer une nouvelle qu'il fait représenter sous son seul nom. Il y a, dans ce cas, spoliation, et le tribunal peut allouer à l'auteur lésé sa part de droits d'auteur et des dommages-intérêts. Reconnaissant ainsi la qualité de collaborateur à cet auteur, le tribunal l'investit par ce fait de tous les droits qui sont afférents à la collaboration. Toutefois, si, en cédant une pièce, un auteur a stipulé certains droits limités, il n'est pas fondé à réclamer au-delà des avantages stipulés.

Tout collaborateur, avons-nous dit, a les mêmes droits que son co-auteur; néanmoins, lorsqu'une pièce a deux auteurs, et qu'un seul assigne le directeur devant un tribunal pour réclamer un dédit stipulé en cas d'inexécution des conventions, l'auteur qui ne s'est pas mis en cause ne peut réclamer sa part, et celui qui réclame n'a droit qu'à la moitié du dédit.

Parfois il arrive qu'un auteur s'adresse à un tiers pour être mis en relation avec un autre auteur, s'engageant, pour lui avoir procuré cette collaboration, à lui abandonner une part de ses droits sur la pièce au sujet de laquelle un traité était passé entre les deux collaborateurs. Dans ce cas, si la pièce déterminée n'a pas été faite, le tiers ne peut rien prétendre sur les autres pièces qui pourraient être produites par les deux collaborateurs.

L'article 18 des statuts de la Société des auteurs dramatiques interdit à tous ses membres de faire, avec toutes les administrations théâtrales, des traités particuliers à des conditions

pécuniaires au-dessous de celles établies aux traités généraux.
Il est, en conséquence, interdit aux sociétaires de faire aucune
pièce en collaboration, soit avec le directeur d'un théâtre sur
lequel la pièce doit être jouée, soit avec ses associés ou employés salariés ou gratuits, à moins d'une autorisation formelle
donnée à cet effet par la commission.

Il est également interdit aux directeurs, ayant traité avec la
Société, de jouer sur leurs théâtres des ouvrages composés soit
par eux, soit par leurs associés, soit par leurs employés salariés ou gratuits, seuls ou en collaboration avec des auteurs
étrangers au service du théâtre.

Les auteurs ou directeurs, qui contreviennent à ces dispositions, sont passibles d'une peine disciplinaire.

Si, en principe, une œuvre dramatique, qui est le fruit d'une
collaboration, ne peut être représentée qu'avec le consentement exprès des auteurs, celui d'entre eux qui se plaint que
des représentations ont eu lieu sans ce consentement n'a pas
d'action contre les tiers qui ont donné ces représentations avec
le concours de son co-auteur. C'est ce dernier seul qui est responsable.

Comédie-Française. — Nous n'avons point à faire ici
l'histoire de ce théâtre célèbre. Il nous suffira de rappeler très
succinctement seulement que, sous la Restauration, il faisait
partie de la liste civile ; mais il en a été distrait par l'ordonnance du 23 janvier 1831, qui l'a placé dans les attributions du
ministre de l'intérieur ; une subvention lui fut ensuite accordée. Aujourd'hui ce théâtre continue à être exploité par les comédiens réunis en société, conformément à l'acte passé devant
Mᵉ Hua, le 27 germinal an XII.

Napoléon Iᵉʳ compléta son organisation par le décret de
Moscou daté du 15 octobre 1812. Mais ce décret, qui n'a été ni
contresigné d'un ministre ni inséré au Bulletin des lois, fut déclaré inconstitutionnel par le Conseil d'Etat, le 27 août 1823. Les
deux décrets des 27 avril 1850 et 19 novembre 1859 forment actuellement, avec quelques dispositions du décret de Moscou
restées en vigueur, l'ensemble des documents législatifs qui
régissent la Comédie-Française.

Nous allons reproduire le texte de ces divers actes et décrets.

ARTICLES DE L'ACTE DE SOCIÉTÉ D'ENTRE LES COMÉDIENS
FRANÇAIS, PASSÉ DEVANT Mᵉ HUA, LE 27 GERMINAL AN XII

1. Les comédiens français comparants, se sont associés

pour l'exploitation du Théâtrc-Français, à Paris. — 2. Cette Société a commencé à compter du 1ᵉʳ pluviôse, an XI et sa durée est illimitée. — 3. Elle sera purement commanditaire sous l'autorité expresse du gouvernement, au moyen de quoi chacun desdits sociétaires partagera les bénéfices de la Société, en raison de la portion qu'il y aura, et en supportera les charges dans la même proportion, seulement sur les produits de ladite portion sans qu'il puisse être établi aucune solidarité entre eux, et sans que leurs biens, meubles et immeubles personnels en soient aucunement chargés. — 4. La Société se divise en vingt-cinq parts qui seront réduites à vingt-trois, dont une restera en séquestre pour les besoins imprévus. Ces vingt-cinq parts seront distribuées et appartiendront auxdits sociétaires dans les proportions fixées par un état arrêté par le préfet du palais du gouvernement chargé de la surintendance du Théâtre-Français. — 5. Chaque part sera susceptible de sous-division ; aucun comédien ne pourra être admis dans la Société à moins d'un quart de part. — 6. Après deux années, tout sociétaire à quart de part aura droit à un huitième de part, et dans le cas où il ne vaquerait pas à cette époque une part ou portion de part dans laquelle il pût prendre ce huitième, il le prélèvera sur la part en réserve. — 7. Nul sociétaire ne pourra parvenir à une portion plus considérable que les trois huitièmes de part dont il est parlé dans l'article précédent que par délibération du comité d'administration, conformément aux règlements. — 8. Le tiers seulement du produit de la part ou portion de part d'un sociétaire pourra être cédé par lui et saisi par ses créanciers, le surplus est expressément réservé audit sociétaire pour ses aliments et habillements ; ce tiers, en cas de cession, saisie ou opposition, sera retenu par le caissier, pour être distribué entre les créanciers tel que de droit, conformément aux anciens usages et règlements ; il en sera de même, à l'égard des appointements des comédiens, appointements qui se trouveront attachés à tel titre que ce soit. — 9. Les comédiens sociétaires, actuellement en activité, sont et demeurent classés conformément au tableau arrêté par le préfet. A l'avenir, ils le seront suivant le rang d'ancienneté dans l'emploi que désignera leur titre de réception. — 10. Le droit d'ancienneté datera pour les sociétaires du jour de leur réception, et le droit à la pension du jour même de leurs débuts.

DÉBUTS ET ADMISSIONS.

11. Aucun sujet après ses débuts ne sera admis qu'à l'essai. Cet essai durera plus ou moins longtemps, selon que le gouver-

nement ainsi que le comité d'administration le jugeront convenable, et ne pourra néanmoins être de moins d'un an.

RETRAITES ET PENSIONS.

12. Après vingt ans de service seulement, tout sociétaire prendra sa retraite, à moins que le gouvernement et le comité d'administration n'en décident autrement. — Le sociétaire qui se retirera après vingt ans de service aura droit à une pension viagère de deux mille francs, de la part du gouvernement et à une pension égale de la part de la Société. Si, à l'expiration desdites vingt années, il continue d'exercer, chacune des pensions sera augmentée de cent francs par chaque année au-delà desdites vingt années, jusqu'à sa retraite. — 14. Conformément à l'article 38 de l'organisation de la Société, la pension de la Société sera considérée comme secours alimentaire et ne pourra conséquemment être saisie par aucun créancier. — 15. S'il survient à l'un des sociétaires des accidents ou infirmités avant le terme de vingt années qui le mettent hors d'état de continuer son service, il aura droit à une quotité ou à la totalité de la pension de deux mille francs de la société, sauf le recours du sociétaire au gouvernement pour raison de la pension qu'il accorde dans les cas pareils prévus par les règlements. La nature, la cause ou la gravité desdits accidents ou infirmités, seront préalablement constatées par deux médecins et deux chirurgiens désignés par le comité d'administration. — 16. Le payement des arrérages de pensions sera faite de trois en trois mois. — 17. Pour assurer et effectuer le payement des pensions de la société, il sera établi un revenu annuel de cinquante mille francs qui sera destiné au payement des arrérages. — 18. La somme nécessaire pour produire ces cinquante mille francs sera fournie par les sociétaires sur les produits de la recette de la Comédie-Française. La retenue de cette somme sera faite par le caissier de la Comédie-Française à raison de cinquante mille francs par année, savoir : six mille francs par chaque mois d'hiver, à compter du 1er vendémiaire jusqu'au premier germinal, et deux mille trois cent trente-trois francs trente-trois centimes, par chacun des six mois d'été, à compter du 1er germinal jusqu'au 1er vendémiaire. — 19. Ces sommes seront remises de mois en mois par le caissier entre les mains du notaire de la Société, pour être par lui placées, à mesure desdites remises, sur le Mont-de-Piété, pour la nue-propriété au profit des sociétaires du Théâtre-Français, collectivement et pour l'usufruit à celui des pensionnaires du Théâtre-Français. Les intérêts de ces sommes ainsi placées, se-

ront ajoutés aux capitaux progressivement jusqu'à la formation du capital nécessaire productif desdits cinquante mille francs, et sauf cependant la retenue annuelle pour l'acquittement des arrérages desdites pensions.—20. Le fonds desdits cinquante mille francs appartiendra à la masse générale de la Société pour sa nue-propriété, pour former le gage desdites pensions; en conséquence, aucun des comédiens pensionnaires, ni même la masse générale de ladite Société, ne pourra en rien distraire ni disposer pour quelque cause que ce soit, même dans le cas de dissolution de la Société par le fait desdits sociétaires, force majeure ou cas imprévus. — 21. Et attendu que chacun desdits sociétaires contribuera à la formation dudit capital de cinquante mille francs de revenu, à raison de sa part dans ladite Socitété, par le seul fait de la retenue ci-dessus exprimée, la portion pour laquelle il aura contribué pendant son exercice lui sera remboursée, ou à ses héritiers, dans les trois mois qui suivront l'époque de sa retraite ou de son décès, avec l'intérêt sur le pied du denier vingt, sans retenue, à compter du jour de sa retraite ou de son décès. — 22. Aucun desdits sociétaires ne pourra aliéner la portion pour laquelle il aura contribué dans le fonds desdites pensions; ses créanciers ne pourront saisir ni arrêter ce même fonds, à l'effet de quoi chaque sociétaire abandonne, dès à présent, à la masse desdits comédiens pensionnaires, la jouissance de la ladite portion, sauf à ladite Société à acquitter ladite portion, aux époques ci-dessus déterminées, et sauf aux créanciers saisissants à faire valoir leur saisie à compter du jour desdites retraites et décès. — 23. Pour assurer auxdits pensionnaires retirés l'emploi desdits fonds et conséquemment le payement de leurs pensions, chacun desdits emplois ne pourra être fait que de concert avec deux de leurs commissaires qu'ils nommeront; il en sera de même lorsqu'il y aura lieu au recouvrement desdites sommes, qui ne pourra être fait qu'en la présence et du consentement desdits commissaires. Toutes ces opérations ne pourront être faites qu'en présence ou du consentement du commissaire du gouvernement.—24. Lorsque le capital placé sur le Mont-de-Piété s'élèvera à une somme excédant le tiers de la somme qui, suivant le cours, alors connu, devra produire un revenu annuel de cinquante mille francs, le notaire dépositaire, sous l'autorisation des deux commissaires nommés par les pensionnaires et des deux autres nommés par les sociétaires et du commissaire du gouvernement, pourra retirer de l'administration du Mont-de-Piété moitié de la somme qui y aura été déposée, pour ladite moitié être par lui placée par contrat de constitution ou obligation par première hypothèque sur des biens immeubles situés dans le ressort du tribunal de première instance du département de la Seine, dont la valeur excédera le double des sommes prêtées. Il en sera de même agi jusqu'à l'époque où le capital sera complet, de manière qu'à cette époque il soit placé moitié dans la caisse de l'administration du Mont-de-Piété, et l'autre moitié soit sur l'Etat, soit par première hypothèque sur des propriétés particulières. — 25. Tous les contrats, obligations ou reconnaissances qui seront souscrites et les inscriptions qui seront prises, le seront collectivement au profit des sociétaires du Théâtre-Français pour la nue propriété, et pour l'usufruit à celui des pensionnaires du Théâtre-Français, sans cependant que chacun desdits pensionnaires puisse prétendre audit capital. — 26. Dans le cas où, par tel événement que ce soit, lesdits capitaux éprouveraient des réductions ou viendraient à être perdus en tout ou en partie, il sera fait un prélèvement de sommes suffisantes pour compléter un capital productif de cinquante mille francs de revenu, et ce sur les recettes de la Comédie, dans la même proportion que celle indiquée à l'article 18 ci-dessus. Dans tous les cas, les pensions seront payées sur les recettes de la Comédie, sauf à la Société à se couvrir, s'il y a lieu, sur lesdits fonds dont le prélèvement a été ci-dessus énoncé. — 27. Arrivant la dissolution de ladite Société, le fonds des pensions appartiendra aux artistes alors en exercice, et néanmoins continuera de servir les arrérages des pensions tant des artistes retirés que de ceux alors en exercice qui auront droit. — 28. Au fur et à mesure des extinctions, les fonds devenus libres serviront à remplir les sociétaires des retenues à eux faites qui leur resteront dues. En cas d'insuffisance, ils supporteront la perte au marc le franc, et en cas d'excédant, ils partageront le bénéfice au prorata des parts qu'ils avaient dans la Société.

COMITÉ D'ADMINISTRATION.

29. Les fonctions du comité sous le rapport de l'administration sont d'inspection, de surveillance et de proposition. Elles sont réglées, ainsi que la partie des assemblées et de tout ce qui concerne l'administration par un règlement particulier. — 30. Les membres ne pourront, sous peine de responsabilité personnelle, ordonnancer aucune somme au-delà de cent francs sur le même objet sans l'aveu de la Société assemblée, ni faire aucune poursuite judiciaire sans l'avis signé des membres composant le conseil de la Société. — 31. La police tant des assemblées du comité que des assemblées de la Société, ainsi que les détails de l'administration, seront fixés par un règlement particulier.

COMPTABILITÉ.

32. Les recettes seront faites et les dépenses de la Société acquittées par un caissier choisi par la Société et agréé par le gouvernement. — 33. Aucun parent de comédien en activité ne pourra en remplir les fonctions. — 34. Sans rien préjuger sur le cautionnement des soixante mille francs fournis en inscriptions par le sieur Cormeille, caissier actuel, ses successeurs seront tenus de fournir un cautionnement de soixante mille francs en immeubles, de valeur double. — 35. Dans le cas où les immeubles qui seraient offerts à titre de cautionnement seraient grevés d'hypothèques, ils ne seront reçus qu'autant que leur valeur sera du double des hypothèques qui existeraient, et de soixante mille francs de cautionnement. — 36. Ce cautionnement ne sera reçu qu'après un examen préalable des titres de propriété d'immeubles et du certificat du conservateur des hypothèques, et sur le rapport qui en sera fait par le notaire de la Société ou autre membre du conseil. — 37. Celui qui se rendra caution du caissier sera tenu de fournir auxdits sociétaires, aux frais dudit caissier, copie collationnée en bonne forme des titres de propriété desdits biens; ces copies seront déposées entre les mains du notaire de ladite Société, et ne seront remises à la caution que lorsqu'elle sera entièrement déchargée de son cautionnement. — 38. Les inscriptions et actes nécessaires pour la conservation dudit cautionnement seront faites et renouvelées, quand il y aura lieu, aux frais du caissier. — 39. Ladite caution ne pourra obtenir la main-levée desdites inscriptions, oppositions ou autres actes conservatoires qu'après l'apurement des comptes du caissier, retiré ou décidé. — 40. A la fin de chaque mois, les états de recette et de dépense seront visés et arrêtés par le commissaire du gouvernement et le comité. — 41. Le caissier prélèvera, en la présence du commissaire du gouvernement et des membres du comité sur la recette : 1° les honoraires des comédiens à l'essai et appointés, ainsi que la solde des employés et gagistes; 2° le montant des mémoires, tant pour les dépenses courantes que pour fournitures extraordinaires; 3° la somme prescrite pour les fonds et les arrérages des pensions de la Société. — 42. Le surplus est partagé entre les sociétaires, suivant la portion de part déterminée pour chacun d'eux. — 43. Le caissier est autorisé à toucher tous les six mois à la caisse d'amortissement les arrérages de cent mille francs de rente accordés par le gouvernement, ainsi que de toutes autres rentes et sommes qui pourront être accordées par le gouvernement à la Société à tel titre que ce soit. — Dans le

courant du même mois, il soldera sur les états dressés par le commissaire du gouvernement et visés par le préfet : 1° un semestre du loyer du foyer de la salle, déduction faite de l'imposition foncière ; 2° un semestre de pension accordée aux artistes retirés ; 3° un semestre des indemnités pour supplément d'appointements accordé par le gouvernement. — 45. A la fin de chaque année, le caissier dressera un compte général de recettes et de dépenses, tant pour les fonds de la Société que pour les fonds accordés par le gouvernement; ce compte sera arrêté définitivement par l'assemblée générale en la présence du commissaire du gouvernement et des membres composant le conseil de la Comédie.

PIÈCES NOUVELLES.

46. Aucune pièce ne pourra être représentée sur le théâtre desdits sociétaires que revêtue de l'approbation du gouvernement.

DISCIPLINE.

47. Sera exclu de la Société tout sociétaire qui aura été absent ou aura cessé son service six mois sans le consentement par écrit de la Société, le tout sans préjudice des autres moyens de répression portés aux règlements pour ces cas et autres pareils.

ENCOURAGEMENTS ET RÉCOMPENSES.

48. Lorsque le Gouvernement et les Sociétaires jugeront convenable de prolonger au-delà de vingt-cinq ans le service d'un Sociétaire, le Sociétaire vétéran joindra à son traitement d'activité le tiers de la pension de la Société, depuis vingt-cinq ans jusqu'à trente, la moitié depuis trente jusqu'à trente-cinq, et la totalité depuis trente-cinq jusqu'à sa retraite. Cette mesure aura son exécution jusqu'à l'époque où les parts de la Société seront réduites à vingt-trois, ainsi qu'il est prescrit ci-dessus. — 49. Tout Sociétaire ayant servi trente ans, aura droit au produit d'une représentation à son choix donnée par ses camarades lors de sa retraite de ladite Société.

ADHÉSION A L'ACTE DE SOCIÉTÉ

50. Les artistes qui seront par la suite reçus comme sociétaires seront tenus de prendre communication du présent acte de société, ensemble des règlements, et d'y adhérer par un acte

particulier ensuite être présentés, dans la huitaine de leur réception. Toutes les difficultés qui pourront s'élever entre les artistes pendant l'existence et la durée de la présente société sur aucune clause du présent acte en ce qui touche leurs intérêts respectifs et en toutes matières contentieuses, seront jugées en dernier ressort par les membres composant le conseil de la Comédie. La décision qui sera portée sera sans appel et sans recours en cassation.

CONSEIL.

51. Il y aura un conseil de la Société. — 52. Le Conseil sera composé de jurisconsultes, avocats, notaires et avoués.

DE L'ADMINISTRATION DU THÉATRE-FRANÇAIS.
DÉCRET DU 27 AVRIL 1850.

1. — Le Théâtre-Français est placé sous la direction d'un administrateur nommé par le ministre de l'intérieur.

2. — L'administrateur du Théâtre-Français est chargé : 1° de présenter, chaque année, à l'approbation du ministre de l'intérieur, le budget du théâtre, dressé par le comité d'administration et soumis à l'examen de l'assemblée générale des sociétaires ; 2° d'ordonner, dans les limites portées au budget pour chaque nature de dépenses, celles qui seront nécessaires pour toutes les parties du service, et de signer à cet effet tous ordres de fournitures et mandats de payements ; 3° de passer les marchés, souscrire les obligations pour le service, et signer tous actes dans l'intérêt de la Société, conformément aux délibérations du comité : ceux des actes dont la durée excèdera une année devront être approuvés par le ministre de l'intérieur ; 4° d'exercer, tant en demandant qu'en défendant, conformément aux délibérations du comité, toutes les actions et tous les droits de la société des comédiens, après avoir pris l'avis du conseil de la Comédie, de l'assemblée générale et l'autorisation du ministre ; de faire tous actes conservatoires et tous recouvrements ; 5° de faire les engagements d'acteurs pensionnaires dont la durée n'excède pas une année ; 6° d'inspecter, régler et ordonner, dans toutes les parties de la salle et des magasins, et de déléguer, à cet effet, s'il le juge nécessaire, un ou plusieurs membres du comité d'administration ; 7° de prendre toutes les mesures relatives au service intérieur, aux entrées, loges et billets de faveur, à la convocation et à la tenue des comités et des assemblées générales, aux affiches et annonces dans les journaux ; 8° de distribuer les rôles, sauf le

7

droit des auteurs, et sans pouvoir imposer aux sociétaires des rôles en dehors de leurs emplois; 9° de statuer définitivement sur la formation du répertoire et sur les débuts; 10° de donner les tours de faveur, lesquels ne pourront être accordés à plus d'une pièce sur deux ouvrages reçus; 11° de donner les congés, en se conformant, pour leur répartition, aux dispositions du règlement, et sans pouvoir en accorder plus de six mois à l'avance, ni pour des époques périodiques; 12° de prononcer des amendes, dans les limites du maximum et du minimum fixés par le règlement. Il exerce, en outre, les fonctions attribuées par le décret du 15 octobre 1812 au commissaire du gouvernement près le Théâtre-Français.

3. — L'administrateur, après avoir pris l'avis du comité d'administration, propose au ministre de l'intérieur : 1° les admissions des sociétaires; 2° les accroissements successifs de la part d'intérêt social, en ayant égard tant à la durée et à l'importance des services qu'à la nature de l'emploi; ces augmentations pourront être, à l'avenir, d'un douzième de la part sociale; 3° les engagements d'acteurs pensionnaires dont la durée excède une année; 4° les décisions relatives au partage des bénéfices et à la fixation des allocations annuelles attribuées aux Sociétaires; 5° les règlements relatifs aux congés, aux amendes et aux autres peines disciplinaires, aux feux, à la composition du comité de lecture, à la nomination de ses membres et à la tenue de ses séances.

4 et 5. — L'administrateur donne son avis au ministre de l'intérieur sur tous les objets non compris dans les articles précédents concernant le Théâtre-Français. Toutes les personnes attachées au service du théâtre, le caissier et le contrôleur général exceptés, sont à la nomination de l'administrateur.

8. — L'administrateur ne peut faire représenter aucune pièce n'ayant pas encore fait partie du répertoire du Théâtre-Français, si elle n'a été admise par le comité de lecture.

9. — L'administrateur reçoit un traitement fixe de 25,000 fr. par an.

DU COMITÉ D'ADMINISTRATION.

10. — Le comité d'administration, composé conformément à l'art. 30 du décret du 15 décembre 1812, dresse le budget du théâtre. Il délibère : 1° sur les comptes du théâtre, sur les marchés à passer, sur les obligations à souscrire, sur les crédits extraordinaires et placements de fonds; 2° sur les actions à intenter ou à soutenir au nom de la Société; 3° sur les objets pour lesquels l'administration est tenue de prendre son avis;

4° sur les rapports semestriels de l'administrateur; 5° sur la mise à la retraite des sociétaires après dix ans de service.

DE L'ASSEMBLÉE GÉNÉRALE.

12. — L'assemblée générale des sociétaires délibère : 1° sur le budget et les comptes du Théâtre, sur les crédits extraordinaires et placement de fonds; 2° sur les actions à intenter ou à soutenir au nom de la Société.

DES SOCIÉTAIRES.

(Art. 12, 14 et 15 du Décret du 27 avril 1850 et art. 2, 3 et 4 du Décret du 19 novembre 1859.)

Chaque sociétaire a droit à une allocation annuelle, à des feux, à une quotité dans les bénéfices nets, à une représentation à son bénéfice, à une pension. L'allocation annuelle, calculée proportionnellement à la quotité de la part sociale, ne peut dépasser le maximum des allocations fixes, précédemment accordées aux sociétaires; elle sera payable par douzième. La quotité des feux, suivant les services et les emplois, sera déterminée par le règlement. La quotité dans les bénéfices nets est proportionnée à la part ou portion de part de chaque sociétaire. Une moitié est mise en réserve et soumise aux dispositions des art. 22, 23, 24, 25, 26 et 27 du décret du 15 octobre 1812 (1). La représentation à bénéfice est accordée au Sociétaire à l'époque de sa retraite définitive, après vingt ans au moins de service en qualité de sociétaire.

(1) Articles 22, 23, 24, 25, 26, 27 du décret de 1812 qui sont ainsi conçus :

Cette somme sera versée entre les mains du notaire du Théâtre-Français, et placée par lui à mesure pour le compte de la Société, selon les règles prescrites par l'art. 32. — Aucun sociétaire ne peut aliéner ni engager la portion pour laquelle il contribue au fonds de cette rente. — À la retraite de chaque sociétaire ou à son décès, le remboursement du capital de cette retenue sera fait à chaque sociétaire ou à ses héritiers, au prorata de ce qu'il y aura contribué. — Tout sociétaire, qui quittera le théâtre, sans en avoir obtenu la permission du surintendant, perdra la somme pour laquelle il aura contribué, et n'aura droit à aucune pension. — Jusqu'à ce qu'au moyen des dispositions ci-dessus une rente de cinquante mille francs soit entièrement constituée, les pensions de la Société seront payées tant sur les intérêts des fonds mis en réserve que sur les recettes générales de chaque mois. — Quand la rente sera constituée, s'il y a de l'excédant après le payement annuel des pensions, il en sera disposé pour l'avantage de la Société, avec l'autorisation du surintendant;

La pension de retraite sera acquise, fixée et liquidée conformément au décret du 15 octobre 1812. Elle ne peut, dans aucun cas, sauf les droits acquis, dépasser la quotité déterminée par l'art. 13 dudit décret (1). Après une période de dix années de services, à partir du jour des débuts, lorsqu'ils auront été immédiatement suivis de l'admission comme artiste aux appointements et ensuite comme sociétaire, il sera statué de nouveau sur la position de chaque sociétaire reçu postérieurement à la promulgation du présent décret. Le ministre, après avoir pris l'avis de l'administrateur et du comité d'administration, pourra prononcer la mise à la retraite conformément à l'art. 16 du décret du 15 octobre 1812 (2). Dans ce cas le sociétaire aura droit au tiers de la pension qui lui aurait été due après vingt ans de service, et sera libre d'exercer son art, soit à Paris, soit dans les départements.

Tout sociétaire qui, après vingt années de service, n'aura pas été, en vertu de l'art. 14 du décret du 15 octobre 1812 (3), mis en demeure de continuer à jouer sur le Théâtre-Français, sera libre de jouer sur les théâtres des départements. Il ne pourra jouer sur les théâtres de Paris qu'avec l'autorisation du minis-

(1) Art. 13 du décret de 1812 :

Le sociétaire qui se retirera après vingt ans aura droit : 1° à une pension viagère de deux mille francs sur les fonds affectés au Théâtre-Français par le décret du 13 messidor an X; 2° à une pension de pareille somme sur le fonds de la Société dont il est parlé à l'art. 8.

(2). Art. 15 et 16 du décret de 1812 :

Un sociétaire qu'un accident, ayant pour cause immédiate le service de notre Théâtre-Français ou des théâtres de nos palais, obligerait de se retirer avant d'avoir accompli ses vingt ans, recevra en entier les pensions fixées par l'art. 13. — En cas d'incapacité de service, provenant d'une autre cause que celle énoncée à l'art. 15, le sociétaire pourra, même avant ses vingt ans de service, être mis en retraite par ordre du surintendant. — En ce cas, et s'il a plus de dix ans de service, il aura droit à une pension sur les fonds du gouvernement, et une sur les fonds des sociétaires; chacune de ces pensions sera de 100 francs par année de service s'il était à part entière, de 75 francs s'il était à trois quarts de part, et ainsi de suite, dans la proportion de sa part dans les bénéfices de la Société.

(3) Cet article 14 est ainsi conçu :

Si le surintendant juge convenable de prolonger le service d'un sociétaire au-delà de vingt ans, il sera ajouté, quand il se retirera, 100 francs de plus par an à chacune des pensions dont il est parlé à l'article précédent.

tre de l'intérieur, et sauf interruption du paiement de sa pension de retraite, pendant la durée des engagements qu'il aura contractés sur ces théâtres.

Les acteurs sont tenus, sous les peines qui seront déterminées par le règlement, de se soumettre aux ordres de service donnés par l'administrateur. Ils ne peuvent, sous les mêmes peines : 1° refuser aucun rôle de leur emploi, ni s'opposer à ce qu'un autre acteur le partage avec eux ; 2° s'absenter sans congé ni dépasser le terme du congé obtenu. Les peines disciplinaires autres que les amendes ne peuvent être prononcées que par décision du ministre de l'intérieur, sur la proposition de l'administrateur.

DE LA COMPTABILITÉ.

(Art. 16 à 28 du Décret du 27 avril 1850.)

Le budget des recettes et des dépenses du Théâtre-Français est dressé chaque année et approuvé dans les formes prescrites par l'art. 2. Il comprend les prévisions de recettes et de dépenses afférentes à toute la durée de l'exercice. Sont seuls considérés comme appartenant à un exercice les services faits et les droits acquis à la Société ou à ses créanciers, du 1er janvier au 31 décembre de l'année qui donne son nom audit exercice.

La subvention accordée par l'Etat est versée, chaque mois et par douzième, dans la caisse du Théâtre.

Il est ouvert, au budget de chaque exercice, un chapitre spécial destiné à pourvoir aux dépenses que le ministre de l'intérieur croirait utile d'autoriser, dans l'intérêt du Théâtre, en dehors ou en supplément des prévisions portées au budget. La quotité du décret ouvert par ce chapitre est déterminée chaque année par le ministre ; elle ne peut excéder le cinquième du montant de la subvention. Il ne peut être imputé de dépense sur ledit chapitre qu'avec l'autorisation du ministre.

Les placements de fonds et les dépenses extraordinaires, non prévus au budget ou excédant les crédits alloués, ne peuvent être proposés et autorisés que dans les mêmes formes que le budget.

Le caissier ne peut faire aucun payement que sur un mandat signé de l'administrateur. Pour les dépenses extraordinaires prévues par les art. 18 et 19, l'ordonnance ne peut avoir lieu qu'en vertu d'une autorisation spéciale du ministre de l'intérieur. La répartition des bénéfices entre les sociétaires ne peut avoir lieu que suivant un état dressé par l'administrateur et approuvé par le ministre de l'intérieur.

La comptabilité du caissier est tenue en partie double. Il y a un journal, un grand-livre, et autant de livres auxiliaires qu'il y a sur le grand-livre de comptes donnant lieu à des développements. Chaque opération inscrite dans la comptabilité du Théâtre doit être appuyée de justifications régulières. L'administrateur tient enregistrement des mandats de recette et de dépense qu'il délivre, des marchés et engagements qu'il souscrit, des entrées, loges et billets de faveur qu'il accorde, des ordres généraux de service, et de tous les actes qu'il fait et ordonne dans l'intérêt de la Société. — Le 15 de chaque mois, pour le mois précédent, l'administrateur adresse au ministre de l'intérieur le compte des recettes et des dépenses de la Société, avec toutes les justifications réclamées par le ministre. — La comptabilité du théâtre est soumise, sur la demande du ministre de l'intérieur, à la vérification des inspecteurs généraux et particuliers des finances. La gestion de l'administrateur est soumise aux inspections administratives que le ministre juge utile d'ordonner. — Il sera procédé, dans le délai de trois mois, par un agent du ministre de l'intérieur, concurremment avec l'administrateur et le plus ancien des sociétaires, à un récolement général composant le matériel, le mobilier, la collection de tableaux et de sculptures, les archives et la bibliothèque du Théâtre. Les mouvements de ce matériel sont soumis à une comptabilité d'entrée et de sortie. Chaque année, les résultats de cette comptabilité sont constatés dans un inventaire, et il est procédé à un récolement général, dans les formes indiquées ci-dessus. Un double du procès-verbal de récolement est remis au ministère de l'intérieur, après avoir été communiqué au comité d'administration.

Le compte de l'exercice de chaque année reste ouvert jusqu'au 1er avril, pour le complément des opérations engagées avant le 31 décembre de l'année précédente, conformément à l'article 16. Il est définitivement arrêté le 1er mai de l'année suivante. Il comprend toutes les recettes réalisées et les droits acquis dans la période de l'exercice ; toutes les dépenses faites ou engagements contractés, pour les services faits, pendant la même période, et constate l'excédant des recettes, formant les bénéfices à répartir, conformément aux art. 9 et 12 ci-dessus.

Ce compte est certifié par l'administrateur, soumis par lui à l'examen de l'assemblée générale et à l'approbation du ministre. A l'appui dudit compte sont joints : 1° un état présentant la situation des valeurs de caisse et de portefeuille, à la date de la clôture de l'exercice ; 2° un état des engagements contractés; 3° l'inventaire du matériel.

DES PIÉCES NOUVELLES ET DES AUTEURS

*(Art. 68 et 73 du Décret de Moscou, modifiés par le Décret
du 19 novembre 1859 et l'Arrêté ministériel du 22 avril 1869.)*

A l'avenir, le comité de lecture du Théâtre-Français sera composé : 1° de l'administrateur général du Théâtre-Français, président; 2° des six membres titulaires du comité d'administration. — La présence de cinq membres, y compris le président, suffira pour qu'une décision soit régulièrement prise.

Dans le cas où l'auteur le demanderait formellement, tous les autres sociétaires hommes pourraient être adjoints au comité de lecture, formé comme il est dit à l'article 1er, pour participer au jugement de sa pièce, avec voix délibérative.

Toute pièce qui, n'ayant pas été reçue à une première lecture, aurait été remise à une seconde, devra être lue, cette fois, en présence des membres du comité de lecture et de tous les autres sociétaires hommes, réunis sous la présidence de l'administrateur général. Dans ce cas, la présence de sept membres au moins sera nécessaire pour que la seconde lecture puisse avoir lieu régulièrement.

Après la lecture, il sera procédé à un tour d'opinions dans lequel chacun des membres présents sera invité à exprimer son avis. Le vote aura lieu ensuite nominalement par bulletins signés et portant l'une des mentions suivantes : pièce reçue, refusée ou admise à une seconde lecture. Le résultat du vote sera relaté au procès-verbal de chaque séance, en regard du nom des votants.

Toutes les pièces présentées au secrétariat du Théâtre-Français devront être immédiatement inscrites sur un registre spécial avec un numéro d'ordre constatant le jour de leur dépôt.— Elles seront remises sans retard à des examinateurs chargés d'en prendre connaissance, et de faire sur chacune d'elles, un rapport motivé concluant, suivant leur appréciation, à ce que la pièce soit réservée pour être ultérieurement lue devant le comité de lecture, ou bien à ce que, sans plus ample examen, elle soit rendue à son auteur. Tous les rapports seront soumis au comité de lecture, formé comme il est dit en l'article 1er, et à qui seul il appartiendra d'en accepter ou d'en refuser les conclusions.

Le résultat de cet examen préalable devra toujours être notifié à l'auteur un mois au plus, après le dépôt de sa pièce.

La part d'auteur dans le produit brut des recettes est de 15 p. 100 par soirée, à répartir entre les ouvrages, tant anciens

que modernes, faisant partie de la composition du spectacle,
conformément au tableau suivant :

Une pièce seule....................		15 pour cent.
Deux pièces égales...	7 1/2 chacune.	15　　—
Quatre ou cinq actes.	11............⎱	15　　—
Un ou deux actes....	4............⎰	
Quatre ou cinq actes.	9............⎱	15　　—
Trois actes.........	6............⎰	
Trois actes.........	10............⎱	15　　—
Un ou deux actes....	5............⎰	
Trois pièces égales...	5 chacune.....	15　　—
Quatre ou cinq actes.	8............⎫	
Un ou deux actes....	3 1/2........⎬	15　　—
Un ou deux actes....	3 1/2........⎭	
Quatre ou cinq actes.	7............⎫	
Trois actes.........	5............⎬	15　　—
Un ou deux actes....	3............⎭	
Trois actes.........	7............⎫	
Un ou deux actes....	4............⎬	15　　—
Un ou deux actes....	4............⎭	
Trois actes.........	5 1/2........⎫	
Trois actes.........	5 1/2........⎬	15　　—
Un ou deux actes....	4............⎭	

Cependant, les auteurs et les comédiens pourront faire toute
autre convention de gré à gré, à la condition de ne pas réduire
les droits d'auteur fixés dans le tableau précédent.

L'auteur jouit de ses entrées, du moment où sa pièce est mise
en répétition, et les conserve trois ans après la première représentation pour un ouvrage en cinq ou quatre actes, deux ans
pour un ouvrage en trois actes, un an pour une pièce en un ou
deux actes. L'auteur de deux pièces en cinq ou quatre actes ou
de trois pièces en trois actes, ou de quatre pièces en un acte
restées au théâtre, a ses entrées sa vie durant.

Le précédent tableau étant incomplet, la Comédie française a
établi comme il suit le chiffre de chaque combinaison de spectacle.

Quatre ou cinq actes. 7 chacune.... ⎫
Trois.............. 4............. ⎬ 15 pour cent.
Trois.............. 4............. ⎭

Trois actes........ 6............. ⎫
Un ou deux........ 3............. ⎪
Un ou deux........ 3............. ⎬ 15 —
Un ou deux........ 3............. ⎭

Quatre ou cinq actes. 5 1/2........ ⎫
Quatre ou cinq...... 5 1/2........ ⎬ 15 —
Trois.............. 4............. ⎭

Quatre ou cinq actes. 6............. ⎫
Un ou deux........ 3............. ⎪
Un ou deux........ 3............. ⎬ 15 —
Un ou deux........ 3............. ⎭

Trois actes........ 4 1/2........ ⎫
Trois.............. 4 1/2... .... ⎪
Un ou deux........ 3............. ⎬ 15 —
Un ou deux........ 3............. ⎭

Quatre ou cinq actes. 5............. ⎫
Trois.............. 3 1/2........ ⎪
Trois.............. 3 1/2........ ⎬ 15 —
Un ou deux........ 3............. ⎭

Quatre ou cinq actes. 5............. ⎫
Trois.............. 4............. ⎪
Un ou deux........ 3............. ⎬ 15 —
Un ou deux........ 3............. ⎭

Quatre ou cinq actes. 4 1/2........ ⎫
Quatre ou cinq...... 4 1/2........ ⎪
Un ou deux........ 3............. ⎬ 15 —
Un ou deux........ 3............. ⎭

Quatre ou cinq actes. 6............. ⎫
Quatre ou cinq...... 6............. ⎬ 15 —
Un ou deux........ 3............. ⎭

Un ou deux actes.... 3 3/4........ ⎫
Un ou deux........ 3 3/4........ ⎪
Un ou deux...... .. 3 3/4........ ⎬ 15 —
Un ou deux........ 3 3/4........ ⎭

DE LA POLICE DU THÉATRE-FRANÇAIS. — DÉCRET DE MOSCOU.

La présidence et la police des assemblées, soit générales, soit des divers comités, sont exercées par le commissaire impérial.

Tout sujet qui manque à la subordination envers ses supérieurs, qui, sans excuses jugées valables, fait changer le spectacle indiqué sur le répertoire, ou refuse de jouer, soit un rôle de son emploi, soit tout autre rôle qui peut lui être distribué pour le service des théâtres de nos palais, ou qui fait manquer le service en ne se trouvant pas à son poste aux heures fixées, est condamné, suivant la gravité des cas, à l'une des peines suivantes :

Ces peines sont les amendes, l'exclusion des assemblées générales des sociétaires et du comité d'administration, l'expulsion momentanée ou définitive du théâtre, la perte de la pension et les arrêts.

Les amendes au-dessous de vingt-cinq francs sont prononcées par le comité, présidé par le commissaire impérial. L'exclusion des assemblées générales et du comité d'administration peut l'être de la même manière; mais le commissaire impérial est tenu de rendre compte des motifs au surintendant. Le commissaire impérial qui aura requis le comité d'infliger une peine, en instruira, en cas de refus, le surintendant, qui prononcera.

Les amendes au-dessus de vingt-cinq francs et les autres punitions sont infligées par le surintendant, sur le rapport motivé du commissaire impérial. L'expulsion définitive n'aura lieu que dans les cas graves, et après avoir pris l'avis du comité.

Aucun sujet ne peut s'absenter sans la permission du surintendant.

Les congés sont délivrés par le surintendant, qui n'en peut pas accorder plus de deux à la fois, ni pour plus de deux mois : ils ne peuvent avoir lieu que depuis le 1er mai jusqu'au 1er novembre.

Tout sujet qui, ayant obtenu un congé, en outrepasse le terme, paye une amende égale au produit de sa part, pendant tout le temps qu'il aura été absent du théâtre.

Lorsqu'un sujet, après dix années de service, aura réitéré pendant une année la demande de sa retraite, et qu'il déclarera qu'il est dans l'intention de ne plus jouer sur aucun théâtre, ni français ni étranger, sa retraite ne pourra lui être refusée; mais il n'aura droit à aucune pension ni à retirer sa part du fonds annuel de cinquante mille francs.

DISPOSITIONS GÉNÉRALES. — DÉCRET DE MOSCOU.

Les comédiens français ne pourront se dispenser de donner tous les jours spectacle, sans une autorisation spéciale du surintendant, sous peine de payer, pour chaque clôture, une somme de cinq cents francs, qui sera versée dans la caisse des pauvres, à la diligence du préfet de police.

Tout sociétaire ayant trente années de service effectif pourra obtenir une représentation à son bénéfice, lors de sa retraite : cette représentation ne pourra avoir lieu que sur le Théâtre-Français, conformément à notre décret du 29 juillet 1807.

Tout sujet, retiré du Théâtre-Français, ne pourra reparaître sur aucun théâtre, soit de Paris, soit des départements, sans la permission du surintendant.

Toutes les affaires contentieuses seront soumises à l'examen d'un conseil de jurisconsultes; et on ne pourra faire aucune poursuite judiciaire au nom de la Société sans avoir pris l'avis du conseil. Ce conseil restera composé ainsi qu'il l'est aujourd'hui, et sera réduit à l'avenir, par mort ou par démission, au nombre de trois jurisconsultes, deux avoués, et au notaire du Théâtre. En cas de vacance, la nomination se fera par le comité avec l'agrément du surintendant.

Le surintendant fera les règlements qu'il jugera nécessaire pour toutes les parties de l'administration intérieure.

Les décrets des 29 juillet et 1er novembre 1807 sont maintenus en tout ce qui n'est pas contraire aux dispositions ci-dessus.

Nous devons ajouter qu'en ce qui concerne la perte des droits que les sociétaires ont à la pension et au remboursement de leur part dans les fonds de retenue, ceux-ci ne perdent leurs droits à ce remboursement que dans les cas d'abandon et de retraite, prévus par les articles 25 et 82 du décret de 1812, et non par leur expulsion, qui emporte seulement la privation des droits à la pension.

C'est au Conseil d'Etat qu'il appartient de statuer sur les pensions des sociétaires, et par conséquent sur toutes les difficultés relatives à ces pensions ou à la distribution des fonds de retenues. Mais, en conséquence, les actions à intenter contre ce Théâtre, qui constitue une entreprise commerciale, doivent être portées au Tribunal de commerce.

Un arrêt de la 3e chambre de la Cour de Paris, du 19 août 1831, a décidé que le pouvoir du conseil judiciaire de la *Comédie-Française* ne peut s'étendre jusqu'à statuer sur la demande formée par un sociétaire, afin de dissolution de la Société.

Ainsi que tous les autres théâtres, qui ont traité avec la Société des auteurs dramatiques, la Comédie-Française, dans le cas où elle exploite, soit par elle-même, soit par un fondé de pouvoirs, les pièces de son répertoire, avec tout ou partie de sa troupe, ou même avec des artistes engagés spécialement à cet effet, est tenue de payer les droits d'auteurs à ladite société.

Nous ne pouvons mieux terminer cette matière qu'en donnant la formule des actes d'engagement à la Comédie-Française.

Entre les soussignés :

M. l'administrateur général des théâtres français, d'une part.

Et M. X..., artiste dramatique, né le   , demeurant à   d'autre part.

Il a été convenu et arrêté ce qui suit :

1. *M. X.... s'engage et s'oblige, envers M. l'administrateur général, a jouer sur le Théâtre de la Comédie-Française tous les rôles qui lui seront distribués dans la tragédie, la comédie et le drame, soit par MM. les auteurs, soit par l'administrateur général, spécialement dans l'emploi dit. . . . . et tous autres rôles pour lesquels il sera jugé nécessaire ou convenable, sans en pouvoir refuser aucun, sous quelque prétexte que ce soit, et sans pouvoir en rendre, en céder ou en quitter aucun que du consentement exprès de l'administrateur général. Il s'engage aussi à paraître dans toute cérémonie et dans toute pièce à spectacle, lorsqu'il en sera requis.*

2. *Il s'engage à se trouver à toute répétition, aux heures indiquées, même après le spectacle si le cas l'exige, sous peine de toute amende qui lui serait imposée par l'administration ; à se conformer à tous réglements d'intérieur et à toutes les dispositions pour la police et l'ordre du spectacle.*

3. *Il s'engage à se fournir à ses frais tous les habits nécessaires et convenables a ses rôles et emplois, tant pour la tragédie que pour la comédie et le drame, sans pouvoir exiger du magasin autres habits et costumes que ceux qui, d'après l'usage de la Comédie-Française, sont fournis par elle comme costumes extraordinaires, et sans pouvoir refuser ceux qui lui seront présentés, dont il devra se contenter.*

4. *Il s'engage à suivre la Comédie partout où il plaira à l'administration de le faire jouer, soit à Paris, soit ailleurs, même à deux théâtres le même jour, s'il en est requis, sans pouvoir exiger aucune augmentation ni dédommagement, à l'exception des frais de voiture et de transport des effets nécessaires, si le soin de payer ces frais n'avait pas été pris par l'administration.*

5. *Il s'engage à ne jouer sur aucun théâtre payant ou non payant*

*sans le consentement exprès et par écrit de l'administrateur géné-
ral, se soumettant à toutes peines de droit et à toute amende qui
lui serait imposée, en cas de contravention au présent article. Il
déclare avoir pris connaissance des règlements du Théâtre-Français et des dispositions qu'ils contiennent relativement aux amendes.*

*6. En cas de clôture du théâtre, pour quelque cause que ce soit,
les appointements seront suspendus et ne recommenceront à courir
que du jour de la réouverture du théâtre. En cas de maladie, les
appointements seront réduits de moitié, ou même supprimés tout
à fait, selon la cause de l'empêchement. Si la maladie dure plus
de trois mois, l'administrateur général de la Comédie-Française
aura le droit de résilier l'engagement sans réciprocité.*

*7. De sa part, l'administrateur général du Théâtre-Français
s'oblige à faire payer à la caisse de ce théâtre la somme de
                        par chaque année du présent engagement,
ladite somme payable par douzième, de mois en mois.*

*8. Le présent engagement aura force et valeur pour le temps et
espace de   à compter du
jusqu'au   et le premier payement de M. X.....
se fera le   à raison de
pour ainsi continuer par chaque mois, jusqu'à la fin du présent
engagement.*

*9. Toutes contestations qui pourraient survenir entre l'adminis-
trateur général et M. X...., pour quelque clause que ce soit du
présent engagement, ou pour toute autre cause, seront jugées en
dernier ressort, et sans appel, par le conseil judiciaire de la Comédie.*

*10. Les parties se soumettent à l'exécution entière du présent
engagement pendant sa durée, à peine d'une indemnité d'une
somme de   stipulée à titre de dédit, sans que
la fixation de cette indemnité puisse être regardée comme commi-
natoire, ni être modérée sous aucun prétexte, lors même que l'infraction au présent engagement serait très-rapprochée du terme de
son expiration.*

*Fait et signé double entre les soussignés, après lecture, à Paris,
le*

Comité de lecture. — Lorsqu'une pièce est présentée à
un directeur, celui-ci peut l'accepter ou la refuser sans être
contraint de la soumettre à l'approbation du comité de lecture.
Inversement il a le droit de s'en remettre à l'avis de ce comité, sans lui-même prendre connaissance de la pièce. Mais il
n'est jamais lié par la décision du comité. La réception ou le
refus de l'œuvre est toujours subordonné à son jugement.

Toutefois, s'il avait été convenu entre l'auteur et le directeur que l'acceptation de la pièce serait subordonnée au jugement du comité, le directeur serait obligé de s'y soumettre. De même si le comité se compose des intéressés dans l'entreprise, c'est-à-dire des sociétaires, leur avis doit être suivi et l'admission devient définitive.

En ce qui concerne la composition de ce comité, le mode de fonctionnement et l'ordre des travaux, c'est toujours le directeur qui en a l'initiative.

Commandite. — Dans une entreprise théâtrale, formée en commandite, le commanditaire, qui accepte les fonctions de directeur, est tenu par cela même de toutes les dettes sociales. Mais ce ne serait pas faire acte de gestion que de remplir un service, étranger à l'administration proprement dite, comme celui d'auteur, acteur, musicien ou autre.

Commerçant. — V. *Acteur, Directeur*.

Commission des auteurs et compositeurs. — Cette commission, instituée par les statuts de la Société des auteurs et compositeurs dramatiques, possède diverses attributions relatées à l'article 15 de l'acte d'association. Ses délibérations sont obligatoires pour tous les membres de la Société, avant même que l'assemblée générale les ait ratifiées.

Elle peut, en outre, selon les circonstances, prononcer la mise en interdit d'un théâtre avec qui elle a passé un traité, et ses décisions, en ce cas, sont également exécutoires.

Il en est de même lorsque ses décisions règlent la part du domaine public dans une pièce arrangée, et font telles répartitions des droits qu'elles jugent convenables.

Elle représente partout la Société, traite, plaide, stipule et transige en son nom. Il a été, en effet, reconnu qu'elle a qualité pour ester en justice. Les sociétaires ne peuvent pas intervenir en leur nom personnel dans les affaires qui regardent la Société en général, attendu qu'étant représentés par la commission ils sont dès lors sans intérêt.

Quant à son organisation intérieure, elle est régie par des règlements spéciaux qu'il est sans intérêt de rappeler ici.

Commissionnaires. — Il ne peut y avoir pour le service public, à l'entrée des théâtres, que des commissionnaires permissionnés par le préfet de police et porteurs de leurs insignes règlementaires.

Commision d'examen. — V. *Censure.*

Comparses. — Ce que nous avons dit des choristes s'applique aux comparses et figurants. Ils sont sous la direction d'un chef de comparses, chargé de les placer et de les faire manœuvrer.

Compétence. — Le Conseil d'Etat a décidé que la connaissance des contestations relatives à la perception du droit des pauvres dans les théâtres, appartient aux conseils de préfecture, et que l'arrêté du préfet, qui rend exécutoires les contraintes décernées contre les entrepreneurs sociétaires d'un théâtre, est un acte purement administratif qui ne fait pas obstacle à ce que ceux-ci se pourvoient pardevant le conseil de préfecture.

Lorsqu'une difficulté surgit entre auteurs et directeurs, au sujet de la présentation, de l'acceptation, du refus, ou de la représentation d'une œuvre dramatique, le directeur doit citer l'auteur devant le tribunal civil. Si, au contraire, c'est l'auteur qui se plaint, il doit saisir la juridiction commerciale.

Quand il s'agit d'une difficulté, de nature à interrompre le cours des représentations, elle doit être portée d'abord devant l'autorité chargée de la police des spectacles, tous droits privés réservés.

Les tribunaux civils ne peuvent entraver par leurs décisions l'action de l'autorité chargée de la surveillance des théâtres.

Les difficultés qui s'élèvent entre le maire d'une ville et un entrepreneur à qui a été concédée l'exploitation du théâtre, doivent être soumises à la juridiction ordinaire, alors même que les parties ont stipulé le contraire dans leur traité.

C'est encore aux tribunaux civils qu'il appartient de décider sur l'exécution des règlements, lorsqu'il s'agit, notamment de théâtres subventionnés, et que le sens des clauses portées au contrat n'est pas contesté.

Les contestations entre acteurs et directeurs doivent être jugées par les tribunaux ordinaires et non par l'autorité administrative. Il en est de même pour celles qui s'élèvent entre les sociétaires et le directeur, pour inexécution des conventions passées entre eux. Les acteurs doivent être assignés au lieu de leur domicile, suivant les règles du droit commun.

Quant à la subvention, accordée à certains théâtres, elle ne leur retire pas leur caractère commercial. Ces théâtres restent donc soumis à la compétence des tribunaux ordinaires.

Pour ce qui est des auteurs, la question ne présente pas de

difficultés. Ils ne sont pas commerçants ; en conséquence, ils ne peuvent être traduits, pour l'exécution de leurs engagements, devant la juridiction commerciale. Ils doivent, au contraire, si ce sont eux qui actionnent le directeur, le citer devant la juridiction commerciale.

Compétence administrative. — Les contestations relatives au paiement du droit des pauvres doivent être portées devant les conseils de préfecture, seuls compétents pour en connaître.

L'arrêté du préfet, qui rend exécutoires les contraintes décernées contre les entrepreneurs sociétaires d'un théâtre, est un acte purement administratif, qui ne fait pas obstacle à ce que ceux-ci se pourvoient devant le conseil de préfecture.

Il appartient au Conseil d'Etat de statuer sur les demandes de pensions des sociétaires du Théâtre-Français, et, par conséquent, sur toutes les réclamations qui peuvent s'élever, à l'occasion de ces pensions ou de la distribution des fonds de retenues que les sociétaires subissent, conformément aux règles de l'association.

Le conseil d'Etat est en outre juge des recours contre les décisions du conseil de préfecture, relatives au droit des pauvres. Il est également compétent pour prononcer sur les réclamations en cas de fermeture d'un théâtre.

Compétence civile. — Les tribunaux civils connaissent seuls des difficultés qui surgissent entre le propriétaire d'une salle de spectacle et le directeur, son locataire, soit sur le prix, soit sur la durée du bail, soit sur les engagements réciproques.

De même, dans le cas où des raisons d'utilité publique obligent l'administration à requérir un immeuble, servant à l'exploitation d'un théâtre, c'est aux tribunaux civils seuls qu'il appartient de régler l'indemnité due au propriétaire et au locataire, quand elle ne peut être établie de gré à gré.

C'est encore aux tribunaux ordinaires et non à l'administration qu'il appartient de décider sur des questions de propriété relatives au mobilier garnissant un théâtre.

Les contestations qui s'élèvent entre le maire d'une ville et le directeur d'un théâtre de cette ville, au sujet de l'exploitation, doivent être soumises aux tribunaux ordinaires, alors même que dans la convention passée entre le maire et le directeur il en aurait été stipulé autrement. Ce traité, en effet, ne constitue, par sa nature, qu'un marché ordinaire, dont l'exécution ne peut appartenir aux conseils de préfecture.

En ce qui concerne les contestations relatives aux engagements des artistes, il en est de même. Les tribunaux civils sont
seuls compétents pour en connaître. La jurisprudence semble
avoir définitivement décidé que si les acteurs ne peuvent pas
être cités devant les tribunaux de commerce, les directeurs, au
contraire, doivent l'être par les acteurs.

Quand il s'agit de l'exécution d'un acte d'engagement, l'artiste
doit être assigné devant le tribunal de son domicile et non au
lieu où l'engagement doit recevoir son exécution.

De même encore pour les difficultés qui s'élèvent entre le
directeur d'un théâtre et les sociétaires, pour inexécution des
engagements réciproquement pris.

En ce qui concerne les contestations entre auteurs et directeurs relativement à la représentation d'une pièce, la compétence peut varier. Mais lorsqu'il s'agit de difficultés touchant
la police des spectacles, c'est à l'autorité administrative qu'il
appartient de décider.

Nous devons dire encore que dans certains engagements des
théâtres de province, il est stipulé qu'en cas de difficultés,
entre le directeur et les artistes de sa troupe, elles seront portées devant le tribunal de commerce. Une telle clause n'est pas
valable et n'empêcherait pas l'artiste appelé devant la juridiction consulaire de décliner sa compétence.

Compétence commerciale. — Les entrepreneurs de
spectacle sont des commerçants. Il en résulte que les tribunaux de commerce sont très-fréquemment compétents pour
statuer sur les difficultés qui s'élèvent entre les directeurs et
les tiers.

Il en est absolument de même pour les théâtres subventionnés, car la subvention ne leur retire en rien leur caractère
d'entreprise commerciale.

Après de longues controverses, la jurisprudence a désormais
établi formellement que les artistes dramatiques ne sont pas
des commerçants. Il en résulte que, si une difficulté, relative à
l'engagement, est soulevée *par* le directeur *contre* un de ses
pensionnaires, elle doit être portée devant le tribunal civil
seul compétent, et que si, au contraire, la difficulté est soulevée *par* l'artiste *contre* son directeur, il doit la soumettre à la
jurisprudence commerciale.

Composition de la troupe. — Lorsqu'il s'agit de théâtres
subventionnés, ou appartenant à une municipalité, l'autorité
municipale est compétente pour intervenir dans la composi-

tion de la troupe, c'est-à-dire que ses pouvoirs lui permettent de contraindre un directeur à engager de nouveaux artistes lorsque l'insuffisance de ceux qui l'ont été est une cause de mécontentement et de réclamations graves de la part du public.

En dehors de ces théâtres, la composition de la troupe et du spectacle appartient au directeur seul.

Compositions musicales. — Ce que nous disons de la propriété des œuvres littéraires s'applique également aux compositions musicales. La loi de 1866 ne laisse aucun doute à cet égard. Les droits des compositeurs de musique sont les mêmes que ceux des écrivains dramatiques. Ces droits s'exercent utilement par la reproduction à l'aide de l'impression et par l'audition publique à l'aide des représentations théâtrales.

Les compositeurs peuvent, en conséquence, demander devant les tribunaux civils ou de commerce, suivant la qualité des parties, des dommages-intérêts à ceux qui représentent ou font jouer leurs compositions sans leur consentement. De plus ils peuvent intenter contre ceux-ci une action correctionnelle, car c'est là une contrefaçon qui constitue un délit.

Il en est de même pour les compositions publiées à l'étranger. La contrefaçon, sur le territoire français, de compositions musicales publiées hors du territoire est punie par notre Code pénal. Il en est de même du débit, de l'exportation et de l'expédition des compositions contrefaites. L'exportation et l'expédition de ces ouvrages sont un délit de la même nature que l'introduction, sur le territoire français d'ouvrages qui, après avoir été imprimés en France, ont été contrefaits à l'étranger.

Composition du spectacle. — Le droit de régler la composition du spectacle, même les soirs de première représentation, appartient au directeur seul. Toutefois, s'il combinait la composition du spectacle de manière à nuire au succès d'une pièce nouvelle, l'auteur serait en droit de lui réclamer une indemnité pour n'avoir pas exécuté de bonne foi son obligation.

Comptable. — Le comptable d'une entreprise théâtrale ne figure pas au nombre des artistes. Il n'a ni leurs droits ni les mêmes obligations. Sa situation est réglée comme celle des autres employés. Il est néanmoins, dans ses rapports avec l'administration, soumis aux prescriptions de la discipline intérieure.

Concerts. — Le droit des pauvres doit être perçu dans les jardins ou autres lieux publics dans lesquels on entre sans payer, mais où se donnent des concerts, pour lesquels des rétributions sont exigées par cachets ou par abonnements.

Le droit à percevoir sur les recettes des concerts qui sont donnés par des artistes ou des associations d'artistes ne peut excéder 5 p. 100.

Concerts publics. — Les musiciens, ou autres, qui veulent donner des concerts publics, doivent en obtenir l'autorisation de l'autorité municipale, en se conformant aux ordonnances de police.

La demande d'autorisation doit contenir le programme du concert ; les parties vocales doivent être soumises à la censure, et leur approbation est communiquée au commissaire de police du lieu où le concert doit être exécuté.

En cas d'infraction à ces dispositions, la peine édictée par le Code pénal est une amende de 1 à 5 francs, et, en cas de récidive, l'emprisonnement de un à trois jours.

Celui qui donne un concert public, est tenu comme tout directeur d'entreprise théâtrale, de payer la taxe des pauvres et les droits d'auteur, d'entretenir à ses frais une garde suffisante pendant la durée du concert, en un mot, il est assujetti envers l'autorité et le public aux mêmes obligations que les directeurs ordinaires.

Outre les conventions qu'il a pu faire avec le propriétaire de la salle à lui louée, l'artiste qui donne un concert est tenu des dégradations faites par le public à la salle ou au mobilier.

Le traité par lequel la Société des auteurs, compositeurs et éditeurs de musique accorde à un directeur de concerts le droit de jouer les œuvres de ses sociétaires, moyennant une redevance proportionnelle à la recette brute, doit s'entendre de la recette totale, et le directeur n'est pas recevable à demander qu'il soit fait une ventilation à l'effet d'en distraire la partie afférente aux morceaux de musique du domaine public.

On doit assimiler à un directeur et entrepreneur de spectacles, pour l'application des peines prévues par l'article 428 du Code pénal, celui qui se fait autoriser à donner des concerts dans un jardin public.

La même qualité doit s'appliquer à celui qui, sans autorisation administrative, et sans avoir déposé préalablement aucun programme de concert, a néanmoins payé l'organisateur des concerts, et les artistes, en vue de retirer de ces concerts un bénéfice, même indirect, en louant, par exemple, d'une façon

plus fructueuse les chaises du jardin dont il avait antérieurement la concession régulière.

Le professeur de musique, qui donne un concert public à
son profit, est soumis à la juridiction commerciale pour les
contestations auxquelles ce concert peut donner lieu.

L'auteur des paroles a, aussi bien que l'auteur de la musique, qualité pour se plaindre de l'usurpation des parties purement musicales de l'œuvre commune, qui sont données dans
un concert public sans leur consentement, spécialement de
l'ouverture d'un opéra, et cela même après le décès des compositeurs.

Concurrence déloyale. — L'entrepreneur d'un théâtre
ne se rend pas coupable de concurrence déloyale en engageant
des artistes déjà liés par des engagements antérieurs, s'il ne
connaissait pas ces engagements et s'il n'a commis aucune
faute personnelle. Ces artistes, en effet, traitent à leurs risques
et périls et n'engagent pas la responsabilité de l'entrepreneur.

Mais il y a de sa part concurrence déloyale lorsqu'il présente
sur son théâtre un acteur sous un pseudonyme qui n'est pas
le sien.

Le tribunal de commerce connaît de toutes contestations
entre négociants. Il connaît, en conséquence, d'une demande
en concurrence déloyale, formée par un éditeur contre un
autre éditeur, par le motif qu'au fond il s'agit même de contrefaçon littéraire ou musicale.

Conditions (*Inexécution des*). — Lorsque l'artiste ou le directeur viennent à manquer aux conditions de l'engagement,
cette inexécution engendre une action tendant à la résolution
de l'engagement et à des dommages-intérêts. Mais l'acteur ne
peut être congédié avant que le tribunal ait prononcé cette résiliation.

Confiscation. — Les peines auxquelles la contrefaçon peut
donner lieu sont l'amende et la confiscation des œuvres littéraires ou musicales contrefaites, ainsi que des clichés et planches gravées ayant servi à la contrefaçon.

En cas de récidive, les contrefacteurs et débitants d'œuvres
contrefaites peuvent être condamnées à l'emprisonnement.

La remise des objets saisis au plaignant, l'affiche et l'insertion du jugement de condamnation dans les journaux, ne sont
pas des peines.

La confiscation d'une œuvre littéraire ou musicale qui a été contrefaite, en pays étranger, et introduite en France, doit être prononcée au profit du propriétaire de l'œuvre originale, même en cas d'acquitement du détenteur, à raison de sa bonne foi.

Congé. — Le comédien est tenu, pour les besoins de l'entreprise à laquelle il appartient, de se tenir constamment à la disposition de son directeur. Mais cette obligation se trouve momentanément suspendue pendant la durée des congés qui lui sont accordés.

Il est d'usage que le nombre et la durée de ces congés soient fixés dans l'acte d'engagement ou dans les règlements particuliers à chaque théâtre. Mais il va de soi qu'à défaut de stipulation ou de règlement l'acteur n'aurait pas le droit d'en réclamer.

Lorsqu'il obtient un congé, ou si dans l'engagement il est déclaré qu'il pourra s'absenter pendant un temps déterminé, l'artiste n'a pas le droit de le prolonger. Mais il arrive quelquefois que le directeur accorde à son pensionnaire un supplément de congé, afin de lui donner le loisir de remplir un engagement, contracté avec une autre administration. Dans ce cas, le directeur n'est pas tenu de lui payer d'appointements pendant la durée de cette absence.

Le plus souvent l'époque à laquelle le congé sera pris, est fixée à l'avance, mais fréquemment aussi ce point est laissé à la discrétion des parties, à la charge par chacune d'elles de se prévenir réciproquement quelque temps à l'avance. Dans ce cas le délai fixé pour se prévenir est de rigueur.

Si l'époque du congé n'a été en aucune façon établie, le directeur est maître absolu de la déterminer lui-même selon les exigences de son entreprise, et l'artiste doit se conformer à sa volonté. — Lorsque, au contraire, l'époque en a été fixée à l'avance, il n'est plus au pouvoir du directeur de modifier l'exécution de cette clause, dût-elle nuire aux intérêts de son entreprise, et il ne serait pas fondé à désigner pour le temps du congé une époque autre que celle mentionnée au contrat d'engagement.

M. Agnel rapporte une espèce toute particulière que, nous croyons nécessaire de rappeler. Un chanteur, M. Chollet, avait contracté un engagement de trois années avec l'administration de l'Opéra-Comique. On avait formellement stipulé que le directeur aurait la faculté de résilier l'engagement en prévenant M. Chollet deux mois à l'avance, et de plus on avait convenu que ce dernier aurait droit à un congé de deux mois par année, lequel serait fixé par le directeur tenu encore de prévenir son pensionnaire deux mois à l'avance. Enfin il avait été dit que ces deux mois pourraient être reportés et joints à ceux de l'année suivante.

Au cours de la seconde année, le directeur notifia à M. Chollet, le 28 février, que son engagement serait résilié à partir du 1er mai suivant et que l'administration entendait qu'il fît alors des mois de mars et avril les deux mois de congé de son année théâtrale.

Le tribunal, saisi du litige, déclara que la direction s'était conformée ponctuellement aux termes de l'engagement en ce qui touche sa résiliation, mais il ajouta que c'était enfreindre les conventions que de vouloir cumuler ainsi les deux mois stipulés pour la fin du traité et les deux mois de congé annuel.

Cette solution est on ne peut plus équitable et rationnelle.

Quelquefois les administrations théâtrales stipulent que « elles auront le droit de retrancher dudit congé tout le temps, quelque court qu'il soit, pendant lequel l'artiste n'aura pu par indisposition ou maladie faire son service. » — La conséquence de cette clause est donc que l'artiste, quelle que soit l'époque de son congé, ne pourra en jouir qu'après s'être libéré envers l'administration d'un nombre de jours de service égal à celui pendant lequel il aura été indisposé ou malade dans le courant de l'année.

Est-il besoin d'insister sur l'iniquité d'une semblable clause. Est-ce qu'en effet il ne serait pas dérisoire que l'artiste, éloigné malgré lui de son travail par un cas de force majeure, fût privé d'un droit légitimement acquis ? Si un congé a été stipulé à son profit, il doit en jouir. Admettre la validité de la clause que nous venons de mentionner serait reconnaître au directeur le droit de modifier selon sa volonté l'esprit et le sens du contrat, alors que l'artiste serait toujours obligé de s'y soumettre. Il y aurait là une violation manifeste du principe qui régit la réciprocité des engagements synallagmatiques, et nous n'hésitons pas à regarder comme nulle et incapable de produire aucun effet une stipulation semblable.

Bien plus, alors même que l'administration s'engagerait « à payer à l'artiste un nombre de jours d'appointements, égal à celui qu'elle jugerait à propos de lui redemander, » nous n'hésitons pas davantage à proclamer l'inefficacité de la clause entière.

Les congés, accordés aux acteurs, suspendent leurs appointements, s'ils ont été fixés à tant par mois. S'ils ont été portés à une somme déterminée *par année*, ils sont acquis en entier à l'acteur, lors même que cette somme serait stipulée payable de mois en mois ou par trimestre.

Congé-avertissement. — L'engagement cesse de plein droit par l'expiration du temps pour lequel il a été contracté. Tel est le principe.

Mais plusieurs alternatives peuvent se présenter, examinons-les :

1° La durée de l'engagement est fixée par l'acte qui le constitue, et dans ce cas il n'est pas nécessaire que le directeur ou l'acteur s'avertissent par un congé pour l'époque de l'expiration.

2° Aucune durée fixe n'a été déterminée, et alors le congé doit être donné par l'une ou l'autre des parties dans le délai fixé par l'usage, et spécialement à Paris trois mois avant le 1er avril, époque à laquelle on fixe généralement l'expiration de l'année théâtrale.

3° On a fixé comme terme l'expiration de l'année théâtrale. Dans ce cas on devra suivre l'usage des lieux pour déterminer l'époque de cette expiration, afin que les intérêts des acteurs ne puissent être aucunement lésés. En conséquence, s'il plaît au directeur d'arrêter les représentations avant la fin de l'année théâtrale, il n'en est pas moins tenu de payer le traitement des artistes jusqu'à l'époque où il est d'usage de fermer le théâtre.

4° Si l'engagement a été contracté pour plusieurs années, il est d'usage que le directeur fasse connaître ses intentions quelque temps d'avance à ceux de ses pensionnaires qu'il est dans l'intention de ne plus conserver. Mais dans ce cas, qu'on le remarque bien, cet usage ne saurait constituer un droit tel que l'artiste puisse rendre le directeur responsable du silence qu'il aurait gardé.

5° Dans le cas où, à l'expiration du contrat, un nouvel engagement se forme entre l'artiste et le directeur par l'effet de la tacite reconduction, cet engagement est légalement réputé fait pour un temps indéterminé. (V. *Tacite-reconduction*.) En ce cas, le directeur et l'artiste ont la faculté réciproque de faire cesser le nouveau contrat en s'avertissant trois mois avant le 1er avril, conformément à ce que nous avons expliqué sous la deuxième alternative.

Pour être régulier, l'avertissement doit être notifié à l'artiste ou au directeur par exploit d'huissier. Il est incontestable que, devant les tribunaux, l'on pourrait facilement faire la preuve que le congé a été donné d'une autre manière ; mais, encore une fois, pour éviter toute contestation, il est préférable de recourir immédiatement au ministère de l'huissier.

Souvent, dans l'acte d'engagement, le directeur se réserve la faculté de résilier pendant un certain délai qui suivra les débuts, alors même que ces débuts seraient satisfaisants. Lorsqu'il use de cette faculté, le congé qu'il donne à l'acteur doit nécessairement être signifié à celui-ci. Si donc ce congé avait été simplement annoncé dans les journaux, en l'absence d'une résiliation régulière, et alors qu'il a continué de se tenir à la disposition du directeur, l'artiste serait fondé à réclamer les mois d'appointements qui ont couru.

Conjoint survivant. — V. *Propriété littéraire.*

Conseil judiciaire. — V. *Comédie-Française.*

Conseil judiciaire. — Celui qui est judiciairement pourvu d'un conseil peut valablement contracter un engagement dramatique et faire les dépenses nécessaires à l'exercice de son art, sans l'autorisation de son conseil.

Mais sa capacité se trouvant modifiée, les tribunaux pourraient prononcer la nullité d'un engagement dans lequel seraient insérées des clauses trop onéreuses telles qu'un dédit disproportionné aux appointements fixés.

L'artiste, ainsi pourvu d'un conseil, peut disposer de ses appointements comme il lui convient.

Quant à l'auteur ou au propriétaire d'œuvres dramatiques, pourvu d'un conseil judiciaire, il a toujours le droit de les publier et d'en faire une cession, sauf à ne toucher ses droits d'auteur ou le prix de la cession qu'avec l'assistance de son conseil.

Consentement des auteurs. — Nul n'a le droit de représenter sur un théâtre public, en France, les œuvres non encore tombées dans le domaine public, sans le consentement formel et par écrit des auteurs, de leurs représentants, héritiers ou cessionnaires, qui ont toujours le droit de mettre à ce consentement telles conditions que bon leur semble. Toute infraction à cette disposition entraîne la confiscation du produit total des représentations au profit des auteurs. Ce principe est établi par la loi des 19 juillet-6 août 1791, et par l'article 428 du Code pénal, ainsi conçu : « Tout directeur, tout entrepreneur de spectacle, toute association d'artistes qui aura fait représenter sur un théâtre des ouvrages dramatiques, au mépris des lois et règlements relatifs à la propriété des auteurs, sera puni d'une amende de 50 francs au moins, de 500 francs au plus, et de la confiscation des recettes. »

En cas de collaboration, le consentement des deux co-auteurs est indispensable.

Si le consentement de l'un des auteurs suffit au directeur, tant qu'il n'y a pas d'opposition de la part des autres, c'est parce que l'auteur qui a autorisé doit être présumé, jusqu'à preuve contraire, mandataire de ses collaborateurs. Mais dès que ce directeur reçoit l'opposition formelle qui lui est signi-fiée par l'autre collaborateur ou ses ayants-cause, s'il passe outre, il porte atteinte aux droits de ce collaborateur et lui cause un préjudice dont il lui doit réparation, tant que le mode de disposition de la propriété commune n'a pas été réglé entre les co-auteurs. Dans ce cas, le tribunal interdit la repré-sentation et condamne le directeur à des dommages-intérêts envers le collaborateur opposant.

Toutefois le directeur ne peut être poursuivi, lorsque, l'un des auteurs lui ayant apporté sa pièce, son collaborateur n'a pas réclamé, bien qu'il connût le fait. Le débat doit avoir lieu dans ce cas entre les deux collaborateurs ; le fait, de n'avoir pas interdit la représentation de la pièce, alors qu'il savait qu'elle devait se jouer, le rend sans droit à réclamer pour le passé.

Par la même raison qu'un auteur ne peut faire jouer une pièce sans l'assentiment de son collaborateur, une pièce ad-mise à la représentation du consentement des deux collabora-teurs ne peut être régulièrement retirée que de concert et du consentement des deux parties.

Etant admis que le droit des auteurs d'une œuvre collective est égal ; qu'un collaborateur ne peut rien faire sans l'assenti-ment de l'autre, ce principe est appliqué dans tous les cas où l'autorisation des auteurs est nécessaire.

En ce qui touche les théâtres de province, un auteur peut donner l'autorisation de représenter une ou plusieurs de ses pièces, pendant un temps déterminé, à un directeur de pro-vince, à l'exclusion de toute autre administration théâtrale de la même localité ; le directeur à qui ce droit exclusif a été con-cédé a une action directe, même au correctionnel, contre le directeur qui, sans autorisation et malgré la défense qui lui a été faite, fait représenter la même œuvre sur un autre théâtre.

Pour que le directeur lésé soit admis à le poursuivre, il est nécessaire que l'auteur intervienne dans l'instance pour sou-tenir les droits de son cessionnaire.

Il en est ainsi, encore bien que les auteurs feraient partie de la Société des auteurs dramatiques, et que le directeur poursuivi aurait un traité général avec cette Société, ces traités ayant réservé à ses membres le droit de faire des traités particuliers et, par suite, d'accorder une autorisation exclusive à un ou plusieurs directeurs, et d'interdire la représentation de leurs œuvres à qui bon leur semble.

Au sujet des autorisations de représentation délivrées par les auteurs aux directeurs de théâtre et de cafés-concerts, la commission des auteurs et compositeurs dramatiques a, par une circulaire du 6 août 1875, rappelé aux sociétaires qu'aux termes de l'article 18 de l'acte social, il leur est interdit de faire représenter aucun ouvrage ancien ou nouveau sur un théâtre qui n'aurait pas de traité général avec la Société des auteurs, et que, en cas d'infraction, l'indemnité ne peut être moindre de 6,000 francs.

Ces dispositions s'appliquent non-seulement aux sociétaires, mais aux stagiaires ou adhérents qui ont donné leur pouvoir aux agents généraux et aux héritiers ou ayants-droit des auteurs. Elles concernent tous les établissements où l'on joue des ouvrages faisant partie du répertoire de la Société.

En conséquence, les auteurs ne doivent signer aucune autorisation de représentation de leurs œuvres, ni permettre aucune répétition, sans avoir, au préalable, reçu la preuve écrite que le théâtre, café-concert, ou l'établissement a signé un traité. Ils ne doivent donner ces autorisations, spécialement aux cafés-concerts ou autres établissements, que sur des bulletins, imprimés à cet effet, et revêtus de la signature de l'un des agents généraux, certifiant que le traité est en vigueur.

Consentement nouveau. — V. *Reprise des représentations.*

Conservatoire *de Musique et de Déclamation.* — Cette institution fut créée, sous le nom d'École du chant, par un arrêt du conseil du 3 janvier 1784, et fut inaugurée, sous la direction de Gossec, le 1er avril suivant. Bientôt on y annexa un cours de déclamation, mais un décret du 8 novembre 1793 supprima ce cours et reconstitua le Conservatoire sous le titre d'Institut national de musique.

Par son décret du 15 octobre 1812, Napoléon décida qu'à l'avenir il y aurait au Conservatoire dix-huit élèves, spécialement appliqués à l'art de la déclamation, et destinés au Théâtre-Français.

A diverses reprises cette classe de déclamation fut supprimée et rétablie de nouveau. Plusieurs décisions et règlements, notamment en 1841, furent rendus à cet égard,

Le dernier règlement ministériel date du 22 novembre 1850. Bien que de très-nombreuses modifications y aient été apportées, nous croyons devoir le rapporter en entier dans cet ouvrage, tout en recommandant aux jeunes aspirants de se renseigner avec soin au secrétariat du Conservatoire.

TITRE Ier

CHAPITRE Ier

ART. 1er. — Le Conservatoire national de musique et de déclamation est consacré à l'enseignement gratuit de la musique vocale et instrumentale, et de déclamation dramatique.

ART. 2. — Cet enseignement se divise en huit sections :

1° Etude du solfége, harmonie orale, étude du clavier, étude des rôles, constituant l'enseignement élémentaire;

2° Chant ;

3° Déclamation lyrique ;

4° Piano et harpe ;

5° Instruments à archet;

6° Instruments à vent ;

7° Harmonie, orgue et composition ;

8° Déclamation dramatique.

ART. 3. — Un cours destiné à l'enseignement simultané et populaire du chant, d'un degré supérieur à celui des écoles communales, est ouvert au Conservatoire pour les adultes hommes.

ART. 4. — Une bibliothèque composée d'œuvres de musique et de livres relatifs à l'art musical, ainsi qu'à l'art dramatique, fait partie de l'établissement.

TITRE II

CHAPITRE II. — *Direction et administration.*

ART. 5. — Le Conservatoire est placé sous l'autorité d'un directeur, qui règle tous les travaux et préside tous les comités, dans lesquels sa voix est prépondérante.

ART. 6. — Le directeur est nommé par le ministre de l'intérieur.

En cas de maladie ou de congé, le ministre désigne la personne qui doit le suppléer.

Art. 7. — L'administration se compose en outre :

1° D'un secrétaire attaché à la direction ;

2° D'un agent comptable chargé de la caisse et de la comptabilité ;

3° D'un surveillant des classes ;

4° D'un bibliothécaire en chef ;

5° D'un préposé à la bibliothèque.

Art. 8. — Tous ces fonctionnaires sont nommés par le ministre de l'intérieur, ainsi que les employés de service.

Leur traitement et leur avancement sont réglés de la manière suivante :

Le traitement d'installation du secrétaire est de 2,000 francs;

Celui de l'agent comptable, de 1,500 francs ;

Celui du bibliothécaire en chef de 2,500 francs ;

Celui du surveillant des classes et du préposé à la bibliothèque de 1,200 francs ;

Avec augmentation de trois cents francs de cinq ans en cinq ans, jusqu'au maximum de 4,000 fr. pour le secrétaire, de 3,000 fr. pour l'agent comptable, et de 2,500 fr. pour le surveillant des classes et le préposé à la bibliothèque.

Le traitement du bibliothécaire en chef peut être porté à 3,000 francs après cinq années d'exercice.

Le traitement des employés du service est de 400 fr. au minimum et de 800 au maximum. Les augmentations leur sont attribuées par le ministre de l'intérieur sur la proposition du directeur.

TITRE III

CHAPITRE III. — *De l'enseignement.*

Art. 9. — L'enseignement du solfége a deux degrés : le solfége collectif et le solfége individuel.

Art. 10. — Il y a deux classes de solfége collectif. Le nombre des élèves est illimité.

L'une des classes est faite par un professeur titulaire, l'autre par un professeur agrégé.

Art. 11. — Il y a douze classes de solfége individuel.

Chacune de ces classes ne peut admettre que douze élèves au plus.

Elles sont faites par deux professeurs titulaires, quatre professeurs agrégés et six répétiteurs.

Art. 12. — Le directeur peut nommer des répétiteurs pour les classes supplémentaires de solfége dont la création est reconnue nécessaire.

Art. 13. — La durée des cours de solfége collectif est fixée à une année ; celle des cours de solfége individuel à deux années, sauf les exceptions dont le comité d'enseignement sera juge.

Art. 14. — Il y a une classe d'harmonie orale faite par un professeur titulaire. Le nombre des élèves est illimité.

Art. 15. — Il y a cinq classes d'étude du clavier :

Deux, destinées aux élèves hommes, faites par un professeur agrégé et un répétiteur ;

Trois, pour les élèves femmes, faites par un professeur agrégé et deux répétiteurs.

Art. 16. — Ces classes, qui admettent au plus chacune huit élèves et deux auditeurs, sont exclusivement destinées aux élèves de chant, d'harmonie et de composition.

Art. 17. — Il y a une classe d'étude des rôles, annexée aux classes de déclamation lyrique.

Art. 18. — Il y a huit classes de chant, tenues par des professeurs titulaires.

Art. 19. — Il pourra être créé des classes d'agrégés, suivant que les besoins du service l'exigeront.

Art. 20. — Chaque classe contient huit élèves et deux auditeurs.

Art. 21. — Une classe est spécialement destinée à l'exécution des morceaux d'ensemble par les élèves des classes de chant. Les élèves des classes de composition sont tenus d'y assister. Cette classe est provisoirement faite une fois par semaine, à tour de rôle, par les professeurs de chant.

Art. 22. — Il y a quatre classes de déclamation lyrique.

Deux pour l'opéra sérieux ;

Deux pour l'opéra comique.

Art. 23. — Les classes sont tenues par des professeurs titulaires, qui doivent être musiciens.

Art. 24. — Il y a cinq classes de piano, dont deux pour les hommes, tenues par des professeurs titulaires, et trois pour les femmes, tenues par deux professeurs titulaires et un agrégé.

Chaque classe comporte huit élèves au plus et deux auditeurs.

Art. 25. — Il y a trois classes de violon ; deux classes de violoncelle ; une classe de contre-basse.

Toutes ces classes sont faites par des professeurs titulaires, et comportent huit élèves et deux auditeurs.

Art. 26. — Il y a une classe pour chacun des instruments ci-après désignés : flûte, hautbois, clarinette, cor, cor-chromatique, basson, trompette, trombonne.

Toutes ces classes sont faites par des professeurs titulaires ; elles comportent huit élèves au plus et deux auditeurs.

8.

Art. 27. — Il y a une classe d'ensemble instrumental.

Les programmes de ses séances sont composés de manière que les élèves de piano, d'instruments à archet et à vent y participent également.

Cette classe est provisoirement faite une fois par semaine, à tour de rôle, par les professeurs d'instruments.

Art. 28. — Il y a six classes d'harmonie, savoir :

Deux d'harmonie écrite pour les hommes, tenues par des professeurs titulaires, ayant au plus douze élèves et quatre auditeurs ;

Pour les hommes, deux d'harmonie et accompagnement pratique, tenues par des professeurs titulaires, ayant au plus huit élèves et quatre auditeurs ;

Pour les femmes, deux d'harmonie et accompagnement pratique, tenues l'une par un professeur titulaire, l'autre par un agrégé, ayant le même nombre d'élèves et d'auditeurs.

Le cours d'harmonie et d'accompagnement doit durer trois ans au plus.

Art. 29. — Il y a une classe d'orgue et d'improvisation tenue par un professeur titulaire.

Cette classe comporte douze élèves et deux auditeurs.

Art. 30. — Il y a quatre classes de composition, tenues par des professeurs titulaires, ayant au plus chacune douze élèves et quatre auditeurs.

Cet enseignement est divisé en un cours de contrepoint et fugue, et un cours de composition idéale.

Art. 31. — Nul élève ne peut faire à la fois partie des classes d'harmonie et de celles de composition.

Tout élève aspirant aux classes de composition subit préalablement un examen sur l'harmonie.

Art. 32. — Il y a trois classes de déclamation dramatique tenues par des professeurs titulaires.

Chaque professeur donne deux leçons par semaine.

Tous les élèves de déclamation sont tenus d'assister aux leçons de chaque professeur.

Art. 33. — Il y a un professeur de danse et un professeur d'escrime pour les élèves qui se destinent au théâtre. L'un et l'autre sont agrégés.

TITRE IV

CHAPITRE IV. — *Des professeurs.*

Art. 34. — Le corps enseignant se compose de professeurs titulaires, de professeurs agrégés et de répétiteurs

Art. 35. — Les professeurs titulaires sont nommés par le ministre de l'intérieur, sur deux listes de trois candidats chacune, présentées, savoir :

Pour toutes les classes qui se rattachent à l'enseignement musical, l'une par le comité des études musicales, l'autre par le directeur du Conservatoire ; et pour les classes de déclamation dramatique, l'une par le comité des études dramatiques, l'autre par le directeur.

Ces deux listes seront adressées au ministre de l'intérieur par le directeur du Conservatoire.

Art. 36. — Les professeurs agrégés sont nommés par le ministre de l'intérieur, sur une liste de trois candidats présentée par le directeur.

Art. 37. — Tous les professeurs titulaires ou agrégés sont rétribués. Ils sont, dans leur catégorie respective, divisés en quatre classes dont les traitements sont fixés comme il suit :

Titulaires.

1re classe	2,000 francs.
2e —	1,800
3e —	1,500
4e —	1,200

Agrégés.

1re classe	1,000 francs.
2e —	900
3e —	600
4e —	300

Art. 38. — Il y a deux exceptions à cette règle de traitement dans la catégorie des professeurs titulaires :

1° Les professeurs de composition jouissent d'un traitement égal et fixe de 2,500 francs;

2° Les professeurs de solfége ou de classe élémentaire jouissent d'un traitement gradué de la manière suivante pour les quatre classes :

1re classe	1,600 francs.
2e —	1,400
3e —	1,200
4e —	1,000

Art. 39. — Les agrégés de classes élémentaires ont le même traitement que dans les autres services.

Art. 40. — Tout professeur titulaire ou agrégé, à son entrée en fonctions, prend rang dans la quatrième classe et en a le traitement.

Toutefois, un professeur déjà titulaire dans une classe élémentaire, s'il est appelé à une autre branche de service, prend rang dans la classe dont le traitement est immédiatement supérieur à celui dont il jouissait comme professeur élémentaire.

Art. 41. — Après trois années de service dans l'une des quatre classes, tout professeur a droit de passer dans la classe supérieure, et il en a le traitement. Dans le cas où il n'y aurait pas de fonds vacants, il a droit aux premiers fonds qui le deviendront, d'après sa date de promotion.

Dans le cas où deux professeurs seraient promus de la même date, l'attribution de fonds sera faite au plus ancien en service.

Art. 42. — Les professeurs titulaires ou agrégés seront tenus de donner trois leçons de deux heures chacune, par semaine.

Ceux qui, sans empêchement légalement constaté, ou sans autorisation du directeur, auraient manqué de donner trois leçons dans le mois, seraient privés de leur traitement pendant la durée de ce même mois.

Art. 43. — La mise à la retraite des professeurs est prononcée par le ministre de l'intérieur, sur l'avis de la commission des théâtres.

Art. 44. — Les professeurs peuvent être révoqués pour cause d'inexactitude habituelle, ou pour tout autre motif grave, sur le rapport du directeur ou du commissaire du gouvernement et l'avis de la commission des théâtres.

Art. 45. — Les répétiteurs sont nommés par le directeur, sur la proposition des professeurs auxquels ils sont attachés. Ils sont chargés, sous la direction des professeurs, de donner l'enseignement préparatoire aux élèves admis dans les classes. Ils n'ont que des fonctions temporaires qui ne doivent pas dépasser le terme de trois années, pendant lesquelles ils peuvent eux-mêmes prendre part aux leçons de l'école.

TITRE V

CHAPITRE V. — *Des comités d'enseignement.*

Art. 46. — L'enseignement est réglé par le directeur, conformément aux délibérations des comités des études musicales et dramatiques.

Art. 47. — Le comité des études musicales est composé de douze membres, dont neuf, y compris le directeur et le commissaire du gouvernement, appartiennent au Conservatoire ;

les trois autres membres seront choisis parmi les personnes étrangères à l'établissement.

Art. 48. — Le comité des études dramatiques se compose du directeur, du commissaire du gouvernement, des professeurs des classes de déclamation et de trois membres étrangers à l'établissement.

Les commissaires du gouvernement près le Théâtre-Français et l'Odéon doivent également assister à ses séances.

Art. 49.— Les membres du comité des études musicales et de celui des études dramatiques sont nommés par le ministre de l'intérieur, sur la proposition du directeur.

Leur mission doit durer trois années au moins.

Art. 50. — Les professeurs du Conservatoire, appelés au comité des études musicales, doivent être pris dans les diverses spécialités de l'enseignement.

CHAPITRE VI. — *Des classes et de leur tenue.*

Art. 51. — L'année scolaire commence le 1er octobre et finit immédiatement après les concours.

Art. 52. — Toutes les classes sont faites dans l'intérieur du Conservatoire.

Art. 53. — L'enseignement des hommes est séparé de celui des femmes, excepté dans les classes de déclamation lyrique et de déclamation dramatique.

Art. 54. — Les mères des élèves femmes sont admises à assister aux leçons.

Art. 55. — Le directeur détermine les jours et les heures des classes de chaque professeur.

Il répartit dans les diverses classes les élèves admis par les comités.

Il peut faire passer un élève d'une classe dans une autre, lorsqu'il juge ce changement utile à ses progrès.

CHAPITRE VII. — *Des élèves, de leur admission, de leurs droits et de leurs devoirs.*

Art. 56. — Les aspirants aux classes du Conservatoire doivent se faire inscrire au secrétariat.

Art. 57. — Aucun aspirant ne peut être admis s'il a moins de neuf ans ou plus de vingt-deux ans.

Au-delà de cette limite, l'admission n'a lieu que dans le cas où l'aspirant est jugé assez avancé pour terminer ses études en deux ans, ou doué de dispositions extraordinaires.

Art. 58. — Les aspirants sont examinés, et admis s'il y a lieu, par les comités.

Art. 59. — Il y a deux examens d'admission, l'un au mois de décembre, l'autre au mois de juin, à la suite des examens semestriels des classes.

Il y en a un troisième au mois de mars, mais seulement pour les aspirants aux classes de chant.

Art. 60. — Après leur première audition, les élèves ne sont d'abord admis que provisoirement. Leur admission définitive n'est prononcée qu'après l'examen semestriel qui suit celui de leur admission provisoire.

Art. 61. — Tout élève admis, même provisoirement, doit déposer au secrétariat son acte de naissance et un certificat constatant qu'il a été vacciné.

Art. 62. — Après son admission définitive, l'élève a le droit de rester dans les classes une année au moins.

Art. 63. — Les professeurs ont le droit d'assister aux examens d'aspirants, chacun dans sa spécialité.

Art. 64. — Le directeur peut admettre, sans le concours du comité des études musicales, les aspirants aux classes de solfége, d'ensemble vocal et instrumental.

Il peut admettre également dans les classes de composition, de contrepoint et de fugue, d'harmonie, d'étude du clavier, d'étude des rôles, de déclamation lyrique et de maintien théâtral, les aspirants ou les élèves qui demandent à suivre ces cours.

Art. 65. — Tout élève qui manque la classe deux fois dans le mois, sans excuse légitime, est exclu des contrôles.

Art. 66. — Aucun élève ne peut, sous peine de radiation, contracter un engagement avec un théâtre quelconque, jouer un rôle, chanter ou exécuter un morceau sur un théâtre, dans un orchestre ou dans un concert public, sans la permission expresse du directeur.

Art. 67. — Les aspirants étrangers peuvent être reçus avec notre autorisation générale (celle du ministre de l'intérieur). Ils jouissent des mêmes droits et sont soumis aux mêmes devoirs que les élèves nationaux.

Art. 68. — Il est adressé au ministre de l'intérieur des états trimestriels constatant l'entrée et la sortie des élèves.

CHAPITRE VIII. — *Du pensionnat et des pensions.*

Art. 69. — Il y a un pensionnat de dix élèves hommes, spécialement destinés aux études lyriques.

Art. 70. — Un nombre égal de pensions, de 800 francs chacune, est attribuée aux élèves femmes.

Art. 71. — Huit pensions de 800 francs chacune sont attribuées aux élèves des deux sexes qui suivent les classes de déclamation spéciale.

Art. 72. — Les élèves admis au pensionnat sont nourris, habillés et entretenus aux frais de l'Etat.

Art. 73. — L'admission au pensionnat et la concession des pensions n'ont lieu qu'après un concours devant le comité d'enseignement.

Les aspirants au pensionnat sont d'abord admis à l'essai pour six mois. Leur admission définitive ne peut avoir lieu qu'après un nouvel examen.

Art. 74. — Tout élève admis au pensionnat, ou à qui une pension est accordée, contracte par le fait même l'engagement de débuter, à l'expiration de ses études, sur un des théâtres subventionnés de l'Etat. Cette obligation lui constitue également un droit aux débuts sur ces mêmes théâtres.

Art. 75. — Le pensionnat est placé sous la surveillance d'un chef musicien.

Art. 76. — Si l'administration juge à propos de faire venir un aspirant des départements, il lui est accordé 15 centimes par kilomètre pour frais de route jusqu'à Paris, et 2 fr. 50 cent. par jour à Paris, à compter du jour d'arrivée jusqu'à celui du départ, s'il n'a pas été admis. Dans ce dernier cas, il reçoit la même indemnité de 15 centimes par kilomètre pour le retour.

CHAPITRE IX. — *Des examens semestriels, concours et exercices.*

Art. 77. — Toutes les classes sont examinées par les comités d'enseignement au mois de décembre et au mois de juin, afin de constater les résultats des études.

Art. 78. — Il y a, en outre, un examen supplémentaire, au mois de mars, pour les classes de chant et de déclamation lyrique.

Art. 79. — L'examen semestriel du mois de juin a, en outre, pour objet la désignation des élèves qui doivent prendre part aux concours.

Art. 80. — Toutes les classes ont des concours.

Les concours des classes de solfége, d'étude du clavier et d'harmonie orale ne sont pas publics.

Le concours de composition, d'harmonie et d'accompagnement se font en loges.

Les élèves de la classe de composition lyrique concourent l'Institut pour les grands prix de composition musicale.

Art. 81. — Toutes les classes, quels que soient le titre et

legrade de leurs professeurs, peuvent produire également au concours les élèves qui en sont jugés dignes par le comité. ·

ART. 82. — Les élèves du même sexe et de la même spécialité, quelque soit le nombre des classes ou celui des concurrents, concourent ensemble. Les élèves des deux sexes sont réunis seulement dans les concours de déclamation spéciale et lyrique et d'harmonie orale.

ART. 83. — Les élèves de solfége ne sont pas admis à concourir au-delà de quinze ans, sauf les cas exceptionnels dont le comité d'enseignement sera juge.

ART. 84. — Ne peuvent être admis à concourir, les élèves qui ont moins de six mois d'études, ou ceux qui, ayant débuté sur des théâtres, sont néanmoins conservés dans les classes pour s'y perfectionner.

ART. 85. — Tout élève qui, ayant deux années d'études, n'a pas été admis à concourir, est rayé des contrôles.

Cessent également de faire partie du Conservatoire, les élèves qui, ayant concouru trois fois, n'ont pas obtenu de prix ni d'accessit, et ceux qui, ayant obtenu un second prix, ont concouru deux fois, sans succès, pour le premier.

ART. 86. — Les concours publics commencent le premier lundi du mois d'août.

ART. 87. — Les sujets de concours sont déterminés chaque année par les comités d'enseignement, sur la proposition du directeur.

ART. 88. — Il ne peut être décerné plus d'un premier prix, d'un second et de trois accessits gradués, dans toutes les branches de l'enseignement, pour les élèves de chaque sexe, dans les classes où ils concourent séparément.

ART. 89. — Dans le cas où le scrutin attribuerait le prix à deux ou plusieurs élèves, ce prix appartiendrait à celui qui aurait réuni le plus de voix, et en cas d'égalité de suffrages, au plus âgé, à l'exclusion des autres.

ART. 90. — Toutefois, dans le cas où, à l'unanimité, le jury déciderait que deux élèves ont fait preuve d'un mérite égal, un premier prix pourra être décerné à chacun d'eux.

ART. 91. — Un premier, un second prix et des accessits gradués sont affectés séparément aux élèves hommes et aux élèves femmes qui concourent dans les classes de déclamation lyrique et de déclamation dramatique.

ART. 92. — Deux mentions d'encouragement, constatées par des médailles, sont affectées au concours des études du clavier.

ART. 93. — Le jury de chaque concours, présidé par le directeur, est composé de quatre membres du Conservatoire et de quatre personnes étrangères à l'établissement, désignées par le ministre, sur la proposition du directeur. Le jury de déclamation spéciale est composé en entier de membres étrangers à l'établissement.

Art. 94. — Les professeurs de l'école, ou autres membres du jury, doivent se récuser dans les concours où figurent les élèves auxquels ils ont donné des leçons dans l'année.

Tout prix ou accessit obtenu en violation de cette disposition est annulé.

Art. 95. — Le jury décide d'abord s'il y a lieu de décerner chaque prix; le président annonce le résultat de cette épreuve, et les prix sont ensuite décernés à la majorité des suffrages, au moyen de bulletins sur lesquels chaque membre écrit un nom. Ces bulletins sont remis au président, qui les dépose dans l'urne, dépouille ensuite le scrutin, en fait connaître le résultat, en indiquant le nombre de voix obtenues par chaque concurrent, et proclame les noms des lauréats. La même marche est suivie à l'égard des accessits.

Art. 96. — La distribution des prix a lieu au mois de novembre,

Des prix sont remis aux lauréats, des médailles en bronze aux accessits.

Il y est joint un brevet portant les noms de l'élève, la nature du prix ou de l'accessit et le millésime de l'année dans laquelle ils ont été obtenus.

Art. 97. — L'élève qui a remporté un prix peut rester dans sa classe une année de plus, mais il est en sus du nombre fixé.

Art. 98. — Il y a, du mois de novembre au mois de juin, six exercices lyriques et dramatiques dans la grande salle du Conservatoire. Les élèves désignés par le directeur pour y prendre part ne peuvent s'en dispenser sans une excuse légitime.

TITRE VI

CHAPITRE X. — *De la bibliothèque.*

Art. 99. — La bibliothèque du Conservatoire est publique. Elle s'augmente par le dépôt des ouvrages nouveaux, en vertu de l'ordonnance du 29 mars 1834, et par des acquisitions pour lesquelles un crédit spécial est alloué.

Art. 100. — Le bibliothécaire en chef doit tenir un catalogue double de tous les ouvrages.

Art. 101. — Nul ouvrage ne peut être prêté au dehors sans l'autorisation du directeur.

Aᴙᴛ. 102. — Il sera ajouté à la bibliothèque une collection de chefs-d'œuvre dramatiques en tous genres et d'ouvrages didactiques sur l'art théâtral et la déclamation.

Disposition générale.

Aᴙᴛ. 103. — Le directeur et le commissaire du gouvernement près les théâtres et le Conservatoire sont chargés de l'exécution du présent règlement, sous la surveillance de la commission des théâtres créée par le décret du 2 janvier 1850.

Construction. — Chacun a le droit de construire une salle de spectacle, comme bon lui semble, sans avoir besoin d'aucune autorisation. Il n'est tenu de se conformer aux prescriptions de la police sur les théâtres qu'autant que ladite salle doit être livrée au public.

Contraventions. — Les contraventions, commises par les artistes ou les directeurs, aux arrêtés municipaux, peuvent entraîner contre eux les peines de l'amende et de l'emprisonnement, conformément au Code pénal.

Contraintes. — Lorsque l'administration de l'assistance publique se trouve dans la nécessité de poursuivre un directeur pour la perception du droit des pauvres, ces poursuites sont exercées par la voie de contraintes.

Ces contraintes sont décernées par l'Assistance, la régie ou le fermier, et rendues exécutoires par le préfet.

Contrefaçon. — La contrefaçon est une reproduction illégale des œuvres d'autrui, littéraires ou musicales, non tombées dans le domaine public, et faite publiquement, avec l'intention de nuire, soit par la voie de l'impression, soit par celle des représentations publiques.

Elle donne naissance, comme délit, a une action correctionnelle ; si l'intention de nuire n'est pas établie, l'auteur de l'œuvre reproduite peut exercer une action civile ou commerciale en réparation du préjudice qui lui a été causé.

La contrefaçon existe, bien que le contrefacteur n'ait pas achevé l'impression de l'ouvrage.

La copie servile, formant environ le quart d'un ouvrage, constitue le délit de contrefaçon partielle dudit ouvrage.

Il y a également contrefaçon quelle que soit la matière de la reproduction, ou la qualité de l'auteur ou propriétaire de l'ouvrage contrefait. Elle est indépendante des moyens à l'aide desquels elle est produite.

Le délit ne disparaît pas par cela seul que le reproducteur d'une œuvre ou d'une composition littéraire ou musicale indique le nom de l'auteur et la source à laquelle il a puisé.

Pour qu'il y ait contrefaçon, il n'est pas nécessaire que la reproduction soit faite pour empêcher la vente de l'œuvre originale. Le délit existe, alors même que la copie est d'un prix plus élevé que l'œuvre contrefaite.

L'exécution, dans un bal public, de morceaux de musique empruntés à des pièces lyriques doit être assimilée à une représentation dramatique, alors même qu'il y a seulement exécution partielle de cette œuvre. Mais on ne peut considérer comme une représentation pouvant entraîner l'amende l'exécution de musique, sans le consentement des auteurs de ces morceaux, dans un bal auquel on est admis gratuitement et seulement sur la présentation de cartes, alors même que ce bal serait donné dans la salle où se donnent d'ordinaire les bals publics de la localité.

Les modifications apportées dans le rhythme d'une composition musicale, et leur appropriation à la danse, faites sans le consentement de l'auteur, constituent le délit de contrefaçon.

Les peines édictées par la loi contre ceux qui reproduisent sans droit l'œuvre d'autrui et ceux qui débitent les œuvres contrefaites, au profit des auteurs, de leurs héritiers ou cessionnaires, sont l'amende, la confiscation, l'emprisonnement, la remise des ouvrages saisis, l'insertion dans les journaux et les dommages-intérêts.

Il est bien entendu que le délit disparaît si le débitant a été, par le fait même du propriétaire de l'œuvre, induit en erreur sur l'étendue des droits des reproducteurs.

Le libraire qui édite une œuvre dramatique contrefaite en accepte, par cela même, la responsabilité commune avec l'auteur et n'est pas, dès lors, recevable à exercer un recours quelconque en garantie contre ce dernier.

Quant à l'éditeur qui justifie avoir un intérêt personnel dans une publication dramatique, il a droit et qualité pour poursuivre les contrefaçons.

Le fait, par un éditeur ou par ses successeurs, de faire des éditions ou tirages nouveaux d'une œuvre littéraire, en dehors des conventions et après le terme fixé, constitue le délit de contrefaçon, donnant ouverture à une action civile ou correctionnelle. Mais cette action correctionnelle se prescrit par trois ans à partir de la dernière vente.

La déclaration d'incompétence du tribunal originairement saisi d'une action en contrefaçon littéraire rend à la partie lésée le choix entre les juridictions auxquelles la loi l'autorise à déférer son action.

En conséquence, lorsqu'un auteur ou ses ayant-droit ont introduit à tort une action civile en contrefaçon devant la juridiction commerciale et que celle-ci s'est déclarée incompétente, ils conservent le droit de la porter à nouveau, soit devant la juridiction civile, soit devant celle correctionnelle.

L'éditeur prévenu de contrefaçon ne peut invoquer sa bonne foi et soutenir qu'il croyait l'ouvrage tombé dans le domaine public, alors surtout que, s'agissant de l'œuvre d'un auteur contemporain, il pouvait facilement se renseigner à cet égard.

Les œuvres littéraires publiées à l'étranger sont assimilées, en matière de contrefaçon, à celles qui paraissent en France, sans aucune différence pour le droit des auteurs; et, dès lors, il n'est pas permis de les publier sans le consentement des éditeurs étrangers ou de leurs cessionnaires français, sur le territoire français.

Contremarques. — Lorsqu'un spectateur est porteur d'un billet de faveur, il est loisible à la direction du théâtre de lui refuser une contremarque dont il pourrait être disposé à son préjudice. Ce billet, en effet, a le caractère d'une libéralité, et le directeur est maître absolu d'y attacher telle restriction qui lui convient.

Il est de principe qu'elles ne peuvent être vendues.

Contributions. — Les théâtres sont soumis à la contribution foncière et à celle des portes et fenêtres.

La déduction à opérer sur la valeur locative des théâtres pour l'assiette de la contribution foncière est seulement du quart.

Alors même que les salles de spectacle sont concédées gratuitement par une commune à des entrepreneurs, elles sont soumises à cette double taxe, attendu qu'elles ne sauraient être considérées comme établissements d'utilité générale, et, qu'en outre, elles sont productives d'un revenu ou susceptibles d'en produire.

Contrôleurs. — Les contrôleurs ne sont pas assimilés aux artistes; ils ne sont que les employés d'une entreprise commerciale. Ce que nous avons dit plus haut de la durée des engagements non écrits, de la nécessité du congé et des effets de la tacite-reconduction ne leur est pas applicable comme aux acteurs. Il faut, à leur égard, suivre les règles du droit commun.

Toutefois, il est toujours indispensable que le congé leur soit donné assez à temps pour qu'ils aient le moyen de se procurer un autre emploi.

En principe, du reste, à moins de conventions contraires, les contrôleurs sont des employés au mois.

Les contrôleurs étant assimilés aux commis des commerçants, et non aux domestiques, le paiement de leurs appointement se prescrit par cinq années seulement.

Conventions. — Les conventions sont libres entre les auteurs et les directeurs ; elles font la loi des parties.

Copie. — V. *Manuscrit.*

Copie autographiée. — V. *Copie manuscrite.*

Copie manuscrite. — Le directeur d'un théâtre qui, pour faciliter les études de ses pensionnaires, fait copier les rôles de chacun d'eux, ne commet pas une contrefaçon.

Mais si un correspondant dramatique entreprend des copies manuscrites de rôles, partitions ou parties d'orchestre détachées pour les vendre ou louer aux diverses troupes de départements, il n'est pas douteux qu'il commet le délit de contrefaçon au détriment des auteurs ou éditeurs.

Il en est de même des copies autographiées ou sténographiées.

Ce fait constitue un acte de concurrence déloyale donnant ouverture à une action en dommages-intérêts et en confiscation de la copie contrefaite, sans préjudice des peines édictées contre les contrefacteurs.

Toutefois, le délit de contrefaçon n'existant qu'autant qu'il y a eu intention frauduleuse, le détenteur de copies manuscrites peut être renvoyé des fins de la poursuite correctionnelle, alors que, ayant acheté ces copies manuscrites en même temps que le fonds de commerce dont elles faisaient partie, il n'est pas établi qu'il en fait personnellement un usage commercial.

Copie sténographiée. — V. *Copie manuscrite.*

Coryphées. — On appelle ainsi certains choristes plus musiciens ou meilleurs danseurs que les autres, qui, dans les ouvrages, disent quelques phrases de chant détachées ou dansent des pas d'ensemble en dehors de la masse des figurants ou figurantes.

Corrections. — Le directeur qui a accepté une pièce telle qu'elle lui est présentée n'a pas le droit d'exiger que l'auteur y fasse des corrections, des changements ou des retranchements.

A plus forte raison il ne pourrait se permettre de faire lui-même les corrections jugées nécessaires d'un commun accord ou ordonnées par la censure.

Lorsqu'après la réception de la pièce des changements sont reconnus nécessaires, dans le cas même où ces modifications, une fois faites, sont rejetées par le directeur, l'acceptation primitive n'en subsiste pas moins. L'administration est alors tenue de représenter la pièce telle qu'elle a été d'abord acceptée.

Quant à l'auteur, il est incontestable que, même après la réception de sa pièce, il a toujours le droit d'y faire les corrections et changements qu'il juge nécessaires, pourvu, bien entendu, que l'ensemble de l'œuvre ne soit pas transformé; du reste, le directeur ou le comité de lecture ont toujours la faculté de les accepter ou de les rejeter.

Il doit, lorsque sa pièce est reçue provisoirement, faire les corrections demandées dans le délai de deux mois à dater du moment où la décision du comité lui a été dénoncée ou bien du jour où le manuscrit de son œuvre lui a été remis.

La Cour de Paris a décidé que, si les changements demandés sont de minime importance, la pièce de l'auteur peut être considérée comme acceptée sans retour.

Il est bien entendu que si, après avoir reçu une pièce à corrections, le directeur faisait faire par un autre auteur ou recevait d'un autre auteur une pièce ayant le même sujet, l'auteur reçu provisoirement serait fondé à demander des dommages-intérêts.

Il aurait également le droit de réclamer une indemnité s'il justifiait que la mauvaise volonté du directeur à recevoir ou refuser définitivement sa pièce lui a causé un préjudice.

La pièce, reçue d'abord à corrections, et plus tard acceptée définitivement, prend date du moment où elle a été reçue à corrections.

Correspondance. — V. *Télégramme.*

Correspondants dramatiques. — Il existe des agents

qui, sous le nom de correspondants dramatiques, servent d'intermédiaires entre les directeurs de théâtre et les artistes.

Moyennant une redevance, fixée à l'avance, ils leurs procurent des engagements à Paris ou en province; mais ils ne sont pas garants de l'exécution de ceux qu'ils contractent pour un directeur.

Ordinairement, ils perçoivent un droit de commission proportionné à la durée de l'engagement, mais cette commission ne leur est due que pour le premier mois des appointements.

En cas de désaccord sur le chiffre, le correspondant est tenu de justifier sa demande, sans pouvoir alléguer qu'il existe à cet égard un tarif d'usage.

Dans le cas même où la commission est exagérée, les tribunaux peuvent la réduire.

Si, après s'être chargé d'une affaire d'engagement, le correspondant n'y donne pas suite, il peut être actionné par son mandant en réparation du préjudice par lui éprouvé.

Les difficultés qui s'élèvent au sujet des engagements ainsi contractés doivent être portées devant le tribunal du directeur, qui est seul compétent pour en connaître.

Ces agences constituent des entreprises commerciales. Ce sont elles qui, généralement, rédigent les actes d'engagement des artistes pour la province ou l'étranger. Nous croyons utile de rapporter la formule la plus ordinaire de ces traités.

ENTRE LES SOUSSIGNÉS, etc...

M. Z.., qui se déclare libre de tout engagement, s'oblige, par le présent, à remplir, au gré de l'autorité, du public et du directeur, les emplois de ...... et généralement tous les rôles annexés ou reconnus par l'usage appartenir auxdits emplois.

ART. 1er. — La direction aura le droit absolu de distribuer à son gré, et sans tenir compte des titres d'emploi, noms des créateurs, usages ou traditions tous les ouvrages qu'elle fera représenter. Elle se réserve, en outre, le droit de faire remplir accidentellement les emplois ou rôles du titulaire, sans que celui-ci puisse interrompre son service ou refuser ensuite de reprendre lesdits rôles. Il est, d'ailleurs, bien convenu que l'artiste doit à la direction l'usage exclusif de ses talents, et qu'il ne pourra, même gratuitement, chanter, jouer ou danser, etc..., en dehors du service de l'administration, sous peine d'une amende de cinq cents francs.

ART. 2. — L'artiste se déclare prêt à chanter et à jouer sur tous les théâtres désignés par la direction ou dans les concerts, et même deux fois par jour, et à plusieurs théâtres le même jour, les rôles de son répertoire et ceux qui lui seront distribués, et cela à la première réquisition et après un simple raccord ou répétition pour les rôles sus ou déjà joués. — Il sera prêt également à suivre la troupe ou seulement une partie de la troupe dans le cas d'une excursion, sans pouvoir exiger aucune indemnité autre que les frais occasionnels du voyage. — Il ne pourra enfin se refuser à jouer au pied levé, et, dans le cas d'un changement brusque de spectacle ou d'un accident quelconque, les rôles sus par lui. Dans aucun cas, l'artiste ne pourra s'absenter ou quitter la ville sans autorisation écrite du directeur.

Art. 3. — L'artiste s'oblige à se fournir, à ses frais, tous les costumes, coiffures, accessoires d'habillement, partitions, brochures. rôles, etc., nécessaires aux rôles qui lui sont attribués. — Les artistes devront suivre, en ce qui regarde l'habillement des personnages, la tradition, les indications de l'auteur, ou s'en rapporter aux conseils du directeur ou de son régisseur. — Il est surtout interdit de porter la barbe et les moustaches lorsque le rôle ne l'autorise point. Le régisseur en sera juge.

Art. 4. — Le directeur choisira, sur une liste de douze rôles désignés par l'artiste, les trois ouvrages dans lesquels ce dernier devra débuter. — Pour tous les emplois, le directeur se réserve le droit de résilier l'engagement à la fin du premier mois, sans avoir besoin de recourir aux tribunaux ; l'artiste, comme pour les débuts, n'aurait d'autre indemnité que ses avances.

Art. 5. — L'artiste se conformera aux coupures, additions ou changements qui lui seront indiqués. Il assistera à toutes les lectures, répétitions, raccords, assemblées, leçons, etc., auxquels il sera convoqué par le tableau de service, sans qu'il puisse invoquer qu'il n'en a pas été prévenu par un billet ou un bulletin. Il devra, dans toutes ces occasions, accepter les instructions qui lui seront données par les chefs de service, chacun en ce qui le concerne, et s'y conformer à la représentation. Il jouera, dans le cours du présent engagement, les rôles dits de complaisance, et s'oblige à paraître et chanter dans les chœurs. — Tout retard ou empêchement du fait de l'artiste, qui fera changer le spectacle, sera puni d'une amende égale à la recette moyenne d'une représentation.

Art. 6. — Toute maladie grave, cas de grossesse d'une dame et tout autre inconvénient qui entraverait le service, peuvent, au gré du directeur, être considérés comme un cas légitime de résiliation, sans aucune indemnité pour l'artiste.—

Toute suspension de service, pour maladie accidentelle ou autre cause du fait de l'artiste, donne au directeur le droit de suspendre les appointements. Si la maladie se prolongeait au-delà de huit jours, la direction aurait le droit de résilier l'engagement,

ART. 7. — Les injures, voies de fait envers un chef de service, le mauvais service, l'ivrognerie, une inconduite notoire, trois amendes encourues dans le même mois, entraînent la résiliation immédiate des présentes conventions, sous la réserve de dommages et intérêts pour le directeur.

ART. 8. — L'artiste se soumet d'avance aux règlements du service intérieur qui seront faits en vue du bon ordre. Il devra particulièrement s'interdire toute discussion dans l'intérieur du théâtre et surtout s'abstenir de critiquer les actes de l'administration, sous peine d'une amende de 100 francs et de résiliation facultative pour la direction.

ART. 9. — Les appointements seront suspendus dans tous les cas de force majeure, démission du directeur, et pendant la semaine sainte. — Si la direction venait à céder son entreprise, l'artiste s'oblige à remplir fidèlement son engagement envers le cessionnaire et perdra tout recours contre elle.

ART. 10. — Toutes les contestations seront portées devant le tribunal compétent. Le service ne pourra être suspendu jusqu'après le jugement et devra même être continué en cas d'appel.

ART. 11. — Toutes ces conditions exécutées, M. X... s'engage à payer à M. Z..., mensuellement, la somme de . . .
. . . .
Les payements des artistes s'effectueront dans
        qui suivra le mois expiré.
De plus, il sera fait à l'artiste nouvellement engagé une avance ou prêt de   Cette somme lui sera reprise ensuite par
Les frais de voyage de l'artiste et le transport de ses effets de théâtre sont à la charge de l'administration jusqu'à concurrence de la distance de Paris à
L'administration accorde, comme frais de voyage, les troisièmes classes, sans aucun excédant de bagages, le port des effets de théâtre, par roulage ordinaire, jusqu'à concurrence de 150 kilogrammes au plus.
L'artiste s'engage à être rendu le   à
pour s'y tenir à la disposition de l'administration.

ART. 17. — Le répertoire de l'artiste devra être remis à la direction avant la signature du contrat; si l'artiste néglige de remplir cette formalité, il se déclare prêt à jouer tous les rôles de son emploi. Il accepte d'ailleurs le mode de début en usage dans la localité.

Le présent engagement est contracté pour

Les appointements partiront du

ART. 13. — Le présent engagement ne pourra être résilié en dehors des cas prévus, à moins d'un dédit égal à la somme totale des appointements de l'année, sans préjudice, pour le directeur, des autres dommages et intérêts.

Le présent traité devra être échangé contre un engagement à l'usage de la direction, à l'arrivée de l'artiste, en respectant ces clauses d'intérêts et d'emplois.

Les honoraires, fixés à 2 1/2 p. 100 pour la province, 5 pour 100 pour Paris et l'étranger, sont dus pour la totalité de l'engagement et sur ses prolongations. »

Lorsqu'il a été stipulé, au profit du correspondant, un droit de commission proportionné à la durée de l'engagement, cette commission ne lui est due que pour la durée réelle et effective des appointements payés à l'artiste. En conséquence, si la commission stipulée peut être exigée pour tout le temps pendant lequel l'artiste est resté attaché au théâtre, même après la retraite du directeur avec lequel l'engagement avait été contracté, elle cesse d'être due dès l'instant que le service de l'artiste cesse par un fait indépendant de sa volonté.

De même, si l'engagement a été résilié par le fait du directeur, la commission stipulée cesse d'être due et ne saurait être réclamée sur le nouvel engagement que l'artiste a pu contracter depuis avec le nouveau directeur.

Les correspondants ne sont pas garants des engagements qu'ils contractent pour un directeur de théâtre.

Corridors. — La largeur des corridors de dégagement, le nombre et la largeur des escaliers, ainsi que des portes de sortie, doivent être proportionnés à l'importance du théâtre. Toutefois, il doit y avoir au moins deux escaliers spécialement destinés au service de la salle et donnant issue à l'intérieur.

Costumes. — L'acteur qui achète, pour les nécessités de ses rôles, des parures, des costumes et autres accessoires, ne fait pas acte de commerce. Ce n'est donc pas à la juridiction commerciale, mais civile, qu'il est soumis.

En dehors de conventions particulières, les costumes de ville sont fournis par l'artiste et les costumes de caractère ou étrangers le sont par le directeur. Néanmoins, l'artiste est généralement tenu de fournir lui-même les bas blancs et noirs, et toute espèce de gants, bottes et souliers qui pourraient être réputés gants et chaussures de ville. Il est obligé de prendre tous les costumes exigés par les rôles qui lui sont distribués.

Lorsque l'artiste a pris l'engagement de fournir à ses frais, soit les habits de ville, soit tous ceux exigés par les rôles *qui lui seront confiés,* cette clause n'embrasse que les costumes exigés par les rôles de son *emploi* et non ceux nécessaires aux autres rôles qu'il pourrait remplir.

A moins de stipulation contraire, le directeur n'est pas tenu de fournir des costumes neufs. Peu importe que l'auteur ait donné sur le manuscrit de sa pièce des indications particulières sur la nature de ces costumes ou des décorations. Le directeur est uniquement tenu d'éviter les accessoires qui pourraient nuire à l'intérêt et au succès de la pièce.

De leur côté, les artistes peuvent se refuser à porter des costumes réellement insuffisants ou assez négligés pour attirer la réprobation du public.

Si le rôle qui était confié à un acteur lui est retiré tardivement, alors que les costumes par lui fournis étaient déjà confectionnés, il a droit à une indemnité de ce chef.

Coulisses. — L'autorité municipale doit veiller à ce que, pendant les représentations, toutes communications avec le public et les coulisses soient fermées.

Lorsque l'acteur n'est pas appelé par les besoins du service dans les coulisses ou sur le théâtre, si dans son engagement il n'a pas formellement stipulé ses entrées, le directeur peut lui en interdire l'accès, dans le but d'éviter du trouble ou du scandale.

Hâtons-nous de dire que très-rarement les directeurs sont obligés d'user de ce droit; mais, toutefois, des raisons plausibles ont nécessité l'expulsion d'un artiste, et les tribunaux ont sanctionné la décision des directeurs.

Quant aux auteurs, ils n'ont, en principe, le droit de pénétrer sur la scène que les jours et aux heures où leurs pièces sont répétées ou jouées.

Les peintres et décorateurs de l'Opéra sont considérés comme auteurs et jouissent du même privilége. En effet, les décorations qu'ils imaginent sont l'une des parties principales du spectacle ; dès lors, ils doivent être réputés auteurs. Cet usage s'est d'ailleurs étendu aux décorateurs de certains autres théâtres dont le luxe de mise en scène est une source de vogue et de succès. Nous ne doutons pas que, en cas de difficulté, les tribunaux n'hésiteraient pas à reconnaître le même droit aux peintres et décorateurs de ces théâtres.

Les entrées concédées à une personne ne lui donnent pas le droit de pénétrer sur le théâtre ou dans les coulisses, pas plus que dans les loges d'artistes.

Couplets. — L'intercalation, dans une pièce en cours de représentations, de couplets ou scènes non autorisés par la censure, constitue une contravention.

Dans ce cas, l'artiste qui a chanté les couplets ou représenté les scènes non autorisés peut être, ainsi que le directeur et l'auteur, cité devant le tribunal correctionnel.

Lorsqu'une pièce est définitivement acceptée et que le directeur prie les auteurs d'y ajouter quelques airs et couplets, il n'y a point là de corrections suffisantes pour autoriser le directeur à soumettre la pièce à une nouvelle admission.

Le fait, par un artiste, de chanter des couplets interdits par l'autorité est une cause de retrait d'emploi et de résiliation d'engagement sans indemnité.

Quant au fait par lui de ne pas chanter tous les airs et couplets de son rôle, il n'est une cause de résiliation qu'autant que l'artiste a été mis en demeure de rétablir les parties supprimées et qu'il est justifié que cette mise en demeure lui a été faite.

Coupures. — V. *Changements.*

Cris. — Le droit de siffler, qui, a dit un poëte, s'achète en entrant, peut être réglé par l'autorité municipale. Il en est de même pour les cris et manifestations turbulentes. Si donc les cris et les sifflets se prolongent nonobstant l'avertissement du commissaire de police, il en est référé à l'autorité supérieure, qui ordonne, s'il y a lieu, de faire cesser le spectacle.

Ceux qui, malgré l'injonction du commissaire, continuent à siffler ou à pousser des cris, commettent une contravention et s'exposent aux peines édictées par la loi.

Critique des journaux. — Le droit de critique est absolu. Il appartient sans réserve à tout le monde et principalement aux journalistes. Mais ce droit ne va pas jusqu'à censurer la personne privée de l'artiste.

Si le journaliste ne se borne pas à parler au point de vue exclusif de la critique théâtrale, mais avance des faits inexacts ou de nature à porter atteinte à la considération de l'artiste, celui-ci a le droit de répondre dans le même journal, sans préjudice de tous dommages-intérêts qu'il peut réclamer.

Le journaliste se rend en effet, dans ce cas, coupable de diffamation et d'injure. Il n'a pas davantage le droit d'apprécier ni de critiquer la direction et la situation financière d'un théâtre. En conséquence, le directeur désigné dans des articles de ce genre a une action contre leur auteur et le journal qui les a publiés, surtout s'ils l'ont été avec intention de nuire.

Un article de journal signalant la présence, dans un théâtre, d'une personne, est une publication constituant une infraction aux dispositions de la loi du 11 mai 1868, qui ont pour but d'interdire, dans tous les cas, à la presse périodique la divulgation d'actes quelconques de la vie privée, faite sans le consentement de leur auteur.

Il en est ainsi, alors même que, par la notoriété qui s'attachait à la personne désignée dans l'article, cette personne, en venant dans un lieu public, avait volontairement provoqué la publicité. En effet, la contravention du journaliste consiste dans la divulgation non permise, par la voie d'une feuille périodique, d'un fait relatif à la vie privée, divulgation qui ajoute la publicité du journal à celle restreinte résultant de la présence du plaignant dans un théâtre.

D

Danger. — Les acteurs ne sont pas forcés de jouer les rôles qui les exposent à quelque danger. Mais il appartient aux tribunaux d'apprécier la valeur de leur refus.

Toutefois, les exercices qui ne peuvent être exigés des acteurs proprement dits peuvent l'être des danseurs et danseuses ou acrobates qui, par la spécialité de leur talent, sont tenus d'exécuter tout ce que comportent les ballets. Il est bien entendu que l'administration théâtrale doit prendre toutes les mesures nécessaires pour mettre les artistes à l'abri du danger.

Débit d'ouvrages contrefaits. — V. *Contrefaçon.*

Débuts. — On appelle début la première apparition sur le théâtre d'un comédien qui entre dans la carrière dramatique, et aussi le premier rôle que remplit l'acteur sur une scène à laquelle il n'appartenait pas. En province, les débuts se font avec une certaine solennité devant le public, constitué juge. A Paris, le verdict, en ces matières, est rendu par la presse. Particulièrement à l'Opéra et à la Comédie-Française, les débuts sont jugés par les administrateurs de ces deux scènes.

L'usage des débuts s'est conservé dans les départements de deux façons différentes. Si l'acteur n'a jamais paru sur le théâtre, il fait trois débuts dans les rôles de son emploi qu'il désigne à l'avance; si, au contraire, il fait sa *rentrée*, il n'y a pour lui qu'un seul début. Ces épreuves ont été imaginées pour mettre le public à même d'apprécier la valeur de l'artiste et de ratifier ou annuler l'engagement passé entre l'acteur et la direction.

Généralement, en province, l'autorité municipale prend des

arrêtés pour régler la police des débuts, et ces arrêtés diffèrent selon les villes et les spectateurs; mais c'est toujours le public qui est appelé à décider comme juge souverain.

À Paris, au contraire, les engagements se contractent sans condition à cet égard.

Il est bien entendu que, si l'acte d'engagement ne contient pas de clause relative aux débuts, l'acteur ne peut y être soumis. Dans ce cas, les appointements lui sont dus à partir du jour fixé par l'engagement écrit. Si l'engagement est seulement verbal, ils courent du jour où l'acteur paraît sur le théâtre pour la première fois.

Presque toujours on stipule que les appointements courent du jour où l'artiste débutera, sans préciser l'époque de ce début. Dans ce cas, il ne peut être loisible au directeur de suspendre à l'infini le paiement des appointements en retardant les débuts de l'acteur. L'artiste devrait alors donner au directeur une sommation de le faire débuter, avec déclaration qu'en cas de refus il entend que ses appointements commencent à courir du jour de cette sommation. Si des difficultés survenaient, la question devrait être soumise immédiatement à l'appréciation du tribunal.

Dans ce cas de début, si le public n'agrée pas l'acteur engagé, l'acte d'engagement est résilié de plein droit sans qu'il soit nécessaire de le signifier à l'artiste. Cette clause est généralement prévue dans les contrats et elle devrait être suppléée si elle ne s'y trouvait pas écrite.

Ce principe est incontestable, mais souvent son application est difficile. Qui prononcera sur le point de décider si l'acteur a ou non été agréé par le public. — Sera-ce l'acteur, le directeur ou l'administration publique? — Non, car chacun peut se tromper sur la valeur réelle de l'artiste, ou avoir des motifs personnels pour désirer sa retraite. C'est donc aux tribunaux qu'il appartiendra de prendre en considération toutes les circonstances relatives au début, pour prononcer.

Bien entendu que le résultat du jugement ne pourra jamais être d'imposer au public un artiste qui ne lui conviendrait pas, mais seulement de fixer le chiffre des dommages-intérêts réclamés, ou d'ordonner le service du comédien.

Ajoutons que la connaissance de ces contestations appartient aux tribunaux civils et non à l'autorité administrative.

Souvent il arrive que les acteurs stipulent qu'ils auront le droit de débuter plusieurs fois avant qu'une décision puisse être prise sur la nature de la réception faite par le public. Cette convention doit être exécutée.

Lorsque le traité d'engagement porte qu'il ne sera statué sur l'admission définitive de l'acteur que dans le mois qui suivra les débuts, le directeur ne peut davantage résilier avant l'achèvement complet de ceux-ci, encore bien que les premières épreuves aient été défavorables. Réciproquement, l'acteur ne pourrait, dans le même cas, se refuser à achever les débuts commencés et déclarer qu'il considère son engagement comme rompu. En conséquence, la résiliation anticipée qui serait prononcée par le directeur doit, comme portant atteinte à la considération et aux intérêts de l'artiste, qui a été privé des chances qu'il avait le droit de courir, donner lieu, au profit de celui-ci, à des dommages-intérêts.

Quant au point de savoir si le directeur peut se réserver, même sans réciprocité, le droit de résilier avec l'acteur après les débuts, alors que cette faculté est limitée à la période considérée comme étant le temps d'essai, la solution affirmative doit être admise. Lors donc que le directeur ne s'est pas réservé la faculté de résilier l'engagement, ce dernier devient irrévocable à partir du jour où le public accueille favorablement les débuts de l'acteur.

Lorsque l'autorité administrative, après les débuts favorablement accueillis, défend à un acteur de reparaître sur le théâtre, on s'est demandé si le directeur, qui ne peut plus tenir ses engagements, sera tenu de dommages-intérêts envers son pensionnaire. Nous n'hésitons pas à adopter l'affirmative, qui, le plus souvent, a été sanctionnée par les magistrats.

Dans le cas où, après des débuts bien accueillis, l'acteur attire sur lui le mécontentement du public, loin d'être tenu à aucune responsabilité, le directeur sera en droit de réclamer contre lui une indemnité.

Autrefois, l'ordre donné, en vertu des décrets impériaux, à un acteur de quitter la scène où il était engagé, pour débuter sur un des grands théâtres, était une cause de rupture de l'engagement. Un pareil procédé était attentatoire à la foi des traités, en même temps qu'à la liberté individuelle. D'une part, en effet, l'artiste n'avait pas le droit de se refuser à ces débuts ordonnés et se voyait menacé de suspension ; d'autre part, et cela a été jugé, il pouvait être condamné envers son directeur au paiement du dédit stipulé dans l'engagement.—Aujourd'hui, les artistes sont à l'abri de semblables mesures. Une ordonnance du 29 août 1847 a expressément aboli la disposition du décret de 1812. Désormais, l'acteur peut être appelé à débuter sur un grand théâtre ; mais, son consentement étant indispensable, il a le droit de refuser, et, s'il accepte, le directeur envers qui il était engagé est obligé de le laisser partir sans exiger d'indemnité.

Une exception à l'usage des trois débuts a lieu, sauf convention contraire, lorsqu'il s'agit d'un artiste déjà connu et qui fait *sa rentrée*. Le public sait d'avance ce que vaut l'acteur engagé, et le directeur ne serait pas fondé à dire qu'il ignorait la valeur de celui qu'il engageait. Si donc l'acteur qui *rentre* n'a été soumis qu'à un seul début et que le public l'ait agréé, son engagement devient définitif. Dans le cas contraire, l'artiste ne peut réclamer et demander qu'on lui fasse subir une deuxième épreuve.

La clause pénale insérée dans l'engagement, au profit de l'artiste, pour le cas où ledit engagement ne se réaliserait pas par la faute du directeur, doit recevoir son exécution intégrale lorsque ce dernier, par suite de révocation ou de faillite, n'a pas fait débuter l'artiste, alors même que cet engagement porterait comme condition que l'artiste serait, à la suite de ses débuts, agréé du public.

Décès. — V. *Directeur.*

Décorations de la Légion d'honneur. — Une règle consacrée par l'usage, et résultant d'ailleurs d'une prohibition légale, dispose que les acteurs doivent s'abstenir de porter sur la scène les divers insignes de la Légion d'honneur ou le costume de fonctionnaires publics, quels qu'ils soient, à moins que la nature de leurs rôles et la dignité des personnages qu'ils représentent ne les y obligent.

D'après une disposition du Code pénal, le port du simple ruban, sans le brevet, est une infraction punissable de peines correctionnelles.

Décors. — L'auteur et le directeur doivent s'entendre au sujet des décors. L'auteur ne peut réclamer ultérieurement autre chose que ce qui a été convenu. Quant au directeur qui a reçu une pièce, il n'est pas tenu, lors des représentations, de fournir des décors et accessoires neufs. Il suffit que ceux qu'il fournit s'accordent avec le sujet. Toutefois, si, par sa négligence ou sa malveillance, les décors sont insuffisants au point d'attirer la réprobation du public, l'auteur peut intenter une action contre le directeur et obtenir une indemnité pour le dommage qui lui est causé.

S'il a été convenu qu'un décor se composerait simplement d'une toile de fond, l'auteur ne peut exiger que ce décor forme un ensemble de construction et d'échafaudage. C'est à lui, du reste, à bien spécifier ce qu'il entend par ce décor lorsqu'il traite avec le directeur.

Lorsque ce dernier est en même temps propriétaire de la salle, les objets mobiliers qu'il y a placés pour l'exploitation de son industrie deviennent immeubles par destination, et, comme tels, peuvent être saisis immobilièrement. Ainsi, les chevaux et autres animaux servant à l'exploitation d'un cirque dont le directeur est en même temps le propriétaire, sont immeubles par destination. A plus forte raison, s'ils ont été loués à un directeur par le propriétaire de la salle en même temps que cette salle.

Tout théâtre doit avoir un magasin de décorations et de machines, hors de son enceinte, établi dans des conditions convenables et avec l'autorisation du préfet de police. Aucun magasin ou approvisionnement inutile de décorations, machines, accessoires ne doit être fait sous le théâtre ou sur la scène ; leur dépôt doit toujours être séparé du théâtre par un mur en maçonnerie.

Dédit. — Le dédit est une peine, stipulée dans la plupart des engagements, pour le cas où l'un des contractants manquerait aux conventions.

Lors donc que celui qui a manqué a été mis en demeure par son co-contractant, les tribunaux doivent le condamner à payer le montant intégral du dédit stipulé, sans pouvoir en augmenter ou diminuer le chiffre, à moins qu'il n'y ait eu exécution partielle du contrat.

Lorsqu'il a été stipulé un dédit pour le cas où l'engagement serait rompu après un certain délai, il n'est pas dû si la rupture arrive avant ce délai. Néanmoins, le tribunal peut, d'après les circonstances, allouer des dommages-intérêts à la partie qui a éprouvé un préjudice.

Le dédit stipulé dans un engagement par le mineur autorisé, au profit du directeur, est nul, car le tuteur n'a pas les pouvoirs nécessaires pour le stipuler. Mais, bien que nulle, cette clause n'entraîne pas la nullité de l'engagement. Elle doit seulement être réputée non écrite.

Lors même que l'engagement a été partiellement exécuté, l'artiste est toujours libre de le rompre, pour le surplus, en payant au directeur le dédit stipulé. De son côté, celui-ci est libre d'en agir de même s'il ne reçoit pas de son pensionnaire les services qu'il avait droit d'en attendre.

Lorsque la résiliation est fondée sur des textes respectifs, il n'y a pas lieu au paiement des dédits convenus entre les artistes et les directeurs.

De même, lorsque le directeur est révoqué ou déclaré en faillite avant que l'artiste ait fait ses débuts, ou que son engagement ait reçu un commencement d'exécution, le dédit réciproquement stipulé lui est dû et l'artiste a le droit de l'exiger en entier.

Mais il ne saurait l'exiger dans le cas où son directeur, demandant contre lui la résiliation de son engagement, n'aurait plus utilisé ses services depuis le commencement du procès entamé contre l'artiste.

Généralement, dans les traités faits entre les directeurs et les auteurs, un dédit réciproque est stipulé pour le cas où la pièce ne serait pas représentée dans le délai convenu. S'il en est référé aux tribunaux, ceux-ci doivent allouer à l'auteur le montant intégral du dédit, sans pouvoir l'augmenter ou le diminuer. Au moyen de ce paiement, le directeur se trouve délié envers l'auteur, qui ne serait pas fondé à demander, à la fois, et le dédit et la représentation de son œuvre. Lorsqu'une pièce a deux auteurs, et qu'un seul réclame le dédit, il n'a droit qu'à la moitié de la somme convenue.

Mais les tribunaux peuvent lui allouer une indemnité pour retard apporté aux représentations, et la prime stipulée, lorsqu'il est dans l'usage du théâtre d'en accordèr une à l'auteur pour chacune de ses pièces.

Enfin, ils sont encore maîtres d'arbitrer le chiffre de l'indemnité et de fixer un délai dans lequel la pièce sera représentée, si l'auteur y consent. De son côté, le directeur a toujours la faculté de ne pas tenir compte des délais stipulés pour la représentation, en payant à l'auteur le dédit convenu en cas de retard.

Mais il n'en est pas de même lors qu'une prime a été stipulée. Si le directeur est condamné à payer à l'auteur des dommages-intérêts en conformité des traités, il doit également payer la prime convenue, bien que la décision des juges n'en fasse pas mention, ces deux droits étant complétement distincts l'un de l'autre.

Défaut d'autorisation. — V. *Autorisation de jouer.*

Défense de jouer. — V. *Censure.* — *Autorisation de jouer.*

Délégations d'appointements. — L'acteur peut déléguer à ses créanciers tout ou partie de ses appointements, échus et à échoir, pour les désintéresser de ce qu'il leur doit. En ce cas, les tribunaux ne peuvent modifier l'étendue de ces délégations au profit de qui que ce soit, même de l'acteur. Aucun texte de nos lois ne le leur permet. La convention fait la la loi des parties et nul n'a le droit d'y déroger.

Délits. — Les directeurs, acteurs ou auteurs qui font ou laissent représenter une pièce non autorisée ne commettent pas un délit, mais une contravention entraînant contre eux les peines de simple police.

La contrefaçon littéraire et musicale est un délit.

Démission du directeur. — Lorsque le directeur d'un théâtre municipal ou subventionné donne sa démission, les engagements des artistes passés avec lui sont de plein droit résiliés. Ils prennent fin avec l'administration de ce directeur.

Le fait que l'autorité imposerait au successeur du démissionnaire l'obligation de continuer ces engagements, pour le temps en restant à courir, ne contraint pas les artistes à rester au théâtre. Ils ont la faculté de suivre la fortune du nouveau directeur ou de quitter le théâtre. Le directeur seul est tenu envers eux.

Mais cette obligation n'est imposée à celui-ci que par exception. Il est de principe, en effet, qu'il n'est point tenu de remplir les obligations contractées par son prédécesseur.

Quant aux artistes, ils sont fondés à réclamer judiciairement la réparation du préjudice que leur cause la résiliation de leur engagement, motivée par le seul fait du directeur, qui reste responsable des actes par lui faits pendant sa gestion. Toutefois, les artistes et employés qui acceptent de donner leurs services au successeur ne peuvent plus exercer de recours contre le précédent directeur.

Il appartient aux tribunaux d'apprécier les circonstances sur lesquelles cette preuve peut être établie.

Dénigrement. — V. *Critique des journaux.*

Dénomination. — La dénomination d'un théâtre est une propriété de ce théâtre. Mais cette propriété ne s'étend pas, en principe, en dehors de la localité où est situé le théâtre connu sous cette dénomination.

L'emploi, par le directeur de cette salle, de cartes, circu-

laires, prospectus, enveloppes, billets, etc., et de tous autres
moyens du publicité, ne peut être répréhensible et constituer
un droit à des dommages-intérêts qu'autant que ces moyens
de publicité tendent à amener une confusion dans l'esprit des
spectateurs, et à causer, par cela même, un préjudice à un
théâtre déjà existant.

Dépenses. — Les dépenses qu'un directeur a faites pour
l'installation et la décoration d'une salle de théâtre sont essentiellement commerciales. En conséquence, c'est devant le tribunal de commerce que doivent être portés les procès relatifs
à ces dépenses.

De même en ce qui concerne les traités faits en vue de l'exploitation projetée d'un théâtre.

Déplacement. — V. *Voyage.*

Dépôt. — La propriété d'un ouvrage dramatique ou lyrique
comprend le droit de la publication par l'impression et celui
de la représentation publique. Le double exercice de ce droit
peut résider dans la même personne ou se diviser entre plusieurs cessionnaires.

En ce qui concerne la publication par la voie de l'impression,
différentes lois successives prescrivent le dépôt.

Dans l'état actuel de la législation, ce dépôt doit être fait par
l'imprimeur, comme intermédiaire légal et naturel de l'auteur,
lequel n'est plus admis à remplir lui-même cette formalité. Le
lieu du dépôt est à Paris, au ministère de l'intérieur, et, dans
les départements, au secrétariat de la préfecture. Le nombre
des exemplaires est, pour les brochures ou pièces gravées,
de deux, et de trois pour les morceaux qui comportent des
dessins.

La loi frappe d'une amende de mille à deux mille francs
l'imprimeur qui aurait négligé de faire le dépôt prescrit.

Quant à la publication d'une pièce par la représentation, il
va de soi qu'elle n'est pas assujettie au dépôt. Mais, lorsque la
pièce a été imprimée ou gravée sans que la formalité du dépôt
ait été remplie, il n'en résulte pas que l'auteur ait perdu le
droit de la faire représenter. Ils peuvent toujours poursuivre
ceux qui, au mépris de leur droit de propriété, représentent
leurs œuvres, imprimées ou gravées, bien que le dépôt n'en
ait pas été effectué.

Ceux qui effectuènt en leur propre nom le dépôt des œuvres

qu'un auteur leur avait confiées se rendent coupables de contrefaçon.

L'auteur qui revendique un droit exclusif sur un ouvrage littéraire ou musical doit faire la preuve du dépôt légal, mais il n'est pas nécessaire, pour faire cette preuve, de produire le certificat même du dépôt.

Si, en principe, le dépôt ne constitue pas, pour le déposant, la preuve d'un droit de propriété, ce dépôt constitue du moins en sa faveur une présomption suffisante de propriété, tant qu'elle n'est pas combattue par une preuve ou présomption contraire.

Comme nous l'avons dit, le dépôt fait par l'imprimeur conserve les droits de l'auteur; celui-ci peut, en conséquence, bien qu'il n'ait pas effectué lui-même le dépôt, poursuivre les contrefacteurs.

Dépôt tardif. — Le dépôt tardif de la brochure d'une pièce de théâtre qui n'a jamais été éditée en France, bien qu'elle y ait été imprimée et ensuite expédiée en ballots dans le pays où elle a été publiée, ne crée pas une propriété qui n'existe pas. Ce dépôt ne peut donc porter atteinte aux droits qui appartenaient aux libraires français de reproduire les ouvrages édités en pays étrangers avant le décret du 28 mars 1852 ou de la convention avec une nation quelconque stipulant le dépôt.

Dessin. — En matière de propriété musicale et au sujet de la vente des morceaux imprimés, le titre et le dessin qui servent d'ornement et, en quelque sorte, d'enseigne à ces morceaux de musique doivent d'autant plus être respectés qu'ils sont les plus sûrs moyens d'attirer les acheteurs, et les seuls indices auxquels le public puisse reconnaître les morceaux.

Nul n'a le droit d'en faire usage et de les copier sans se rendre coupable de contrefaçon.

Détention. — Les actes d'engagement d'artistes stipulent généralement que le directeur se réserve le droit de résilier, en cas de détention de l'artiste pendant plus de trois jours, par voies judiciaire ou de police, et que, s'il ne juge pas la résiliation convenable, la suppression de ses appointements pourra avoir lieu pendant tout le temps de la détention.

Certainement, lorsque cette clause est écrite elle doit faire la loi des parties; mais, à son défaut, le directeur ne saurait y suppléer, et toute difficulté à cet égard devra être portée devant les juges compétents.

Détention arbitraire. — V. *Arrestation.*

Détournement de manuscrit. — Le droit de présenter une pièce n'appartient qu'à l'auteur seul. Si le manuscrit de son œuvre lui a été détourné, il peut toujours revendiquer sa propriété dans les mains de tout détenteur, et, quelle que soit l'époque, faire défense que la pièce soit représentée.

Diffamation. — La diffamation contre les particuliers, contenue dans les pièces de théâtre, est punissable conformément au droit commun. C'est aux tribunaux saisis qu'il appartient de la constater.

Elle peut donner lieu à une action correctionnelle ou à une action civile en suppression de la pièce ou partie de la pièce incriminée et en dommages-intérêts.

Le caractère plus ou moins odieux donné à un personnage, et les actes qui lui sont attribués, ne peuvent donner lieu à ces actions, au profit de la personne qui se prétend désignée par l'auteur sous un nom supposé, que si cette désignation a été dans la pensée de l'auteur et que si elle ressort des actes et énonciations contenues dans la pièce.

Il ne suffit pas, pour cela, que l'auteur ait choisi pour théâtre de son œuvre une localité ou même un château existant réellement, et qu'il ait même indiqué une ou deux circonstances pouvant s'appliquer aux propriétaires de ce château, si, d'ailleurs, les autres faits sont tellement en contradiction avec leur honorabilité et les actes connus de leur vie qu'il soit impossible d'y voir une désignation réelle ou même intentionnelle.

Il y a diffamation dans le fait, de la part d'un auteur, de donner intentionnellement le nom d'une personne vivante à un personnage de drame auquel il prête un caractère odieux.

En pareil cas, les juges correctionnels peuvent, tout en renvoyant l'éditeur des fins de la poursuite à raison de sa bonne foi, prononcer une condamnation contre l'auteur seul, bien que ce soit le fait de la publication qui donne ouverture à l'action et que, par suite, l'éditeur soit l'auteur principal du délit.

L'auteur dramatique qui, dans une intention malveillante, altère sciemment et de mauvaise foi le caractère d'un fait ou d'un événement, est justiciable des tribunaux s'il compromet directement ou indirectement l'honneur ou la réputation de ceux qui y ont participé. Il peut être poursuivi par les héritiers de ces derniers.

Le fait d'annoncer, sans en apporter la preuve, qu'une œuvre dramatique ou musicale moderne n'est que la copie ou la reproduction d'une œuvre déjà ancienne d'un inconnu constitue une diffamation donnant ouverture à une action civile en dommages-intérêts.

S'il s'agit de diffamation envers la mémoire d'une personne décédée, la plainte intentée par l'héritier, contre l'auteur et l'éditeur, est seule recevable. Celle intentée par la veuve, à raison de diffamation portant atteinte à la mémoire de son mari, ne l'est pas.

Dioramas. — Les spectacles de dioramas sont assujétis au paiement du droit des pauvres, quel que soit le mode de rétribution qu'ils exigent. Ces exhibitions ne sont pas, comme les ouvrages dramatiques, soumis à la formalité de la censure, mais l'autorité a toujours le droit de les faire cesser si elles sont contraires aux bonnes mœurs.

Directeur. — Le directeur d'un théâtre est un commerçant, comme tel soumis aux prescriptions du Code de commerce. Il n'est pas fonctionnaire public et peut, par conséquent, être poursuivi, pour ses engagements et ses délits, sans autorisation de l'autorité administrative.

Ne peut être directeur celui qui est en état de faillite. De même, l'acteur engagé dans un théâtre ne peut prendre la direction d'une autre entreprise.

Les directeurs sont maîtres absolus dans leur théâtre pour tout ce qui touche à la discipline intérieure. S'il s'élève à cet égard quelques discussions, elles sont jugées provisoirement par l'autorité municipale et définitivement par les tribunaux ordinaires.

Sur la compétence relative aux actes de sa gestion, V. *Acte de commerce. — Compétence.*

Lorsque l'entreprise dramatique est exploitée par une société et gérée par le directeur, celui-ci n'est qu'un mandataire et il doit se conformer aux pouvoirs qui lui sont donnés par l'acte de société.

Si l'entreprise est cédée directement à un nouvel administrateur, celui-ci reste engagé avec les artistes et réciproquement. Il est également tenu d'exécuter la convention qui permet à certains journaux d'être vendus dans la salle ou à la porte des théâtres. En outre, s'il s'est engagé à exécuter les obligations contractées sous l'ancienne direction, il doit représenter les pièces reçues par son prédécesseur dans l'ordre de leur réception et sans pouvoir exiger une nouvelle lecture.

Mais, pour que ce nouveau directeur soit ainsi tenu de ces diverses obligations, il faut qu'il succède réellement à la précédente direction. Il en serait autrement si c'était une nouvelle administration qui se formât sur des bases nouvelles.

Le directeur est dépositaire des sommes par lui perçues pour le droit des pauvres, il en est donc seul responsable vis-à-vis de l'administration. Par conséquent, si la direction vient à changer, le nouvel entrepreneur n'est pas responsable de ce qu'elle pouvait devoir à cet égard.

Il n'est pas non plus responsable envers les créanciers de l'ancien directeur, mais il est tenu d'exécuter les engagements des artistes contractés au moment de son entrée en possession.

Lorsqu'un directeur vient à décéder, il est incontestable que ses héritiers sont responsables de toutes les dettes existant au jour de son décès. Mais ils ne peuvent être obligés de continuer l'exploitation de l'entreprise ; partant, les engagements des artistes se trouvent résiliés. Dans ce cas, ceux-ci ne peuvent réclamer aucune indemnité, car le décès est une cause de force majeure ; ils ont seulement le droit de demander le paiement de leurs appointements arriérés et de ceux courants.

Les directeurs ne sont pas responsables du fait de leurs acteurs.

Directeur étranger. — L'étranger qui entreprend, en France, l'exploitation d'un théâtre devient commerçant et, par cela, justiciable des tribunaux français.

Lorsqu'il a engagé, même à l'étranger, un artiste étranger à raison de son exploitation théâtrale en France, il est également justiciable des tribunaux français pour tout ce qui concerne l'exécution de cet engagement.

Discipline intérieure. — Les règles disciplinaires tracées par le directeur du théâtre, tant pour les représentations que pour les répétitions, sont obligatoires, et chaque artiste doit s'y conformer, alors même que son engagement ne l'y forcerait pas d'une façon particulière. Il y va de l'intérêt des acteurs autant que de celui de l'entreprise, et l'on comprend aisément que la discipline intérieure doit être scrupuleusement observée.

La sanction de cette obligation se trouve, d'ailleurs, dans l'indemnité que l'artiste peut avoir à payer à la direction sous forme d'amendes, indemnité proportionnée au préjudice causé par chaque infraction aux règlements.

10

Distribution des rôles.—Le droit de distribuer aux artistes les rôles d'une pièce appartient, selon les règlements part culiers à chaque théâtre ou selon les usages, à l'auteur ou au directeur ou à tous les deux conjointement. Dans les traités faits avec la commission des auteurs dramatiques, il est stipulé que l'auteur a seul le droit de distribuer les rôles de sa pièce en premier et en double.

Une copie, faite en double, de cette distribution, et signée de l'auteur et du directeur, est échangée entr'eux.

Le directeur ne peut, en conséquence, changer cette distribution, et, dans le cas où il la modifierait sans le consentement des auteurs, ceux-ci pourraient lui faire défense de représenter leur pièce et obtenir la résiliation du contrat.

Si, par un motif quelconque, l'auteur ne fait pas lui-même sa distribution, ce droit appartient au directeur ; mais nous croyons qu'il y aurait prudence de sa part à mettre préalablement l'auteur en demeure de la faire.

Il est incontestable que, dans toute distribution, on doit tenir compte des conditions dans lesquelles chaque artiste est engagé par le directeur.

Si un acteur s'est obligé à tenir tous les rôles qu'il plaira à l'entreprise de lui confier, l'auteur ou le directeur peuvent lui imposer ceux qu'il leur convient. Si, au contraire, l'artiste ne s'est engagé à jouer que tels ou tels rôles, ou à les jouer seul et sans partage, il faut respecter ce droit, qui lui est conféré par l'acte d'engagement. En cas d'incertitude sur le caractère d'un rôle, c'est le directeur qui décide. Il va de soi que, à moins de convention contraire, l'un et l'autre ont la faculté de modifier la distribution.

Lorsqu'en recevant une pièce, le directeur s'est obligé à la faire représenter par un artiste désigné à l'avance, il ne peut, à moins de circonstances graves, échapper à cet engagement sous peine de dommages-intérêts.

En cas de désaccord, entre le directeur et l'auteur, relativement à la distribution des rôles, l'auteur a le droit de retirer sa pièce sans être tenu de dommages-intérêts et sans pouvoir en réclamer.

Lorsque, dans la suite, une autre distribution entière ou partielle devient nécessaire, l'administration théâtrale doit se concerter avec l'auteur ; toutefois, en cas d'absence dûment constatée de celui-ci, ou faute par lui d'avoir pourvu à cette distribution, l'administration est autorisée à la faire elle-même. Si l'auteur a consenti à ce que le directeur fît lui-même la distribution des rôles, ce dernier ne peut ensuite se prévaloir du défaut de cette formalité par l'auteur pour excuser des retards dans la représentation de la pièce.

Quand un tribunal ordonne que le directeur sera tenu de représenter une pièce, il va de soi qu'elle doit être jouée sans changement dans la distribution des rôles.

Divulgation. — Le directeur à qui l'auteur confie le manuscrit d'une pièce, les artistes qui la répètent, les copistes qui la transcrivent, les censeurs qui l'examinent, sont tenus de n'en divulguer le sujet et l'idée à personne. Si, en cas de contestation, leur infidélité ou leur mauvaise foi peut-être prouvée devant les tribunaux, l'auteur a droit à des dommages-intérêts.

Domaine public. — Lorsque les œuvres littéraires ou musicales d'un auteur sont tombées dans le domaine public, tout éditeur a le droit de les publier sous le nom de cet auteur et sous le titre originaire.

Mais, si l'éditeur manque à remplir cette condition, quel sera le droit de l'auteur ou de ses ayants-droit? Ils ne peuvent pas intenter une action en contrefaçon, car le délit n'existe pas. Ils peuvent seulement demander au tribunal d'ordonner que le nom de l'auteur et le véritable titre soient rétablis sur les publications.

Quand au domaine public il ne peut rien réclamer.

Au cas d'une œuvre due à la collaboration de plusieurs auteurs, l'expiration du délai de la jouissance légale des héritiers de l'un d'eux fait tomber dans le domaine public la part de propriété qui leur appartenait. Ces héritiers ne sont pas fondés à prétendre que l'existence des droits des auteurs survivants a pour effet de conserver par indivisibilité les leurs. De leur côté, les auteurs survivants ne peuvent prétendre que l'extinction des droits du collaborateur décédé doit leur profiter et leur assurer la totalité des produits de l'œuvre commune.

Domestiques en livrée. — Aux termes d'une ordonnance du 2 avril 1780 il était interdit aux domestiques portant la livrée de pénétrer dans les théâtres, même en payant leur place. Cette prohibition absurde n'existe plus.

Donation manuelle. — Une question très-controversée est celle de savoir si le manuscrit d'une pièce inédite peut faire l'objet d'une donation manuelle. Il est difficile de se prononcer à cet égard, et nous croyons que le soin doit être laissé aux tribunaux d'apprécier suivant les circonstances.

En effet, la détention du manuscrit n'équivaut pas à un titre suffisant. Néanmoins, elle forme en faveur de celui qui l'invoque une grave présomption qui impose, à ceux qui la contestent, l'obligation de prouver que la possession est irrégulière ou illégitime.

Doublures. — Lorsque les auteurs sont admis à faire eux-mêmes la désignation des acteurs, ils peuvent confier les rôles à une doublure de préférence au chef d'emploi. Après l'avoir choisie, ils ne peuvent exiger du chef d'emploi qu'il prenne le rôle pour le jouer en remplacement de celui à qui ils l'ont remis, en cas d'empêchement de celui-ci.

L'artiste engagé pour jouer certains rôles déterminés peut être tenu de prendre un rôle complétement abandonné par l'artiste qui l'a créé, mais non de le jouer en double.

Droits d'auteur. — Les conventions entre directeurs et auteurs, relatives aux droits à payer à ces derniers, sont absolument libres dans tous les théâtres. Nul n'a le droit de taxer les ouvrages dramatiques ou de modérer le prix convenu.

En cas de cession du théâtre, ces conventions obligent le nouveau directeur à exécuter les contrats faits par son prédécesseur avec les auteurs, quand bien même l'acte de cession ne le lui impose pas formellement. Toutefois, cette obligation n'est imposée au nouveau directeur que s'il succède réellement à son vendeur; si donc il se présente avec une troupe et une société nouvelle et s'il ne continue l'exploitation que sous le rapport du titre ou du local de l'entreprise, les intérêts n'étant plus les mêmes, il ne peut à aucun titre être tenu des engagements de son prédécesseur.

A défaut de conventions spéciales, les règlements de chaque théâtre doivent être observés.

En général, les droits d'auteur se calculent proportionnellement sur le bénéfice net de la représentation, c'est-à-dire déduction faite des frais journaliers. Le chiffre alloué à l'auteur ne se modifie pas sous le prétexte que le prix des places a été augmenté, que son œuvre a été jouée dans une représentation extraordinaire ou à bénéfice. Le chiffre de la recette réelle doit servir toujours de base aux droits des auteurs.

Dans une espèce particulière, le tribunal de commerce a décidé que, lorsqu'une pièce qui appartient au répertoire d'un théâtre se trouve portée sur un autre, soit pour une représentation à bénéfice, soit pour une représentation extraordinaire, l'auteur peut exiger le paiement de ses droits, conformément au tarif du théâtre où elle a été reçue et jouée habituellement.

Il est certain que, si le directeur de ce théâtre fait représenter cette pièce sur une autre scène, dans l'intérêt de sa propre administration, l'auteur a le droit incontestable de ne pas laisser modifier le chiffre de ses droits. Mais il n'en est plus ainsi lorsque ce directeur ne fait que prêter momentanément sa troupe et la pièce de son répertoire à un autre directeur. Il faut examiner si l'auteur a consenti ou non à ce que sa pièce fût représentée sur une autre scène.

Dans le premier cas, il est censé avoir accepté le tarif du deuxième théâtre; dans le second, au contraire, l'auteur, qui a refusé son consentement, est en droit de réclamer des dommages-intérêts au directeur qui est en possession de sa pièce, pour inexécution des conventions.

Lorsqu'il s'agit d'opéras, d'opéras-comiques ou d'opérettes en un ou plusieurs actes, le compositeur a droit à la moitié et le ou les auteurs du livret à l'autre moitié des droits. Tel est l'usage, qui peut néanmoins être modifié par les parties.

L'administration doit rendre aux auteurs un compte fidèle de la recette et y comprendre tous les profits qu'elle a pu en retirer par la vente des billets, soit au théâtre, soit au dehors, même ceux qu'elle retire indirectement des billets de faveur.

Les droits d'auteur peuvent être saisis-arrêtés par les créanciers de l'auteur. Celui-ci, de son côté, peut faire le transport de ses droits à un tiers. Ces saisie-arrêt et transport frappent aussi bien les droits échus que ceux à échoir.

Dans les départements, ce sont les agents correspondants de la Société des auteurs et compositeurs dramatiques qui perçoivent les droits suivant les indications de la commission, soit à tant pour cent sur la recette brute, soit au droit fixe par pièce ou par soirée.

Le droit est proportionnel ou fixe.

Le droit proportionnel fixé par la commission se perçoit sur la recette brute de chaque représentation. Lorsque le spectacle se compose de plus de quatre pièces, le théâtre paye, par chaque pièce en sus, un droit égal au quart du droit de la soirée.

La recette brute se compose de la recette qui se fait à la porte et de la recette des abonnements, places ou loges louées à l'année, au mois ou au jour, sous quelque dénomination que ce soit, et généralement de toutes entrées vendues par l'administration du théâtre ou stipulées par elle comme valeur ou en paiement de frais quelconques.

Quant au droit fixe, il est perçu conformément aux tarifs arrêtés par la commission, d'accord avec les directeurs. Dans ce cas, le directeur est tenu d'exécuter les conditions du traité ainsi passé, et à défaut d'exécution, les tribunaux peuvent déclarer la convention résiliée, faire défense au directeur de représenter à l'avenir le répertoire de la Société des auteurs et prononcer contre lui une condamnation à des dommages-intérêts.

Le prix des billets accordés aux auteurs n'est pas compris dans les droits d'auteur.

Nous devons rapporter ici une importante délibération prise par la Société des auteurs dramatiques, le 29 janvier 1858, relative à la répartition des droits d'auteur sur les ouvrages anciens et modernes.

La commission des auteurs et compositeurs dramatiques, — Considérant qu'il est du devoir rigoureux de la commission d'assurer, par tous les moyens possibles, la perpétuité de la propriété littéraire aux héritiers des auteurs dramatiques et de ne pas souffrir que leurs œuvres soient, même à défaut d'héritiers, une proie abandonnée à titre gratuit au premier occupant ; — Considérant que, lors même que la ligne des héritiers au nom de la loi est éteinte, elle ne saurait être mieux représentée que par les descendants de ceux qui ont travaillé avant nous, et qui, faute d'être protégés dans leurs productions, n'ont laissé à leur famille qu'un nom dont le public se souvient et une misère qui l'indigne ; — Considérant que la caisse de secours créée par les auteurs et compositeurs dramatiques est la tutrice de toutes les infortunes, tutrice à laquelle on peut s'adresser sans humiliation, puisqu'elle ne fait que répartir les épargnes recueillies sur notre travail ou la part qu'on restitue aux travaux de nos devanciers, dont l'Association a commencé par adopter les descendants ; — Considérant que tout auteur qui va spontanément demander à l'ancien répertoire une pièce acceptée depuis longtemps, un titre consacré, les chances plus assurées d'un succès, ne peut évaluer le secours qui lui est ainsi apporté au-dessous de la part d'un collaborateur ;

Décide : — 1° Pour toute pièce notoirement empruntée à l'ancien répertoire, la part faite à l'auteur primitif, part qui sera attribuée aux héritiers de cet auteur ou, à défaut d'héritiers, à la caisse de secours qui les représente, sera égale à la moitié des droits revenant à la pièce partout où elle sera jouée ; — 2° Il est bien entendu que, si une pièce de l'ancien répertoire est transformée en pièce lyrique, le droit du musicien restera entier ; — 3° si un ouvrage lyrique du domaine public est soumis à une révision, à un travail d'appropriation, à un remaniement de musique, l'auteur de ce travail abandonnera à la caisse de secours la moitié des droits attribués à la musique ;

— la commission se réserve le droit d'appréciation sur toute réclamation et en toutes circonstances.

Nous devons dire encore que les membres de la Société ne peuvent pas toucher leurs droits directement des entrepreneurs de théâtres. Les agents de la Société chargés de cette mission ont seuls pouvoir d'en faire la perception.

Le directeur qui paierait directement à l'auteur le ferait à ses risques et périls et serait tenu, nonobstant cette avance, de verser de nouveau les droits de cet auteur entre les mains des agents de la Société.

Dans les départements, la commission des auteurs et compositeurs dramatiques a divisé les villes en trois classes :

1° Les villes trimestrielles ;

2° Les villes semestrielles ;

3° Les villes mensuelles.

Le droit des auteurs s'y perçoit, suivant les indications de la commission, par l'intermédiaire des agents correspondants, soit à tant pour cent sur la recette brute, soit au droit fixe par pièce ou par soirée.

Une décision du 28 juin 1867 a établi, pour les villes à droit fixe, un tarif basé sur la population des localités, ainsi qu'il suit :

N^{os}	POPULATION	Pièce jouée seule	3, 4 ou 5 actes	2 actes	1 acte	Scènes ou airs détachés
1	Au dessous de 10.000 âmes	FR. 12		FR. 6	FR. 4	1 R. 1 »
2	de 10.000 à 14.000	15	10	7	5	1.25
3	de 15.000 à 19.000	18	12	8	6	1.50
4	de 20.000 à 24.000	22	15	10	7	1.50
5	de 25.000 à 29.000	26	18	12	8	2 »
6	de 30.000 à 34.000	30	20	15	10	2.50
7	le 35.000 à 40.000	36	24	18	12	3 »
8	de 40.000 à 50.000	48	32	24	16	4 »

Toutefois, par une autre décision en date du 26 juillet, la commission a autorisé les agents généraux à établir exceptionnellement et provisoirement, dans certaines localités au-dessous de cinq mille âmes, un tarif uniforme de 8 francs par représentation, quelle que soit la composition du spectacle.

Pour Paris, la banlieue et les départements, où la perception est proportionnelle, la commission a établi un tableau de répartition des droits d'auteur qui varie selon les théâtres.

De ce que nous avons dit, il résulte que les perceptions effectuées par les agents de la Société ne représentent que le prix du droit concédé aux directeurs d'exploiter le répertoire des membres de la Société. Lors donc qu'il s'agit d'œuvres dont les auteurs ne font pas partie de la Société, est non recevable toute action introduite contre la Société par un cessionnaire qui réclame la restitution des sommes perçues à l'occasion de représentations théâtrales quelconques.

Aux termes d'une décision récente, les directeurs de théâtres doivent payer les droits d'auteur tels qu'ils ont été fixés par la Société, au droit proportionnel ou fixe, suivant la localité exploitée. Ils ne peuvent faire valoir qu'ils ont payé le droit proportionnel dans une localité pour être admis à payer le même droit dans une autre où est établi un droit fixe basé sur le nombre des habitants. En l'absence de toute convention spéciale, les obligations des directeurs de théâtre vis-à-vis de la Société se trouvent régies par le droit commun sur la matière. Ils ne peuvent arguer qu'ils ignorent les tarifs de cette Société.

Les bénéfices pécuniaires qui résultent de l'exploitation des œuvres littéraires ou musicales constituent un capital et non des revenus.

Est légale et obligatoire, à l'égard des membres de la Société des auteurs et compositeurs dramatiques, l'attribution de droits d'auteur faite par cette Société aux héritiers d'auteurs ou compositeurs décédés, même à raison d'ouvrages tombés dans le domaine public, et encore bien que ni les uns ni les autres n'aient fait partie de la Société.

De même, n'est pas contraire à l'ordre public la convention par laquelle un directeur de théâtre s'engage envers la Société des auteurs et compositeurs dramatiques, à payer pour les pièces du domaine public les mêmes droits d'auteur que pour celles constituant une propriété privée.

Droits de la veuve. — V. *Propriété littéraire.*

Droit de réponse. — Un éditeur nommé dans les prospectus d'un autre éditeur n'a pas le **droit d'exiger** la publication de sa réponse dans les mêmes prospectus.

La loi du 25 mars 1822, qui consacre le droit de réponse, n'est applicable qu'aux journaux et ouvrages périodiques.

Droit des pauvres. — L'impôt que l'on appelle droit des pauvres est régi par la loi de frimaire an V.

Il est dit, notamment, dans cette loi, qu'il sera perçu un décime par franc en sus du prix de chaque billet d'entrée, pendant six mois, dans tous les spectacles où se donnent des pièces de théâtre, des bals, des feux d'artifice, des concerts, des courses et des exercices de chevaux, etc.

Le produit des recettes est employé, à Paris, à secourir les indigents qui ne sont pas dans les hospices, et, en province, il est remis aux hôpitaux.

Tel est le principe qui, malgré de nombreuses modifications ultérieures, est encore en vigueur aujourd'hui.

Nous trouvons, en effet, une loi du 7 fructidor an VIII qui attribue le produit de ces recettes aux hospices aussi bien qu'aux bureaux de bienfaisance, d'après la répartition faite par le préfet, sur l'avis du sous-préfet.

Depuis 1817, la loi annuelle des finances a maintenu la perception du décime en sus pour les théâtres et du quart en sus pour tous autres spectacles publics. Comme on le voit, la taxe prélevée au profit des pauvres varie selon la nature des spectacles.

Quand il s'agit de théâtres ordinaires, tels que : spectacles lyriques, dramatiques ou comiques, cirques, marionnettes et autres de curiosités, le droit s'élève au décime seulement. Mais il est du quart de la recette s'il s'agit de bals, même de ceux masqués donnés dans les théâtres, de concerts non-quotidiens, etc....

Ce droit n'est dû que par les entreprises établies dans un but de spéculation. Aussi l'impôt n'est pas perçu sur l'augmentation mise au prix ordinaire des billets, lorsqu'il s'agit de représentations gratuites et à bénéfice, et que ces représentations ne sont pas données par des particuliers, à leur profit et dans un but de spéculation personnelle.

La perception de ce droit est faite aussi bien sur le produit des billets et abonnements que sur la recette du contrôle. En ce qui concerne les abonnements au mois ou à l'année, la perception a lieu, non sur le prix ordinaire des places prises au bureau, mais seulement sur le prix réel de la location au mois ou à l'année. De même, dans les cafés-concerts ou autres établissements où les spectateurs consomment, l'impôt se prélève sur le prix des billets et sur celui des consommations.

On ne le perçoit pas sur les billets délivrés gratuitement, mais les billets d'auteur y sont soumis. Il en est de même sur le prix des places réservées gratuitement ou louées aux propriétaires de la salle où s'exploite le théâtre.

Les directeurs sont chargés de percevoir eux-mêmes le droit des pauvres. Ils en sont les dépositaires; aussi, en cas de cession par eux de leur exploitation à un étranger, celui-ci ne peut-il être contraint par l'assistance publique à payer ce que son prédécesseur pourrait devoir de ce chef.

Pour faciliter la perception de ce droit, les administrations des hospices procèdent, le plus souvent, avec les directeurs, par voie de régie intéressée, en leur souscrivant des abonnements, ou bien encore par voie d'adjudication, moyennant un prix à forfait.

Dans le cas où la régie intéressée juge utile de souscrire des abonnements, ils ne peuvent avoir lieu qu'avec l'approbation de l'autorité au Conseil d'Etat, comme pour les biens des hospices à mettre en régie, et cette approbation ne peut être donnée que sur l'avis du préfet de la Seine, qui consulte la commission exécutive et le conseil des hospices.

Les bureaux de bienfaisance n'ont pas de privilége sur le mobilier servant à l'exploitation des théâtres, mais ils sont privilégiés sur les recettes, et peuvent exercer ce privilege nonobstant la faillite du directeur ou des saisies pratiquées par le propriétaire de la salle pour le recouvrement de ses loyers.

En cas de poursuites, elles sont exercées contre le directeur par voie de contraintes rendues exécutoires par le préfet. A titre de contrôle, les directeurs sont tenus de faire parvenir à l'assistance publique le relevé de leur comptabilité.

Les conseils de préfecture sont seuls compétents pour connaître des contestations relatives à la perception de ce droit, et leurs décisions doivent être exécutées provisoirement, sauf recours ultérieur devant le Conseil d'Etat. Tout autre tribunal saisi de contestations relatives au droit des pauvres doit se déclarer d'office incompétent, malgré le silence des parties.

Le droit des pauvres ne peut être saisi par les créanciers de l'entreprise théâtrale.

Droit de vote.—La commission de la Société des auteurs et compositeurs dramatiques a rendu, le 25 mai 1866, la décision ci-après, approuvée par l'assemblée générale.

N'ont droit d'entrée et de vote à l'assemblée générale que les auteurs qui peuvent justifier :

1° D'un acte sans collaboration, ou de deux actes composés de fractions de pièces en collaboration, joués sur les théâtres de l'Opéra, Comédie-Française, Odéon, Opéra-Comique, Italiens, Gaîté (Théâtre-Lyrique).

2° De trois actes sans collaboration, ou de six actes composés de fractions de pièces en collaboration, joués sur les théâtres du Gymnase, Vaudeville, Variétés et Palais-Royal.

3° De cinq actes sans collaboration, ou de dix actes composés de fractions de pièces en collaboration, joués sur les théâtres de la Porte-Saint-Martin, Châtelet, Lyrique (Théâtre-Historique) et l'Ambigu.

4° Dans les autres théâtres avec lesquels des traités ont été conclus, l'entrée et le droit de vote, aux assemblées générales, des auteurs qui auront eu des œuvres représentées est laissée à la libre appréciation de la commission.

Droit des héritiers. — V. *Propriété littéraire.*

Durée des droits d'auteur. — V. *Propriété littéraire.*

E

Eclairage. — Il est expressément défendu aux directeurs de faire cesser l'éclairage dans l'intérieur de la salle, dans les escaliers, corridors et vestibules, avant l'entière évacuation du théâtre.

Des lampes à huile, contenues dans des manchons de verre, allumées depuis l'entrée du public jusqu'à la sortie, doivent être placées en nombre suffisant, tant dans la salle que dans les corridors et escaliers, pour prévenir une complète obscurité en cas d'extinction subite du gaz.

Editeurs. — V. *Cession.*

Eglise. — Le droit des pauvres ne peut être, sous aucun prétexte, perçu sur la recette faite pour le prix, même surélevé, des chaises pendant une messe en musique.

Les cérémonies religieuses ne peuvent, en effet, être assimilées aux spectacles publics, alors surtout que l'église n'a pas cessé d'être ouverte gratuitement au public.

A moins de stipulation contraire, il est d'usage que les choristes soient tenus de chanter, sans augmentation d'appointements, dans tous les théâtres, salles, salons publics et privés, et de tenir leur emploi dans tous les opéras, messes, concerts et oratoires qu'il plaît à leur directeur.

Eloignement. — V. *Ordre d'éloignement.*

Emploi. — Lorsque l'acte d'engagement stipule que l'artiste aura le droit exclusif de remplir certains rôles, tous les ôles qui appartiennent à son emploi doivent lui être dévolus.

En cas de refus de la part du directeur, l'artiste est fondé à réclamer des dommages-intérêts. De même, il a le droit de se refuser à tenir les rôles qui ne rentreraient pas dans son emploi. De même encore, si, aux termes de son engagement, il devait paraître dans un nombre fixé de représentations ou s'il s'était réservé le choix des pièces dans lesquelles il désirait tenir son emploi.

Si, à côté de la clause spéciale qui fixe l'emploi d'un artiste, il existe dans l'acte d'engagement une clause générale par laquelle l'artiste s'engage à tenir tous les rôles qui lui seront donnés par le directeur, celui-ci a le droit d'user du bénéfice de cette clause, et l'acteur est obligé de s'y soumettre. Le refus de ce dernier ne serait point une cause de résiliation de l'engagement, surtout s'il est resté à la disposition du directeur pour les rôles de son emploi. Il ne pourrait être condamné qu'à des dommages-intérêts.

Lorsque l'artiste, outre son emploi, consent à tenir un autre rôle, il a droit à une indemnité pour ce surcroît de service. Ainsi, un deuxième ténor qui consent à remplir l'emploi de premier ténor, peut s'adresser aux tribunaux pour obtenir que ses appointements soient augmentés en conséquence.

Employés. — Les conventions, et, à défaut, les règles du droit commun déterminent les droits et devoirs des employés d'un théâtre. Mais, comme les artistes, ils sont assujettis aux réglements intérieurs et, comme eux, passibles d'amendes.

Les actes passés avec ces employés n'ont pas de caractère exceptionnel et doivent être jugés d'après les règles établies par la loi.

Ceux qui donnent leur démission, bien qu'ils soient payés au mois, n'ont droit à leurs appointements que jusqu'au jour où ils ont fait connaître leur intention de résigner leurs fonctions, alors surtout qu'ils ont réellement cessé de les remplir.

Emprunts. — Les emprunts faits par un directeur pour les besoins de son entreprise ont le caractère commercial. Il en est, en effet, de lui comme de tout autre négociant. C'est donc à la juridiction commerciale à décider, en cas de difficultés à cet égard.

Quant aux emprunts contractés par les acteurs, soit à des tiers, soit à la caisse du théâtre, pour payer leurs costumes et les accessoires nécessaires à leur emploi, ils ne peuvent être aucunement considérés comme ayant un caractère commercial. En conséquence, toute contestation de ce chef doit être

11

soumise à la juridiction civile, car l'artiste ne fait pas acte de commerce.

L'écrivain qui fait des emprunts à l'ouvrage d'un autre écrivain se rend coupable du délit de contrefaçon, lorsque ces emprunts sont assez étendus pour causer un préjudice réel aux droits de cet auteur.

Les achats et emprunts faits par un auteur pour la publication de son œuvre ne constituent pas des actes de commerce.

Emprunts réciproques. — Si le plagiat servile doit être réprimé par les tribunaux, il n'en est pas de même des emprunts réciproques et pour ainsi dire forcés que les auteurs se font chaque jour. C'est à l'opinion publique seule qu'il appartient de les apprécier.

Ainsi, lorsque le récit d'une aventure véritable vient à la connaissance de plusieurs et se répand ainsi dans le domaine public, ceux qui s'en emparent pour composer une œuvre théâtrale ne sauraient s'accuser réciproquement de pillage. Il faudrait qu'il y eût entre les divers ouvrages ressemblance de style. Si cette ressemblance ressort seulement du fond même du sujet, dont la simplicité doit nécessairement produire des situations identiques, il n'y a ni plagiat, ni contrefaçon.

Il en est encore de même lorsque l'ouvrage dramatique ou lyrique a été emprunté au sujet d'œuvres dont les auteurs sont inconnus, ou qui n'ont jamais reçu qu'une publicité orale.

A la suite des nombreux procès qui se sont élevés sur ces questions, la Société des gens de lettres, assez justement émue, a voulu mettre un terme à l'inquiétude de ses sociétaires, et elle a ainsi, le 3 mai 1868, modifié ses statuts :

« Lorsque le sujet et les détails d'une pièce de théâtre sont empruntés à l'auteur d'un livre ou article de journal ou de revue, il y a contrefaçon toutes les fois que cette reproduction ou imitation n'a pas été autorisée par l'auteur. Cependant, les sociétaires renoncent à exercer leurs droits de poursuite contre les auteurs des pièces ainsi composées, à la condition qu'ils seront traités en collaborateurs. — Dans le cas où l'auteur du livre ou de l'article de journal et l'auteur dramatique s'accorderaient pour se considérer comme des collaborateurs, la part revenant à chacun dans les produits de la représentation théâtrale et la publication des pièces sera réglée soit à l'amiable entre les auteurs, soit par la commune intervention des gens de lettres et de la commission des auteurs et compositeurs dramatiques. Le recouvrement sera fait sur la demande du sociétaire et à son profit, conformément à l'article 39 des statuts. En cas de refus de l'auteur de la pièce et de la commission des auteurs dramatiques, la poursuite en contrefaçon sera faite au nom et sur la demande du sociétaire, conformément à l'article 38 des statuts. »

Encombrements. — V. *Entrée du théâtre.*

Enfants. — Une loi toute récente, du 7 décembre 1874 a pris sous sa protection les enfants employés dans les professions ambulantes.

Aux termes de cette loi, tout individu qui fait exécuter par des enfants de moins de seize ans des tours de force périlleux ou des exercices de dislocation, tout individu, autre que les père et mère, pratiquant les professions d'acrobate, saltimbanque, charlatan, montreurs d'animaux ou directeur de cirque qui emploie, dans ses représentations, des enfants âgés de moins de seize ans, est puni d'un emprisonnement de six mois à deux ans et d'une amende de 16 à 200 francs.

La même peine est applicable aux père et mère exerçant les professions ci-dessus désignées qui emploient dans leurs représentations leurs enfants âgés de moins de douze ans.

Les pères, mères, tuteurs ou patrons qui livrent, soit gratuitement, soit à prix d'argent, leurs enfants, pupilles ou apprentis âgés de moins de seize aux individus exerçant les professions ci-dessus spécifiées sont punis des mêmes peines

La même peine est applicable à quiconque aura déterminé les enfants âgés de moins de seize ans à quitter le domicile de leurs parents ou tuteurs pour suivre des individus exerçant les professions sus-désignées.

La condamnation entraîne de plein droit, pour les tuteurs la destitution de la tutelle; les pères et mères peuvent être privés des droits de la puissance paternelle.

Tout individu exerçant l'une des professions sus-désignées doit être porteur de l'extrait des actes de naissance des enfants placés sous sa conduite, et justifier de leur origine et de leur identité par la production d'un livret ou d'un passeport. Toute infraction à cette disposition est punie d'un emprisonnement de un à six mois et d'une amende de 16 à 50 francs.

En cas d'infraction à l'une de ces dispositions, les autorités municipales sont tenues d'interdire toutes représentations aux individus ci-dessus désignés. Elles sont également tenues de requérir la justification de l'origine et de l'identité de tous les enfants placés sous la conduite des individus ci-dessus dési gnés. A défaut de cette justification, il doit en être donné avis immédiat au parquet.

Toute infraction à cette loi commise à l'étranger à l'égard de Français doit être dénoncée, dans le plus bref délai, par les agents consulaires français aux autorités françaises, ou aux autorités locales, si les lois du pays en assurent la répression.

Ces agents doivent, en outre, prendre les mesures nécessaires pour assurer le rapatriement, en France, des enfants d'origine française.

Engagements. — On entend par engagements les conventions qui s'échangent entre les acteurs et les directeurs d'entreprises théâtrales. Ce contrat, purement civil, constitue un louage d'ouvrage et n'est pas un acte de commerce.

Il n'est pas indispensable qu'il soit constaté par écrit. Il peut se prouver par les modes de preuves ordinaires. Il résultera même quelquefois de simples présomptions, alors surtout qu'il aura reçu un commencement d'exécution.

Sa forme peut varier à l'infini.

Généralement les actes d'engagement sont préparés et imprimés à l'avance. Quand ils sont faits par acte sous-seings privés, ils doivent porter la mention *fait double*. Toutefois, le défaut de cette mention ne peut être opposé par celui qui a exécuté, de sa part, la convention portée dans l'acte. Chaque double doit être signé de l'artiste et du directeur ; il doit contenir les noms, prénoms et adresses, indiquer la durée de l'engagement, le chiffre des appointements et feux, et le dédit, s'il en est stipulé. Il n'en est pas moins valable lorsque l'acteur y porte non pas son véritable nom, mais celui sous lequel il est connu au théâtre.

Pour contracter un engagement valable, il faut être capable. Ainsi sont incapables les mineurs, même émancipés, et les femmes mariées.

L'acte d'engagement a pour but de déterminer la durée de l'engagement, le chiffre de la rétribution allouée à l'artiste, en un mot toutes les conditions du contrat.

S'il n'a pas été fait d'acte par écrit, ou s'il est muet sur ce point, la durée de l'engagement est faite pour une année théâtrale.

Les engagements ne peuvent être perpétuels ; ils sont annulables pour dol, violence et vices de forme.

En cas de désaccord sur le chiffre des appointements, les tribunaux en fixent le chiffre selon les circonstances, et le

chiffre ainsi fixé l'est pour toute la durée à venir de l'engage
ment aussi bien que pour le passé.

Lorsque l'acte d'engagement a été fait par l'intermédiair
d'un correspondant, c'est le tribunal du domicile du directeu
qui est compétent pour en connaître en cas de procès.

Les artistes sont tenus de se conformer à toutes les clause
de leur engagement, quelles qu'elles soient.

Il n'est pas défendu à un artiste de s'engager par avance a
profit d'un auteur. Une fois son concours ainsi engagé pour u
rôle ou une série de pièces, il ne peut se refuser à exécuter l
convention sans être tenu de dommages-intérêts envers l'au
teur.

L'acteur se rend également passible de dommages-intérêt
lorsqu'il contracte successivement des engagements, pour l
même époque, avec les directeurs de divers théâtres. Le premie
avec qui il a traité peut le contraindre à exécuter son engage
ment, et les autres sont également en droit de l'actionner à fi
de dommages-intérêts, à moins qu'ils ne connussent l'engage
ment préexistant.

La clause de soumission aux règlements contenue dans l
plupart des actes d'engagement est obligatoire pour les arti
tes. Ils doivent s'y conformer, sans être tenus de se soumettr
aux règlements qui interviendraient postérieurement à leur en
gagement, à moins pourtant qu'ils ne soient conformes au
usages.

L'engagement finit à l'époque indiquée dans le contrat. S'
a été stipulé fait pour une année théâtrale, on doit s'en ra
porter aux usages. L'engagement prend également fin lorsqu'
est rompu par une décision judiciaire motivée par l'inexécutio
des conventions. Mais le directeur est obligé de conserver l'ar
tiste jusqu'à la sentence du tribunal.

Lorsque l'engagement a été fait pour une pièce déterminée e
pour toute la durée de cette pièce, le directeur ne peut invoque
les clauses générales de ses traités ordinaires, en vertu des
quels il aurait le droit de retirer un rôle à l'artiste qui en a ét
chargé. Il est bien entendu que, dans ce cas, une fois les repré
sentations de la pièce terminées, l'engagement de l'artiste es
résolu, et que si plus tard la même pièce est reprise au mêm
théâtre, l'artiste qui l'avait créée n'est plus tenu d'y repa
raître.

Dans le cas où l'engagement n'a été contracté que pour un
durée limitée, c'est à celle des parties qui prétend qu'il y
eu accord pour prolonger cette durée à en apporter la preuve

En pareil cas, le fait que l'artiste aurait continué à donne son concours pour quelques représentations supplémentaires n'implique pas, de sa part, une promesse de nouvel engagement.

La clause d'un traité d'engagement par laquelle un directeur s'est réservé seul le droit de le résilier, s'il y a lieu, n'implique pas la faculté de résiliation sans motif et sans indemnité, alors surtout qu'il a été stipulé un dédit réciproque pour le cas de rupture.

Lorsque l'engagement n'a été contracté que pour une pièce déterminée, cet engagement se trouve résilié de plein droit si, par suite de l'interdiction de l'autorité, les auteurs ont dû retirer leur pièce. En pareil cas, il ne peut y avoir lieu qu'à une simple indemnité si l'artiste n'a été prévenu que tardivement de ce retrait.

Engagements pour la province. — Les actes d'engagement des artistes pour les théâtres de province diffèrent peu de ceux contractés avec les théâtres de Paris. Nous avons cru devoir cependant reproduire en entier un de ces actes d'engagement, qui sont généralement rédigés dans les agences théâtrales. — V. *Correspondants dramatiques.*

Entrée à vie. — Celui qui est propriétaire d'une entrée à vie, et à toutes les places, est toujours libre de pénétrer dans la salle au cours de toutes les représentations, sauf celles à bénéfice. Il peut y occuper une place vacante, mais il ne saurait exiger qu'on lui délivrât au bureau de location une place gratuite. Il n'a pas non plus le droit d'occuper les places qui ont été louées à l'avance. Si donc la salle entière se trouve louée d'avance, il ne peut exiger aucune indemnité. Mais si l'administration ou ses employés mettent, par un moyen quelconque, obstacle à l'exercice de son droit, le propriétaire d'une entrée à vie peut actionner le directeur du théâtre à fin de dommages-intérêts.

Les entrées à vie sont passibles du droit des pauvres.

Entrée du théâtre. — L'autorité municipale doit veiller à ce que l'entrée et la sortie des théâtres soient maintenues libres, afin d'éviter les encombrements.

La salle doit être livrée au public et la représentation commencée aux heures indiquées par l'affiche. Les bureaux de distribution des billets doivent être ouverts au moins une demi-heure avant le lever du rideau.

Il est défendu d'introduire des spectateurs dans la salle avant l'ouverture des bureaux. Aucun spectateur ne peut entrer que par les portes ouvertes au public.

Les files d'attente doivent être établies hors de la voie publique. Nul n'a le droit de s'arrêter dans les péristyles et vestibules servant d'entrée aux théâtres et de stationner aux abords de ces établissements.

Entrée gratuite. — Les auteurs dramatiques n'ont le droit d'entrer gratuitement dans la salle d'un théâtre qu'autant que les règlements ou la convention passée entre eux et le directeur le leur donnent. Le droit ainsi accordé aux auteurs leur est personnel ; ils ne peuvent le céder ni le transmettre, même gratuitement, à une autre personne.

De même, les acteurs n'ont pas le droit de pénétrer gratuitement dans la salle, s'il n'en a été autrement convenu.

Lorsque l'entreprise théâtrale change de directeur, le droit accordé aux auteurs ou à des étrangers cesse immédiatement, à moins que le nouveau directeur ne se soit obligé à respecter tous les actes de son prédécesseur. — V. *Fonctionnaire public.*

Entreprise commerciale. — Toute entreprise de spectacles publics, c'est-à-dire faite dans un but de spéculation, est une entreprise commerciale, comme telle, soumises aux prescriptions du Code de commerce.

Entreprises de succès dramatiques. — Ces sortes d'entreprises n'ont aucun caractère commercial. Elles constituent, entre leurs agents et les directeurs, des contrats purement civils, qui, en cas de difficultés, doivent être interprétés par la juridiction civile et non par les tribunaux de commerce. V. *Claqueurs.* D'ailleurs, hâtons-nous de le dire, les tribunaux n'ont pas hésité à déclarer nuls, comme illicites, les traités faits dans le but d'assurer par des applaudissements salariés le succès d'un artiste ou d'une représentation. Aussi, en principe, a-t-on décidé qu'ils ne peuvent donner lieu à aucune action en justice, alors même qu'ils se dissimuleraient sous une autre forme, celle par exemple d'une vente de billets.

De ce que nous venons de dire il résulte que celui qui a payé une certaine somme pour assurer l'exécution d'un semblable traité n'est pas fondé à en réclamer la restitution.

Il n'en est pas de même des conventions passées entre un directeur et un chef de claque relativement à la griffe.—V. *Griffe.*

Epidémie. — Le fait qu'une épidémie règne dans une région ou une ville, dans laquelle un artiste est appelé à donner des représentations, ne suffit pas pour l'autoriser à demander la résiliation de son engagement.

Escaliers de dégagagement. — V. *Corridors.*

Etablissement thermal. — Le chef d'un établissement thermal qui, malgré la défense qui lui en a été faite, met les salons de son établissement à la disposition d'un tiers pour des concerts publics exécutés en violation des droits des auteurs de la musique, se rend complice du délit commis par ce tiers, alors même que cette concession a été purement gratuite de sa part.

Evacuation de la salle. — V. *Armes.*

Examinateurs. — V. *Censeurs.*

Exclusion de la scène. — V. *Débuts.*

Exploitation. — V. *Compétence civile.*

Exposition de tableaux. — Les expositions publiques de tableaux, objets d'art et autres curiosités, pour lesquelles les spectateurs paient un droit d'entrée, sont assujetties à la taxe des pauvres, quel que soit le mode de rétribution exigé.

Expropriation publique. — Le propriétaire d'une salle de spectacle ne peut être forcé de la louer à un entrepreneur. L'autorité n'a aucun pouvoir de cette nature à sa disposition. Celui-ci est donc libre de la tenir fermée, s'il lui convient, de même qu'il a le droit d'en faire la location sous quelques conditions qu'il juge convenables. En cas de difficultés sur le prix, ce n'est point à l'autorité administrative, mais aux tribunaux civils qu'il appartient de décider.

Expropriation pour cause d'utilité publique. — Le droit de jouissance privative, réservé à l'auteur, à sa veuve, héritiers ou ayants-cause, ne peut prendre fin par une expropriation pour cause d'utilité publique. Aucune disposition légale n'autorise l'Etat à ordonner l'impression d'un ouvrage malgré le consentement de ceux à qui il appartient.

Expulsion de la salle. — V. *Armes.*

F

Faillite. — En cas de faillite d'un directeur, l'autorité municipale peut ordonner la clôture de la salle, lorsqu'il s'agit d'un théâtre subventionné ou appartenant à une municipalité.

A l'égard des auteurs, l'état de faillite du directeur ne modifie pas leur situation. Si l'entreprise continue à être exploitée par le syndic, celui-ci doit faire représenter les pièces dans l'ordre de leur réception, sans que les auteurs puissent s'y opposer.

Ceux-ci ne peuvent demander la résiliation du contrat qu'ils avaient formé avec le directeur que si la fermeture plus ou moins prolongée du théâtre a lieu et apporte ainsi un préjudice dans leurs intérêts. En ce cas, des dommages-intérêts leurs sont dus, sans qu'on puisse leur opposer que la faillite est un cas de force majeure.

Quant aux acteurs et employés, leurs engagements ne sont pas rompus par le fait même de la faillite. Mais si, par suite des opérations prolongées, ils éprouvent un réel dommage, ils ont droit à une indemnité. En effet, la faillite n'étant pas un cas de force majeure, le directeur qui a consenti l'engagement n'est pas affranchi des suites qu'entraîne l'exécution des conventions.

L'état de faillite d'un individu ne l'empêche pas de contracter valablement un engagement dramatique.

De même, l'auteur, déclaré en faillite, ne perd pas pour cela le droit de faire représenter ses œuvres et de les céder valablement à un tiers sans le concours de son syndic. Mais la cession qui aurait pour objet les produits d'œuvres à faire n'est pas valable. Elle ne pourrait être opposée aux tiers et la masse

11.

des créanciers profiterait des produits que cette cession pourrait donner au moment de la cessation des paiements.

En outre, le failli peut, sans le concours de son syndic, former une action en contrefaçon, devant le tribunal correctionnel, contre ceux qui se seraient emparés de ses œuvres.

En un mot, il conserve l'exercice de ses droits comme auteur et comme cédant, de même que s'il n'était pas en état de faillite.

Les contestations entre les divers collaborateurs prétendus d'une œuvre dramatique dont l'un a été déclaré en faillite, touchant non à l'administration de ses livres, mais à un droit purement personnel, sont de la compétence de la juridiction civile.

Il en est spécialement ainsi de la revendication du manuscrit d'une œuvre dramatique confiée à un directeur de théâtre, alors que ce dernier se prétend collaborateur et par suite copropriétaire.

En pareil cas, la compétence de la juridiction civile sur la question de propriété entraîne sa compétence sur la question corrélative de dommages-intérêts pour défaut de représentation, et cela même vis-à-vis le syndic de la faillite.

Fausse indication. — Lorsqu'une personne achète une œuvre d'art, telle qu'une statue ou un tableau, attribuée faussement à un auteur connu, cet acheteur peut demander la résiliation de la vente à lui faite, mais seulement si elle a eu lieu avec garantie.

Il en est de même d'un manuscrit attribué faussement à un écrivain qui n'en est pas l'auteur.

Fauteuils d'orchestre. — Les directeurs de théâtre ont le droit d'interdire aux dames l'accès des fauteuils d'orchestre ; mais ils doivent avoir le soin d'en informer le public par les affiches.

Féeries. — Dans les pièces féeriques, l'inventeur et le constructeur des machines dites *trucs,* qui en font le plus souvent la partie principale, doit être considéré comme collaborateur et peut, en cette qualité, exiger sa quote-part de droits d'auteur et l'insertion de son nom sur l'affiche.

Femme. — L'article 5 de l'ordonnance du 8 décembre 1824 défendait aux femmes d'être entrepreneur d'une exploitation dramatique. Il n'en est plus de même aujourd'hui. La loi de 1864, relative à la liberté des théâtres, a définitivement abrogé cette ordonnance.

Femme mariée. — Les appointements, présents et donations mobilières que la femme reçoit tombent dans la communauté et sont à la disposition du mari.

Une grave question est celle de savoir si le mari, comme chef de cette communauté, a le droit de toucher lui-même les appointements de sa femme, malgré l'opposition de celle-ci. La jurisprudence est aujourd'hui unanime à décider que le mari peut toucher les appointements dus à sa femme, nonobstant la défense de celle-ci.

Si, au contraire, elle est séparée de biens, il en est autrement. Elle seule a le droit de toucher ses appointements. Dans ce cas, en effet, le mari ayant perdu ses droits d'administration, n'est pas recevable à y prétendre.

Une femme mariée ne peut contracter un engagement dramatique sans l'autorisation de son mari, alors même qu'elle aurait déjà reçu son consentement pour un premier engagement. L'un et l'autre sont en droit d'en demander la nullité. Une autorisation générale de contracter des engagements ne suffirait pas pour habiliter la femme. L'autorisation de la justice ne peut non plus suppléer celle du mari, quand celui-ci a fait une opposition formelle, justifiée.

Il n'est pas nécessaire d'un consentement écrit; l'autorisation tacite du mari peut résulter des circonstances. Le soin de les apprécier est laissé à l'arbitrage des tribunaux. Le directeur du théâtre pourrait en faire la preuve pour résister à une demande en nullité de l'engagement formée par la femme en invoquant le défaut d'autorisation.

Lorsqu'elle a été autorisée à jouer sur un théâtre, elle ne peut s'engager dans un autre sans un nouveau consentement de son mari. Celui-ci ne peut arrêter l'exécution de l'engagement contracté avec sa permission, mais il a le droit de s'opposer à son renouvellement.

Une fois autorisée, la femme mariée peut valablement faire toutes les dépenses et souscrire tous les actes qui se rapportent à sa profession, et, si elle est mariée sous le régime de la communauté, non-seulement elle s'oblige elle-même, mais encore elle oblige son mari. Quant aux dépenses et obligations qui ne se rattachent pas aux besoins de sa profession, elles rentrent dans le droit commun.

La jurisprudence est unanime aujourd'hui à déclarer que dans le cas de séparation de corps, les tribunaux peuvent au toriser l'actrice, à défaut du mari, non-seulement à continuer les engagements existant, mais même à en contracter de nouveaux. Cette doctrine est vivement soutenue, bien qu'elle nous paraisse contraire aux principes du droit, surtout lorsque nous voyons les magistrats accorder à l'actrice une autorisation générale, faculté exorbitante que le mari n'a pas lui-même.

Ajoutons enfin qu'à côté de l'autorisation du mari doit se placer le consentement de la femme. L'une ne saurait suppléer l'autre.

Lorsque la nullité est demandée contre le directeur pour défaut de consentement du mari, ce directeur peut demander reconventionnellement des dommages-intérêts. Mais cette demande ne peut être prise en considération qu'autant qu'il est établi que l'actrice a dissimulé frauduleusement sa qualité de femme mariée. Vainement le directeur invoquerait-il que l'artiste a toujours vécu dans un état d'indépendance complète de la puissance maritale, et que le mari n'était pas dans l'usage d'intervenir dans les engagements contractés par sa femme.

Quant au mari, il peut toujours révoquer l'autorisation par lui préalablement accordée, mais à la condition, bien entendu, de supporter les conséquences de la rupture du contrat qu'il avait autorisé, et, d'autre part, de justifier de motifs impérieux et légitimes qu'il appartient aux tribunaux d'apprécier.

Pour faire la cession de leurs œuvres, les femmes mariées doivent suivre les règles prescrites pour l'aliénation de leurs biens. Si la femme est propriétaire d'un ouvrage dramatique sans en être l'auteur, le consentement du mari, et, à son défaut, celui de justice est nécessaire. Mais, si la femme est en même temps propriétaire et auteur, le mari est seul juge de savoir s'il convient de laisser jouer ou éditer les œuvres de sa femme.

Enfin, si elle est séparée de corps, ou de biens seulement, elle n'a besoin d'aucune autorisation.

Réciproquement, le mari n'a pas le droit de publier les créations inédites de sa femme sans son consentement, ni même de faire représenter ou éditer de nouveau les pièces déjà parues et publiées.

Fermeture des théâtres. — V. *Clôture.*

Fêtes nationales. — Les mots *spectacles publics*, employés par la loi, sont génériques. En conséquence, les artistes qui se réunissent pour donner, dans une ville, une fête nationale, font un acte de commerce. Dans ce cas, l'entreprise étant faite dans un but de spéculation, le droit des pauvres est d'un quart de la recette brute. Mais si les fêtes, ainsi données publiquement, sont gratuites, la taxe des pauvres n'est pas due.

Les spectacles gratis ainsi donnés ne doivent avoir lieu, sauf convention contraire, qu'à la charge, envers les auteurs, des rétributions convenues pour les représentations ordinaires, alors même que le théâtre ne reçoit de l'autorité aucune indemnité. En effet, la libéralité faite par le théâtre au public ou à la commune ne doit pas préjudicier à l'auteur sans son adhésion.

Feux. — On entend par feux la somme qui est stipulée payable à l'artiste, en dehors de ses appointements fixes, à raison de chaque ouvrage dans lequel il paraît. On peut convenir que l'artiste touchera un feu par chaque pièce, par chaque acte ou pour toutes les pièces composant le spectacle.

Si l'artiste a des raisons de craindre une spéculation de la part du directeur, il doit stipuler qu'il ne pourra pas avoir moins d'un certain nombre de feux chaque mois, quel que soit le nombre des représentations dans lesquelles il figurera. Dans ce cas, l'artiste sera assuré de toucher tous les feux qui lui auront été promis, à la condition qu'il se soit toujours tenu à la disposition de son directeur.

Si, pour un motif, même très-légitime, il n'a pu jouer un soir, le feu ne lui est pas dû. Mais, lorsqu'il a été convenu qu'il toucherait un feu pour l'ensemble des pièces dans lesquelles il paraît chaque soir, et qu'après avoir tenu son rôle dans l'une, il se trouve subitement empêché de paraître dans une autre, le feu est acquis à l'artiste intégralement et sans réduction.

Feuille de location. — V. *Location.*

Figurants. — Ce que nous avons dit des choristes s'applique aux figurants et comparses. Ils ne sont pas des commerçants et ne sont point soumis à l'épreuve des débuts.

On doit ranger dans la classe des figurants ceux qui ne sont appelés à remplir que des emplois subalternes, et les tout jeunes artistes qui font pour ainsi leur apprentissage au théâtre

Fonctionnaire public. — Seuls les fonctionnaires publics chargés de la surveillance des théâtres ont le droit d'y pénétrer gratuitement. Mais aucune loi, aucun décret n'affecte à des fonctionnaires soit civils, soit militaires, des places distinctes, ailleurs que dans les fêtes publiques ou les solennités religieuses.

L'article 2 de la loi du 21 mars 1872 déclare même que toutes les entrées et loges de faveur concédées aux ministres, ministères, secrétaires généraux, beaux-arts, architectes, domaine, préfecture de la Seine, préfecture de police, Académie française, sont supprimées.

Fondés de pouvoirs. — V. *Régisseurs.* — *Agents dramatiques.* — *Correspondants.*

Force armée. — V. *Armes.*

Fournitures. — V. *Mineur.* — *Femme mariée.*

Frais du jour. — Il n'existe pas à cet égard d'usage général et absolu dans les diverses exploitations théâtrales. Les seuls frais du jour qui doivent être déduits sur les représentations, ordinaires ou à bénéfice, comprennent ceux qui se payent quotidiennement, et non les frais généraux payés à l'année ou au mois et qui doivent se répartir sur l'exploitation d'une année théâtrale.

Fragments de pièces. — Les représentations de fragments d'ouvrages, comme les ouvrages eux-mêmes, ne sont permises qu'avec le consentement exprès et par écrit des auteurs.

Frais de copie. — Après la réception constatée, l'auteur est tenu de remettre au directeur copie de son manuscrit, qui reste à l'administration du théâtre. Il doit, en outre, fournir les rôles copiés et deux autres manuscrits pour la Commission d'examen. Toutes autres copies sont à la charge de l'administration du théâtre.

Les frais d'arrangements de musique pour les drames, vaudevilles, ballets et pantomimes sont toujours aux frais de l'administration, à l'exception pourtant des airs nouveaux, que l'auteur pourrait faire composer et qu'il devrait payer.

En ce qui concerne les œuvres lyriques, le compositeur est tenu de livrer sa partition, parfaitement orchestrée, avant qu'elle soit donnée au copiste. Tous les frais de copie et de correction de la musique, rôles et parties d'orchestre sont à la charge du directeur.

Frais journaliers. — Ils se composent des dépenses ordinaires et extraordinaires de l'entreprise et du droit des pauvres. Ils comprennent notamment le loyer, les frais d'éclairage et de chauffage, le service des pompiers, les salaires des employés et des gardes, les affiches. On doit y ajouter les dépenses extraordinaires nécessitées par certaines pièces.

G

Gage. — Les œuvres de l'esprit, lorsqu'elles se réalisent par l'impression, la gravure ou de toute autre manière, peuvent faire la matière d'un nantissement. Dès lors, pour les compositions musicales, la remise des planches ou pierres lithographiées entre les mains du créancier gagiste a pour effet de lui assurer un droit de gage tout à la fois sur l'objet matériel et sur le droit de propriété des œuvres musicales.

Garde. — V. *Armes*.

Genre. — Avant la loi de 1866, relative à la liberté des théâtres, chaque administration avait un genre désigné pour les pièces, et il était défendu aux autres théâtres d'empiéter sur ce genre. Aujourd'hui il n'en est plus ainsi, tous les théâtres ont le droit de représenter les pièces de tous genres. La libre concurrence existe à cet égard.

Gérant. — Certains théâtres sont exploités par une société. Le directeur, associé ou non, en est ordinairement le gérant, et il doit se conformer, en ce qui touche ses pouvoirs, aux statuts de la société. Si, au lieu d'une part d'associé, ce gérant reçoit seulement des appointements fixes, il n'est plus alors qu'un simple mandataire, soumis comme tel aux obligations ordinaires des fondés de pouvoirs. — V. *Associations*.

La procuration, donnée par un directeur, de gérer et administrer en son lieu et place, n'autorise pas le mandataire à passer des traités avec un compositeur, si ce pouvoir ne lui a pas été donné expressément.

Grève. — V. *Coalition.*

Griffe. — La griffe consiste dans la vente ou cession faite à forfait, par un directeur de théâtre à un tiers, d'un certain nombre de billets qu'à chaque représentation celui-ci se charge de placer pour son compte et à ses risques et périls.

C'est une espèce de contrat, relatif à l'organisation et à l'entreprise des applaudissements salariés. Comme tel il ne peut, aux termes de la jurisprudence, donner ouverture à une action en justice. Les tribunaux déclarent en effet ces contrats nuls, comme illicites.

Grossesse. — Presque toujours il est stipulé, dans l'acte d'engagement des actrices, que leurs appointements seront suspendus pendant le temps où elles se trouveront hors d'état de faire leur service, par l'effet d'une grossesse survenue hors mariage.

Cette clause est assurément obligatoire, mais, à défaut de convention expresse, la grossesse d'une actrice mariée ne donne pas lieu à la suspension de ses appointements, parce que cette grossesse n'est pas considérée comme une maladie. Il en a été ainsi décidé par les tribunaux. Mais cette clause doit-elle être suppléée s'il s'agit d'une actrice célibataire. Malgré l'opinion de certains auteurs et un jugement du 2 janvier 1857, nous répondons que ce serait aller trop loin.

Pourquoi, en effet, si l'on ne considère pas la grossesse de l'actrice mariée comme une maladie, en serait-il autrement pour l'actrice célibataire. Est-ce qu'au point de vue physiologique il existe une différence ? Non, assurément ; et, bien que conforme à la morale, une décision contraire serait illogique et injuste. D'ailleurs, le soin pris en général par les directeurs de réclamer cette stipulation en prouve surabondamment la nécessité, et nous maintenons que, devant le silence de l'engagement, les tribunaux doivent repousser la prétention du directeur qui demanderait la suppression des appointements de l'actrice non mariée.

Ce que, par exemple, nous ne contestons pas à ce directeur, c'est le droit de réclamer à l'actrice, mariée ou non, des dommages-intérêts pour inexécution de l'engagement contracté par elle.

La différence qui existe entre ces deux demandes est facilement appréciable. En effet, si l'on admettait en principe que l'état de grossesse d'une actrice non mariée suffit pour donner lieu à une suspension d'appointements, il faudrait dire que es tribunaux seront toujours obligés d'ordonner cette suspension et d'en fixer le montant, alors même que les besoins du répertoire, n'ayant pas nécessité la présence de l'actrice, pendant toute la durée de sa grossesse, aucun préjudice n'aurait été causé à la direction. Une semblable décision serait profondément injuste.

Au contraire, en ce qui concerne les dommages-intérêts, on comprend que le directeur du théâtre ait le droit d'en réclamer si, par son état de grossesse, l'actrice n'a pu satisfaire à ses engagements et s'est trouvée dans l'impossibilité de jouer ou de répéter. Mais, encore une fois, c'est seulement pour inexécution des conventions que l'artiste pourra être condamnée.

H

Héritiers. — V. *Propriété littéraire.* — *Indivision.*

Heure de clôture. — L'heure de clôture des représentations théâtrales est fixée à minuit précis en tout temps.

Dans le cas de représentation extraordinaire ou à bénéfice, il pourra être dérogé à la règle, sur la demande expresse que les directeurs doivent adresser au préfet de police. Cette demande n'est d'ailleurs jamais refusée.

L'arrêté municipal qui fixe l'heure de clôture est légal et obligatoire. La contravention à cet arrêté ne peut être excusée que par un empêchement de force majeure.

Heure d'ouverture. — C'est l'autorité municipale qui prescrit l'heure d'ouverture et de clôture du spectacle.

Honneur des acteurs. — Nos lois, qui protègent l'honneur et la considération des citoyens, protègent également l'honneur des artistes. Assurément la critique peut s'exercer plus librement contre eux que contre tous autres, mais elle doit séparer avec précaution l'artiste et l'homme privé, et éviter tout ce qui peut porter atteinte à leur considération, sous peine de s'exposer à des dommages-intérêts et, suivant les circonstances, à la prison.

Hospices. — V. *Droit des pauvres.*

I

Imitations de pièces. — L'auteur qui fait représenter une pièce sur un théâtre n'a pas le droit d'en porter une imitation sur une autre scène. Il s'exposerait à être poursuivi comme contrefacteur, et le tribunal pourrait ordonner la suppression des représentations sur le deuxième théâtre, tout en condamnant l'auteur à des dommages-intérêts pour le préjudice par lui causé.

L'imitation, faite par un auteur d'une pièce ancienne ou étrangère, constitue une propriété qui devient personnelle à cet auteur et sur laquelle il a seul un droit.

Quant aux pièces françaises non tombées dans le domaine public, leur plan, l'ordonnance du sujet, la conception et le développement des caractères, l'agencement des scènes, la conduite de la pièce, son action et ses effets, ont une importance capitale, indépendamment du style, de la forme, du langage et du genre de la composition. Il y a donc contrefaçon à faire un semblable travail, même en langue étrangère, sans l'autorisation de l'auteur primitif, et, dans ce cas, la confiscation de la pièce et l'interdiction de la représentation doivent être ordonnées.

Le droit, qui appartient à l'auteur d'un ouvrage dramatique, d'empêcher la représentation d'une imitation en langue étrangère de cet ouvrage, est distinct et indépendant du droit de poursuivre la contrefaçon qui aurait été faite de son œuvre par le moyen de l'impression. Par suite, la prescription de l'action contre le contrefacteur ne saurait entraîner celle du droit d'interdire la représentation.

Immeubles. — Une décision ministérielle du 4 mars 1806

déclare que le mobilier d'une salle de spectacle : machines, décors, costumes, doivent être considérés comme des meubles.

Ce point nous paraît exact lorsque ce mobilier appartient à un directeur qui n'est pas en même temps propriétaire de l'immeuble où il exploite son industrie ; mais nous devons déclarer qu'au contraire tous ces objets sont immeubles par destination s'il lui ont été loués par le propriétaire de la salle en même temps que cette salle et pour servir à l'exploitation du fonds. Ainsi donc, le lustre, les chevaux et animaux, costumes, etc., sont, dans cette hypothèse, des immeubles par destination, et, comme tels, susceptibles d'hypothèque et de saisie immobilière.

Impôt. — Les théâtres municipaux sont soumis à la contribution foncière et à celle des biens de main-morte.

On calcule le revenu net imposable des théâtres d'après la valeur locative sur dix années, sous la déduction d'un quart de cette valeur, comme pour les maisons d'habitation.

Impression des manuscrits. — Lorsqu'une pièce a été faite en collaboration, l'un des auteurs peut s'opposer à ce que l'autre la fasse représenter sur un théâtre, et chacun d'eux a le droit d'en empêcher l'impression et la publication.

Le libraire a donc besoin du consentement de tous les auteurs. A défaut même d'un seul, il s'expose à être poursuivi correctionnellement pour contrefaçon. — V. *Collaboration.*

Improvisations publiques. — Les auteurs d'improvisations jouissent, au point de vue de la propriété littéraire, des mêmes droits que les écrivains ordinaires.

Inactivité forcée. — En matière d'engagement avec une administration théâtrale, le directeur s'oblige, non-seulement à payer les appointements convenus, mais encore à maintenir l'artiste engagé dans le droit de jouer les rôles de son emploi.

Il résulterait de l'inobservation de cette clause, par le directeur, que l'artiste engagé serait réduit à une inactivité forcée qui nuirait à ses moyens acquis et à leur perfectionnement, et le priverait d'exercer ultérieurement sa profession.

L'artiste pourrait alors demander judiciairement la résiliation de son engagement, sans préjudice de tous dommages-intérêts si la malveillance du directeur était prouvée.

Incapacité. — V. *Faillite.* — *Femme.* — *Mineur.*

Incapacité reconnue. — Lorsqu'en contractant avec un artiste, le directeur d'un théâtre s'est réservé le droit de résilier l'engagement en cas d'incapacité reconnue par lui ou par l'autorité, il peut exercer son droit de résiliation même après le premier début de l'artiste, et sans que ce dernier puisse le contraindre à lui laisser continuer ses trois débuts.

Toutefois, si, en pareil cas, les juges trouvent que le directeur ne justifie pas suffisamment de l'incapacité, ils peuvent ordonner que l'artiste sera entendu par trois experts désignés d'office, qui donneront leur avis sur son aptitude à remplir les rôles qui lui sont destinés.

Incarcération. —V. *Appointements*.

Incendie. — L'incendie d'une salle de spectacle est un cas de force majeure qui entraîne la résiliation des engagements contractés par l'administration avec les artistes et les employés du théâtre, sans que ceux-ci puissent réclamer aucune indemnité, à moins que le directeur ne porte ailleurs son exploitation.

Quant à la résiliation, dans ce cas, il ne peut l'obtenir du tribunal qu'en payant une indemnité à ses artistes.

Les directeurs de théâtre doivent prendre les précautions les plus constantes pendant et après les représentations, pour éviter les incendies.

Les murs intérieurs, les murs qui séparent les loges d'acteurs et le théâtre, le mur d'avant-scène, le mur qui sépare la salle, le vestibule et les escaliers doivent être en maçonnerie. Les portes de communication entre les loges d'acteurs et le théâtre doivent être en fer et battantes, de manière à être constamment fermées. Le mur d'avant-scène qui s'élève au-dessus de la toiture ne peut être percé que de l'ouverture de la scène et des baies de communication fermées par des portes de fer. L'ouverture de la scène doit être fermée par un rideau de fil de fer maillé de 0^m05 au plus de maille, qui intercepte entièrement toute communication entre les parties combustibles du théâtre et de la salle. Ce rideau doit être soutenu par des cordages incombustibles.

Tous les escaliers, les planchers de la salle et les cloisons des corridors doivent être également en matériaux incombustibles. La calotte de la salle doit être en fer et plâtre, sans boiserie.

Indemnité de déplacement. — V. *Voyage*.

Indiscrétion. — V. *Divulgation.*

Indisposition. — Si un acteur tombe malade, le paiement de ses appointements doit être suspendu pendant le cours de sa maladie. Mais une simple indisposition doit être considérée comme un fait prévu et accepté lors du contrat. Elle n'entraîne donc pas la suppression du paiement des appointements. Du reste, le cas de maladie est toujours prévu dans les engagements.

Dans le cas où une indisposition subite d'un artiste met le directeur dans la nécessité de le remplacer par un autre, les spectateurs qui ne voudraient pas accepter le changement fait dans le spectacle ou dans la distribution des rôles ont le droit de se faire rendre le prix de leurs places.

Indivisibilité. — La co-propriété d'un auteur dramatique dans une œuvre commune est indivisible. Lorsqu'un des auteurs est décédé et que le droit attribué par la loi à ses héritiers est éteint, la portion des produits de l'œuvre qui leur était afférente tombe dans le domaine public.

Il en est de même en ce qui concerne la propriété des paroles et de la musique d'un poëme lyrique. Le droit de propriété de l'auteur et du compositeur est indivisible. Il faut le consentement des deux auteurs pour disposer de la musique ou d'un des motifs composant cette musique.

Un opéra est, pour le compositeur et l'auteur des paroles, l'objet d'une propriété commune, et le décès de l'un d'eux ne peut anéantir les droits de l'autre, en faisant tomber l'œuvre commune dans le domaine public. Il est, en effet, unanimement reconnu que le poëme et la musique ne constituent pas deux propriétés distinctes et indépendantes, mais une seule propriété indivisible, qui maintient l'œuvre dans le domaine privé tant que l'un des deux auteurs est vivant ou que les héritiers ne sont pas éteints.

Indivision. — Une question très-délicate est celle de savoir si, lorsqu'une pièce a été composée par deux collaborateurs, sans que ceux-ci se soient occupés du théâtre sur lequel elle serait représentée, l'un d'eux peut faire recevoir cette pièce dans un théâtre qui ne convient pas à son co-auteur. En un mot, ce dernier sera-t-il lié par l'acceptation qu'en a faite le directeur.

Le tribunal civil de la Seine a été, en 1853, saisi de cette question, qui s'élevait, non entre deux auteurs vivants, mais entre leurs héritiers respectifs, et il a décidé que les représentants de l'un des auteurs n'étaient pas liés par la présentation de l'œuvre, faite à un directeur par les héritiers de l'autre, ni par l'acceptation de cette pièce. Il a, en conséquence, fait défense au directeur de représenter la pièce.

Ce jugement a donné lieu à de vives controverses que nous croyons inutile de rapporter, mais nous pensons qu'il a bien décidé. En effet, chacun des collaborateurs a un droit égal à être consulté, et nul d'entre eux ne peut s'arroger le droit d'autoriser la représentation de la pièce sans le consentement de l'autre. Toutefois, il nous semble avec M. Dalloz que le moyen de sortir de cette impasse serait d'infliger une condamnation à des dommages-intérêts à celui des auteurs qui, par entêtement ou caprice non motivés, opposerait un refus obstiné aux justes demandes de son collaborateur.

De même, en ce qui touche la cession à faire des œuvres dont ils sont propriétaires, les co-héritiers doivent se mettre d'accord sur le choix de l'éditeur, le prix de la cession, le mode de publication. En cas de désaccord, il leur sera toujours possible d'y mettre fin, en demandant au tribunal à sortir d'indivision. La cession sera alors faite aux enchères publiques sur licitation.

Inexécution des traités. — L'exécution des conditions de traité passé par un directeur de théâtre avec la Société des auteurs et compositeurs dramatiques rend nulle et non avenue l'autorisation de jouer sur son théâtre les pièces faisant partie du répertoire de la Société.

Les sommes saisies conservatoirement, sur les recettes de toutes les représentations données malgré la défense de la Société, deviennent la propriété de celle-ci.

Inscription des pièces. — V. *Registre*.

Instance. — V. *Dédit*.

Instruments de musique mécaniques. — La fabrication et la vente des instruments servant à reproduire mécaniquement des airs de musique qui sont du domaine privé ne constituent pas le fait de contrefaçon musicale.

Dans ces instruments sont compris les orgues des rues, les boîtes à musique, pianos à rouleaux, etc.

Intercalations. — Lorsqu'un **compositeur** a intercalé,

dans un opéra, un morceau appartenant à un autre compositeur, une valse, par exemple, celui auquel a été fait l'emprunt,
aussi bien que son éditeur, ne fait qu'user de son droit en
publiant ce morceau et en inscrivant sur la publication le titre
de l'opéra ou du ballet dans lequel il figure, et cela en aussi
gros caractères qu'il lui plaît. Mais l'éditeur se rendrait coupable de contrefaçon envers l'éditeur de l'opéra si, par l'intitulé
de sa publication, l'acheteur avait pu supposer qu'il achetait
un extrait de l'opéra.

Ces intercalations, d'ailleurs, ne peuvent avoir lieu qu'avec
l'autorisation de l'auteur, et en indiquant qu'elles sont l'œuvre
de cet auteur. Il en serait de même des morceaux de poésie
ou strophes d'un écrivain qu'un autre intercalerait dans sa
pièce.

L'auteur à qui l'on a emprunté un ou plusieurs airs détachés
pour les intercaler dans un vaudeville n'est pas collaborateur
de ce vaudeville; il peut seulement faire défense que l'on se
serve de sa composition et réclamer des dommages-intérêts.

Interdiction de louer. — Il est interdit de louer une
boutique ou un magasin dépendant du théâtre à tout commerce
ou industrie qui offrirait des dangers exceptionnels d'incendie,
notamment par la nature de ses marchandises ou de ses
produits. — Les tuyaux de cheminée des boutiques louées,
s'ils traversent le théâtre ou ses dépendances, seront en
maçonnerie et montés verticalement jusqu'au-dessus du
comble. Ces tuyaux seront, en outre, dans la hauteur de la
salle, garnis d'une enveloppe en brique. — Personne autre
que le concierge et le garçon de caisse ne peut occuper
de logement dans les salles des théâtres, ni dans aucune partie
des bâtiments qui communiquent avec les salles.

Interdiction d'une pièce. — L'interdiction d'une pièce
par l'autorité constitue un cas de force majeure. Le tribunal
est alors incompétent, force reste à l'administration et le contrat fait entre l'auteur et le directeur est rompu.

Interdit. — Celui qui, vu son incapacité légale, est interdit ne peut contracter valablement un engagement dramatique.

En ce qui concerne la cession des œuvres dramatiques,
l'auteur ou le propriétaire d'une pièce, interdit judiciairement,
se trouve dans la même situation qu'un mineur.

Quant à celui qui par suite d'une condamnation, se trouve

12

légalement interdit, il ne peut exercer en son nom les actions relatives à son droit.

Interdit. — Les auteurs et compositeurs dramatiques membres de la Société des auteurs s'interdisent, par le fait de leur adhésion aux statuts de cette Société, de faire représenter leurs pièces, anciennes ou modernes, sur un théâtre qui n'aurait pas de traité avec cette Société.

Il en résulte que la Société a le droit de mettre en interdit les administrations théâtrales qui, après avoir traité avec elle, ne rempliraient pas leurs engagements. Cette mise en interdit a pour effet de priver le théâtre frappé de représenter les œuvres des auteurs appartenant à la Société.

La résiliation d'un traité n'arrête pas l'effet de ce traité en ce qui concerne les choses antérieures à sa résiliation. Aussi, dans les cas où un directeur est mis en interdit, les traités sont suspendus; mais si, avant l'interdit, le directeur a laissé écouler les délais stipulés pour la représentation d'une pièce, l'auteur est fondé, malgré cet interdit, à réclamer son manuscrit et à exiger une indemnité.

Interdiction. — V. *Autorité municipale.*

Interlignage. — Lorsque les conventions premières, arrêtées à forfait, entre un auteur et un éditeur, relativement au format, au nombre d'exemplaires et à la qualité ou au prix du papier, ont été modifiées, l'éditeur peut réclamer à l'auteur un supplément de prix, notamment lorsque ce dernier a indiqué, au cours de l'impression de son œuvre, des modifications d'interlignage et de pagination qui ont entraîné des travaux supplémentaires.

Mais il faut, bien entendu, que la comparaison de l'épreuve destinée à l'édition convenue établisse des changements assez considérables dans l'épreuve définitive.

Interruptions faites aux acteurs. — V. *Sifflets.*

Interruptions des représentations. — Lorsque, par une circonstance quelconque indépendante des spectacteurs, une représentation se trouve interrompue, le directeur doit rendre aux spectateurs ce qu'ils ont payé pour entrer, sans pouvoir leur offrir de les recevoir gratuitement à une autre représentation du même spectacle.

Inventaire. — Après le décès d'un auteur, on doit comprendre dans l'inventaire les papiers et manuscrits qu'il laisse ; mais on se contente, dans l'usage, de les décrire, sans les estimer.

Ivresse. — L'ivresse habituelle d'un acteur est une cause suffisante de résiliation de son engagement. C'est au directeur à en faire judiciairement la preuve.

J

Jardins publics — Les jardins publics où l'on donne des fêtes, bals, jeux et autres plaisirs, moyennant rétribution, sont assujettis au paiement du droit des pauvres, quel que soit le mode de cette rétribution.

Jetons de présence. — Les jetons de présence se confondent avec les feux.

Jeu des acteurs. — L'auteur qui a donné une pièce à un théâtre dont il connaît le personnel ne peut, sous prétexte d'insuffisance de la troupe, retirer son manuscrit et le porter sur un autre théâtre.

L

Leçons. — Les artistes dramatiques et les musiciens ont l'habitude de donner fréquemment des leçons. Nous ne croyons pas dépasser le but de cet ouvrage en traçant rapidement ici le mode de rémunération usité en cette matière.

Les leçons se donnent au cachet ou au mois.

Si elles sont données au mois, le prix n'en est exigible qu'au bout de trente jours ; si, au contraire, elles ont lieu au cachet, le professeur peut se faire payer après chaque leçon.

Lorsqu'elles sont données à l'année, le prix en est payé mensuellement.

En cas de contestations sur le chiffre, c'est au professeur à les prouver par les voies ordinaires. De même quand il s'agit de savoir si le professeur est engagé, à l'année, au mois ou au cachet.

Les professeurs de musique ou les acteurs qui donnent des leçons dans les maisons d'éducation sont fondés, en cas de déconfiture du chef de ces maisons, à réclamer ce qui leur est dû aux parents de leurs élèves.

S'il s'agit de leçons données au mois ou au cachet, leur action se prescrit par le délai de six mois, et, particulièrement en ce qui concerne celles données au cachet, la prescription est encourue six mois après chaque leçon.

Quant à celles données à l'année, la prescription est de cinquante ans.

Ce que nous disons plus loin des musiciens d'orchestre s'applique également aux professeurs attachés aux théâtres lyriques.

Liberté des théâtres. — Nous n'avons point à faire ici

l'historique de l'ancienne législation des théâtres ; nous devons seulement reconnaître que le décret du 6 janvier 1864 est un retour absolu à la législation inaugurée par l'Assemblée constituante.

En voici le texte :

1. — Tout individu peut faire construire et exploiter un théâtre, à la charge de faire une déclaration au ministère de notre Maison des Beaux-Arts, et à la préfecture de police pour Paris ; à la préfecture, dans les départements. Les théâtres qui paraîtront plus particulièrement dignes d'encouragement pourront être subventionnés, soit par l'État, soit par les communes.

2. — Les entrepreneurs de théâtres devront se conformer aux ordonnances, décrets et règlements pour tout ce qui concerne l'ordre, la sécurité et la salubrité publics. Continueront d'être exécutées les lois existantes sur la police et la fermeture des théâtres, ainsi que sur la redevance établie au profit des pauvres et des hospices.

3. — Toute œuvre dramatique, avant d'être représentée, devra, aux termes du décret du 30 décembre 1852, être examinée et autorisée par le Ministre de notre Maison des Beaux-Arts, pour les théâtres de Paris ; par les préfets, pour les théâtres des départements. Cette autorisation pourra toujours être retirée pour des motifs d'ordre public.

4. — Les ouvrages dramatiques de tous les genres, y compris les pièces entrées dans le domaine public, pourront être représentés sur tous les théâtres.

5. — Les théâtres d'acteurs-enfants continuent d'être interdits.

6. — Les spectacles de curiosités, de marionnettes, les cafés dits cafés-chantants, cafés-concerts, et autres établissements du même genre, restent soumis aux règlements présentement en vigueur. Toutefois, ces divers établissements seront désormais affranchis de la redevance établie par l'article 11 de l'ordonnance du 8 décembre 1824 en faveur des directeurs des départements, et ils n'auront à supporter aucun prélèvement autre que la redevance au profit des pauvres ou des hospices.

7. — Les directeurs actuels des théâtres, autres que les théâtres subventionnés, sont et demeurent affranchis envers l'administration de toutes les clauses et conditions de leurs cahiers des charges, en tant qu'elles sont contraires au présent décret.

Ce décret a donné lieu à de très-vives critiques que nous estimons inutile de résumer.

Liberté individuelle. — V. *Arrestation.*

Livraisons. — L'éditeur qui a acquis le droit de publier les œuvres complètes d'un auteur dramatique par livraisons, mais à la condition de les composer de plusieurs pièces et de ne jamais publier une pièce entière dans une livraison, contrevient à son traité non-seulement s'il publie des pièces séparées dans des livraisons distinctes, mais encore s'il combine ses livraisons de manière à ce que les pièces les plus recherchées puissent en être détachées et vendues isolément.

Livrets. — Les paroles et la poésie d'un opéra, ou de toute autre œuvre lyrique, constituent ce qu'on appelle le livret. Il est de principe que l'admission du livret ne devient définitive que si la musique est acceptée, à moins de stipulation contraire.

Les délais de la réception ne courent que du jour où le compositeur a remis au secrétariat du théâtre, contre récépissé, sa partition entière, complétement orchestrée et instrumentée.

Lorsque le poëme est reçu, l'auteur doit présenter son compositeur ; dans le cas où ce compositeur ne serait pas agréé par le directeur, ce dernier doit, dans le délai d'un mois, proposer trois autres compositeurs, parmi lesquels l'auteur du poëme est tenu d'opter. Si l'auteur n'agrée aucun des trois compositeurs, la réception du poëme est nulle.

Dans le cas où, sur l'offre du directeur, l'auteur du poëme accepte un compositeur n'ayant pas eu de pièce jouée sur un théâtre lyrique de Paris, le directeur, dans l'hypothèse où la partition serait refusée après audition, doit immédiatement assurer à l'auteur la collaboration d'un compositeur déjà représenté sur un théâtre lyrique de la capitale.

Ces œuvres ne peuvent être représentées, ou subir de modifications, que du consentement formel des compositeurs et des librettistes ; en effet, le poëme et la musique constituent une propriété indivisible. Il suffit que l'un des deux auteurs de cette œuvre commune puisse faire valoir ses droits, soit par lui, soit par ses héritiers, pour que l'œuvre tout entière soit maintenue dans le domaine privé.

L'auteur d'un livret, tout en s'appropriant la fable d'une pièce tombée dans le domaine public, travaille d'après des règles essentiellement différentes de celles de la comédie, et si, pour approprier son sujet aux exigences des drames lyriques, il a simplifié l'action, retranché des personnages, imaginé des scènes nouvelles et créé la plupart des situations musicales, il a acquis un droit privatif sur la pièce qui est son œuvre. Il peut, par conséquent, en poursuivre les contrefacteurs.

Bien que le musicien et l'auteur des paroles d'un opéra soient indivisiblement co-propriétaires de cette œuvre, ils ne peuvent cependant céder, sans un consentement réciproque, leur œuvre commune. Ainsi, l'éditeur de la musique n'est pas autorisé, par suite de la cession que lui a faite le compositeur, à imprimer les paroles.

Locataire. — Ainsi que nous l'avons expliqué au mot *Acteurs,* nos lois ne frappent ces derniers d'aucune incapacité à raison de leur profession.

Tous les Français sont égaux devant la justice.

De ce principe découle la conséquence qu'aucune exclusion ne peut être prononcée contre les comédiens par les tribunaux.

Ainsi, le propriétaire d'une maison, qui a loué un appartement à un acteur, sans que celui-ci lui ait déclaré sa profession, ne serait pas recevable à demander la résiliation du bail pour ce motif.

Il ne saurait invoquer utilement contre l'acteur d'autres raisons que celles dont tout propriétaire peut arguer contre ses locataires, quels qu'ils soient, sans distinction d'état ou de profession.

Location des places. — Les directeurs ne peuvent louer à l'avance que les loges et les places converties en fauteuils ou en stalles, ou, dans tous les cas, numérotées.

La location doit cesser avant l'heure de l'introduction du public dans la salle.

Les places louées doivent être inscrites sur la feuille de location ; l'étiquette indicative ne peut être placée que sur celles qui figurent sur ladite feuille.

Il est enjoint aux directeurs de faire remettre au commissaire de police de service un double de la feuille de location avant l'introduction du public.

Les droits de la personne qui a loué d'avance une place ou une loge pour telle représentation déterminée sont les mêmes que ceux des porteurs de billets pris au bureau. Elle peut exiger la représentation du spectacle annoncé. Mais, si la location a été faite au mois ou à l'année, le locataire ne peut exiger la représentation de telle ou telle pièce, il doit accepter le spectacle du moment.

Loge. — La location d'une loge est un véritable bail ordinaire, soumis aux principes du droit civil. En conséquence, le
directeur qui ne livre pas la loge louée est tenu à des dommages-intérêts. Celui qui en est locataire en peut disposer
comme il lui plaît et au profit de qui bon lui semble. L'administration théâtrale ne peut, sous prétexte qu'elle reste inoccu-
pée, y introduire même les autorités. Le locataire peut donc
la sous-louer, s'il n'en a été autrement décidé; il peut même
céder son droit à des tiers, mais ce droit n'est pas transmissi-
ble à ses héritiers.

Ainsi l'a décidé le tribunal de Paris, le 22 février 1871.

Nous croyons qu'il y a là une appréciation exorbitante de
la part du tribunal. La location d'une loge est en tous points
assimilable aux baux ordinaires, parfaitement transmissibles
aux héritiers du locataire. Nous ne voyons pas la différence
qui peut exister entre ces deux sortes de locations.

En cas de tacite-reconduction, la nouvelle location est réputée faite pour le même laps de temps que la première, sans
qu'il y ait à consulter les usages ou règlements du théâtre.

Il est constant que le directeur n'est pas forcé de renouveler les locations de loges; il jouit à cet égard de la liberté la
plus large.

Lorsque, par cas fortuit, la salle est détruite, la location est
résiliée comme les baux ordinaires. Mais, si la même direction
se transporte dans un autre endroit, elle n'est pas tenue de
remplacer la loge détruite par une autre. Il y a lieu seulement
de rembourser au locataire la somme équivalant au défaut de
jouissance dont il est privé. Dans le cas, au contraire, où la
même entreprise serait rétablie dans une salle construite sur
l'emplacement de celle détruite, le locataire a le droit de réclamer une loge, semblable à celle qu'il occupait, pour le
temps restant à courir de sa location.

Cette location constituant, comme nous l'avons dit, un véritable bail, il en résulte que la concession d'une loge accordée
par le propriétaire originaire de la salle ne peut être détruite
par le directeur, alors même qu'il y aurait eu cession du théâtre. Il est de principe, en effet, que, si le bailleur vend la chose
louée, l'acquéreur ne peut expulser le locataire qui a un bail
authentique. Le concessionnaire de la loge n'aura donc pas à
souffrir de cette vente, et, dans le cas où l'existence de cette
concession n'aurait pas été indiquée au nouveau directeur,
celui-ci pourra réclamer une indemnité à son vendeur.

Le locataire d'une loge ne saurait demander la restitution
du prix de sa location sous prétexte que la disposition de la

loge est incommode et le prive d'une partie de sa jouissance.

Loges d'acteurs. — Il est d'usage que, dans presque tous les théâtres, chaque artiste ait une loge, qui lui sert à tenir enfermés ses costumes et accessoires et à faire sa toilette chaque soir.

A moins de stipulation particulière dans l'acte d'engagement, les artistes, même ceux tenant les premiers rôles, ne peuvent prétendre à la jouissance exclusive d'une loge spéciale. La distribution entre eux des locaux disponibles rentre dans les détails d'administration intérieure pour lesquels un directeur de théâtre doit conserver toute son initiative.

Le directeur peut donc faire partager la même loge à deux ou plusieurs artistes. Si, plus tard, l'un d'eux en a la jouissance exclusive, cette faveur, qui lui a été concédée lorsque les circonstances l'ont permis, ne crée pas à son profit un droit qu'il puisse invoquer au jour où les nécessités du service obligent le directeur à le retirer.

Vainement l'artiste voudrait exciper des dépenses d'ameublement qu'il n'a pu faire qu'à ses risques et périls, alors qu'il n'avait reçu du directeur aucune promesse de lui maintenir, pendant toute la durée de son engagement, la jouissance exclusive de sa loge.

Louage. — Le directeur qui prend à loyer une salle pour y donner des spectacles publics ne fait pas acte de commerce. Si donc une difficulté vient à s'élever entre le propriétaire et lui, c'est devant le tribunal civil qu'elle doit être portée.

Loyers des salles de spectacle. — Il est constant qu'à Paris aucun théâtre ne paie ses loyers par trimestre. L'usage le plus fréquent est le paiement par trois cent soixante-cinquième ou par soirée, lorsqu'il n'y a pas à cet égard de conventions spéciales.

Lustre. — V. *Immeubles*.

M

Machines. — V. *Décors.*

Machinistes. — Les machinistes en chef d'un théâtre sont placés sur la même ligne que les acteurs. En conséquence, ils ont les mêmes droits et les mêmes devoirs, et leur engagement verbal, censé fait pour toute l'année théâtrale, doit être prorogé d'une année en cas de tacite-reconduction.

Magasins. — V. *Décors.*

Maires. — Dans les départements, la police des théâtres appartient aux maires et adjoints. Lorsqu'ils prennent des arrêtés, ils doivent immédiatement les transmettre au sous-préfet de leur arrondissement. En cas de refus ou négligence de leur part d'accomplir un des actes qu'ils sont légalement tenus de faire, le préfet doit leur adresser une mise en demeure. S'ils persistent, le préfet doit alors accomplir l acte demandé, se substituant ainsi aux maires ou adjoints.

Maîtresse de chant. — La femme mariée, maîtresse de chant, autorisée par son mari à exercer cette profession, est implicitement autorisée par lui à prendre les engagements nécessaires pour donner un concert dans son intérêt personnel.

Maladie. — La maladie d'un artiste, suspendant son service, suspend-elle ses appointements ? Cette question doit être résolue par l'affirmative. Bien que l'acteur qui tombe malade n'ait à s'imputer aucune faute et que sa maladie constitue un cas de force majeure, il n'en est pas moins vrai que le directeur ne peut être tenu de payer les appointements pour des services qu'on ne lui rend pas. La force majeure a seulement pour effet de ne rendre l'acteur passible d'aucun dommage-intérêt pour le préjudice qu'il cause involontairement.

Il faut cependant faire une exception pour le cas où la maladie n'est que momentanée. Le préjudice causé au directeur est seulement minime, et il serait trop rigoureux de suspendre les appointements. On doit, en effet, considérer les accidents de cette nature comme une des chances prévues dans la fixation des appointements.

La maladie, même longue, d'un acteur sociétaire n'entraîne pas la suppression de sa part sociale. Cette part, en effet, ne peut être assimilée à des appointements par la raison qu'elle ne doit s'éteindre qu'avec la société.

Toutefois, si la maladie devenait perpétuelle, il y aurait lieu de pourvoir au remplacement de l'artiste et de liquider sa part conformément à l'acte de société.

Ajoutons que, lorsque l'acteur tombe malade et se trouve ainsi empêché de satisfaire à ses obligations, il doit immédiatement en aviser le directeur de son théâtre,

Dans le cas où il négligerait cette précaution, il s'exposerait à des dommages-intérêts et même à la résiliation de son engagement, car il lui serait peut-être difficile d'établir plus tard la sincérité de sa maladie.

Les certificats de médecin font preuve en sa faveur tant que le directeur n'en démontre pas la fausseté. S'il y a désaccord entre l'avis du médecin particulier et celui du médecin attaché au théâtre, le tribunal saisi de la contestation devra s'éclairer des circonstances de la cause pour rechercher la vérité. Dans le cas où, après une maladie, l'artiste reprend ses rôles et tombe de nouveau malade, il n'est pas fondé à rendre son directeur responsable des suites que la reprise de son service a eues pour sa santé.

Ajoutons que la maladie prolongée de l'artiste, une infirmité survenue depuis l'engagement, la résiliation peut être demandée par le directeur.

Lorsqu'un auteur a distribué un rôle de sa pièce à un artiste qui, par maladie constatée, ne peut le tenir, il a le droit de le remplacer ou, s'il le préfère, de demander que la représentation de son œuvre soit ajournée jusqu'au moment où l'acteur pourra créer le rôle à lui distribué.

Dans un cas analogue, le tribunal a accordé au directeur

un sursis d'un mois, qu'il demandait pour attendre le rétablissement de la santé d'une artiste désignée.

Maladie feinte. — Il va de soi que si un artiste, dans le but de se soustraire aux obligations de son engagement, simule une maladie et que ce fait est établi, ses appointements peuvent être suspendus pendant un certain laps de temps.

Ordinairement les actes d'engagement stipulent le délai dans lequel cette suspension aura lieu.

Nous devons dire que cette clause n'est pas de rigueur et que les tribunaux, eu égard aux circonstances, peuvent modérer ce qu'elle a d'excessif, alors surtout que l'engagement a été exécuté en partie.

Maladies secrètes. — V. *Blessures en duel.*

Manœuvres coupables. — Lorsque la pièce d'un auteur est mal accueillie du public et tombe, le contrat qui existait entre celui-ci et le directeur est rompu en principe. Mais si c'est par suite de manœuvres coupables du directeur que la chute a été provoquée, ou s'il est manifeste que le mécontentement du public s'attache surtout aux acteurs, il n'en est plus de même, et l'auteur a le droit d'exiger la représentation de son œuvre.

Mandataire. — V. *Gérant.*

Manuscrits. — Lorsque l'auteur dramatique présente un ouvrage, il peut lire lui-même le manuscrit, ou bien être forcé de le confier au directeur, qui se charge de le faire examiner par quelqu'un avant de le soumettre au comité de lecture. L'auteur ne peut se soustraire à cette mesure quand le théâtre la lui impose. Il lui est loisible d'en demander un récépissé ou d'en exiger la restitution. Ce récépissé a une grande importance, car il sert à prouver en faveur de l'auteur, si le manuscrit vient à être perdu.

Si l'œuvre a été reçue à corrections, on doit supposer que le manuscrit en a été restitué à l'auteur, qui doit, dans ce cas, prouver qu'il avait depuis rendu le manuscrit au directeur.

De son côté, celui-ci est en droit d'exiger que l'auteur fasse deux copies et en conserve une, afin de ne pas être rendu responsable du préjudice causé à l'auteur par la perte ou la destruction d'un manuscrit unique. En cas de perte, les tribunaux apprécient l'étendue du dommage.

Si un étranger prend copie du manuscrit, l'auteur est en droit de réclamer une indemnité contre le copiste et le directeur. Il y a lieu, dans ce cas, de former contre eux une action correctionnelle en contrefaçon de l'œuvre.

Le directeur, dépositaire du manuscrit, peut exiger que l'auteur le reprenne et le dégage ainsi de sa responsabilité. En cas de refus, il doit faire sommation à l'auteur et au besoin déposer le manuscrit dans un dépôt public, le tout aux frais et périls de l'auteur. Il en devrait être ainsi toujours lorsque les directeurs quittent leur exploitation, leur négligence à cet égard les exposant pendant longtemps à des demandes d'indemnité qu'ils auraient peine à faire rejeter.

Quant aux auteurs, ils ont toujours la faculté de réclamer leurs manuscrits tant qu'il n'y a pas eu acceptation. Il n'existe, en effet, aucun lien entre eux et le théâtre jusqu'au jour de la réception. Le directeur qui a passé un traité avec la Société des auteurs dramatiques doit faire savoir à l'auteur, dans les quarante jours qui suivent la remise du manuscrit, s'il refuse la pièce, s'il la reçoit définitivement ou seulement à corrections. S'il laisse passer ce délai, il s'expose à payer une amende, acquise de plein droit à l'auteur, sans préjudice de la remise du manuscrit aussitôt après une mise en demeure.

Si, la pièce étant reçue, l'auteur en retient le manuscrit, l'obligation du directeur cesse et l'auteur n'est plus recevable à en demander la représentation. Il s'expose, au contraire, à une demande d'indemnité de la part du directeur. Mais la déchéance de l'auteur ne peut être prononcée par les tribunaux que si le directeur l'a mis en demeure de livrer son manuscrit.

Une fois reçue, la pièce ne peut être représentée qu'après avoir été censurée. En conséquence, le manuscrit doit en être remis aux censeurs, qui en deviennent dépositaires. Ils ne peuvent en divulguer le sujet ou les détails sans s'exposer à des poursuites civiles et mêmes correctionnelles.

Quant au mode de remise entre leurs mains, une circulaire de 1826 avait décidé que les manuscrits seraient adressés directement au cabinet du ministre, avec une lettre d'envoi des directeurs. Ce mode avait pour résultat de rendre toute communication impossible entre les auteurs et les censeurs. Les auteurs n'obtenaient ainsi aucun récépissé et ne pouvaient se défendre contre les suppressions ordonnées. On a remédié à ce grave inconvénient.

L'état de faillite du directeur ne suffit pas pour permettre aux auteurs de reprendre leurs manuscrits. Si l'entreprise continue à être exploitée par le syndic de la faillite, celui-ci a le droit de faire représenter les pièces reçues. Les auteurs ne peuvent demander la remise de leurs manuscrits que si la fermeture plus ou moins prolongée du théâtre a lieu et apporte un retard nuisible à leurs intérêts.

Un directeur de théâtre ne peut, sans encourir des dommages-intérêts, restituer tardivement aux auteurs une pièce qu'il les a invités à remanier et à fondre avec une autre, lorsqu'il a accepté, pendant ces pourparlers, une autre pièce reposant sur le même sujet, en gardant celle des premiers auteurs, sans les informer de la décision qu'il a prise.

Il en est de même si, ayant également promis à l'auteur d'accueillir sa pièce, le directeur lui a occasionné des frais ou des pertes de temps.

En principe, et dans les exceptions que nous mentionnons, le droit de retrait du manuscrit et une indemnité, en cas de retard par le directeur dans les délais fixés, sont acquis à l'auteur de plein droit, après l'expiration des délais, sans qu'il soit besoin de mise en demeure et par l'effet seul de la convention. Il n'est fait aucune différence à cet égard entre les pièces nouvelles et celles déjà représentées sur un autre théâtre.

Personne n'a le droit de saisir les manuscrits d'un auteur et de les mettre au grand jour sans son aveu. Les créanciers de l'auteur doivent attendre que ces écrits soient mis en vente et ils acquièrent alors le droit de saisir les produits qui en résultent.

A l'égard des héritiers de l'auteur, les manuscrits, publiés ou non, représentent une valeur mobilière; ils doivent être compris dans les rapports des héritiers entre eux, la propriété en doit être réglée suivant le droit commun.

La qualité de détenteur du manuscrit d'un ouvrage, quand cette détention est légitime, suffit à l'exercice des droits d'auteurs; et, par suite, les tiers poursuivis par ce détenteur ne sont pas recevables, pour écarter son action, à lui opposer qu'il n'est pas le représentant de l'auteur.

Lorsqu'un ouvrage a été écrit en collaboration, chaque collaborateur a droit, à raison de l'indivisibilité de l'œuvre commune, d'en publier le manuscrit sans le consentement de son collaborateur, dans le même recueil que ses œuvres personnelles, et de toucher seul les droits d'auteur produits par la vente.

Mariage. — Il est de principe que nul ne peut se soustraire légitimement par le mariage à l'exécution dn contrat de louage d'ouvrage. L'actrice qui se marie est, en conséquence, tenue de continuer son engagement contracté avant le mariage, nonobstant la défense que lui en ferait son mari, et ce à peine de dommages-intérêts envers le directeur du théâtre.

Marchés de fournitures. — Les engagements des acteurs ne constituent pas des marchés de fourniture, et, à cet égard, il n'y a pas à distinguer si les artistes appartiennent à des entreprises dramatiques ordinaires ou aux théâtres subventionnés. De là il résulte que les difficultés qui s'élèvent entre les directeurs et artistes doivent être portées devant les tribunaux ordinaires. — V. *Compétence.*

Marcheuses. — V. *Comparses.*

Marionnettes. — Les théâtres de marionnettes sont assujettis au paiement du droit des pauvres, quelque soit le mode de rétribution qu'ils exigent.

Matériel. — Lorsque l'entrepreneur d'un théâtre est propriétaire de l'immeuble, le matériel qu'il apporte dans ce fonds devient immeuble par destination. Mais il reste chose mobilière lorsque le directeur n'est pas propriétaire de l'immeuble.

En conséquence, dans le premier cas, si des poursuites sont exercées contre le directeur par un créancier, le matériel doit être saisi immobilièrement, tandis que, dans le second cas, le créancier ne peut exercer qu'une saisie-exécution.

Médecins. – V. *Service médical.*

Messe en musique. — V. *Eglise.*

Méthodes de musique. — Les exercices de musique, combinés par un auteur de méthodes pour préparer les élèves et leur faciliter l'étude de la musique, sont susceptibles d'une propriété privative comme tout autre œuvre de l'esprit, sans qu'on puisse objecter que les principes de l'art musical appartiennent au domaine public. En cas de contrefaçon partielle, les tribunaux peuvent, au lieu de prononcer la confiscation de l'ouvrage entier, se borner à ordonner la suppression, au moyen de cartons, des passages contrefaits.

Les séances musicales, données par une société chorale, fondée dans le but de propager une méthode de musique, ne constituent pas des représentations publiques, mais doivent être simplement considérées comme un complément des cours professés dans l'établissement, alors que le public n'est pas admis à ces séances et qu'elles n'ont lieu qu'en présence des familles des sociétaires et quelques invités dont l'admission est gratuite. Par suite, l'exécution, dans de telles séances, d'œuvres musicales d'auteurs vivants, sans le consentement de ceux-ci, ne constitue point le délit réprimé par les dispositions pénales.

Mineurs. — Le mineur est incapable. Même émancipé, il ne peut contracter aucun engagement théâtral sans le concours de ses parents ou de son tuteur, mais cette autorisation ne saurait suppléer le consentement du mineur. Ce concours doit être formel; mais, s'il résulte des circonstances qu'il a été facilement donné par le tuteur, les tribunaux peuvent repousser la demande en nullité par lui formée contre le directeur.

A défaut du père, le consentement donné par la mère suffit; enfin, celui du conseil de famille suffit également.

La femme veuve qui se remarie perd la tutelle tant que le conseil de famille ne la lui a pas accordée de nouveau. Si donc, avant que cette tutelle lui soit rendue, elle autorise son enfant mineur à contracter un engagement, cet engagement peut être annulé. L'autorisation du mari co-tuteur ne saurait davantage suffire lorsque la mère a été restituée dans la tutelle. Les deux pouvoirs doivent marcher ensemble.

Toutefois, si le co-tuteur a eu connaissance de l'engagement du mineur et s'il en a profité, il est réputé avoir donné son consentement, de telle sorte qu'on ne saurait, soit en son nom, soit au nom de sa femme ou de son pupille, invoquer son défaut d'assistance. Mais il faut établir que le co-tuteur a réellement profité de cet engagement. Vainement prétendrait-on qu'il l'a connu postérieurement et qu'il n'a apporté aucun obstacle à son exécution, cette attitude passive ne présentant ni le caractère ni les effets d'une ratification.

La mère qui a consenti à l'engagement de son enfant mineur n'est pas fondée, pour en demander la nullité, contrairement à la volonté de ce dernier, à prétendre qu'elle n'était pas légalement nommée tutrice de son enfant lorsqu'elle lui a donné son consentement.

Si le directeur n'ignorait pas que l'artiste était mineur et que son engagement n'avait pas été ratifié par ses père et mère ou tuteur, il ne peut demander des dommages-intérêts pour cause d'inexécution des conventions, et l'acte doit être déclaré nul et de nul effet.

Il a été même décidé que le mineur qui, après avoir été autorisé par ses père et mère à contracter un engagement, en souscrit un nouveau seul, le souscrit valablement si sa mère, devenue veuve, en a eu connaissance et l'a tacitement ratifié. De même, un artiste qui a contracté plusieurs engagements successifs et paru sur plusieurs théâtres, sans aucune opposition de ses parents ou tuteurs, n'est pas recevable à invoquer son état de minorité pour faire prononcer la nullité d'un nouvel engagement. Par suite, en cas d'inexécution de cet engagement de la part de l'artiste, même mineur, la résiliation peut en être prononcée au profit du directeur, avec dommages-intérêts.

L'autorisation donnée au mineur n'est pas soumise à la formalité de l'enregistrement et des affiches ; elle n'a rien de commercial.

De ce que le père ou la mère autorisent leur enfant mineur, il ne s'ensuit pas qu'ils contractent une obligation personnelle, excepté pourtant lorsque les enfants sont tout à fait en bas âge. Aussi, nous n'hésitons pas à dire qu'ils ne sauraient être tenus de payer le dédit stipulé dans l'acte d'engagement.

Mais il en serait autrement si les père et mère avaient signé un traité pour leur enfant mineur, en l'absence de celui-ci et sans son concours. En cas d'inexécution par lui, ils pourraient être personnellement tenus de dommages-intérêts envers le directeur, car ils auraient ainsi contracté une obligation personnelle. La jurisprudence est formelle sur ce point.

Les parents ou le tuteur, qui assistent et autorisent ainsi les mineurs, n'ont pas le droit de leur donner une autorisation générale de contracter des engagements ; cette autorisation ne peut être donnée que pour chaque engagement.

De même, tant qu'ils sont mineurs, les jeunes artistes doivent habiter chez leurs parents ou tuteurs, à moins que ceux-ci ne les aient spécialement autorisés à demeurer autre part.

Ils peuvent faire valablement les achats inhérents à leur profession et souscrire des billets destinés à garantir le prix de ces achats.

Lorsque l'engagement, contracté pendant la minorité d'un artiste, contient à son préjudice une lésion notable, dont la preuve résulte notamment de la comparaison de ses appointements modiques avec les dépenses onéreuses et le dédit qui lui sont imposés, il y a là excès de pouvoir de la part des parents ou tuteur et du mineur. Les tribunaux peuvent, d'après les circonstances, déclarer l'engagement nul, ou seulement supprimer la clause de dédit. C'est le tribunal civil seul qui est compétent pour connaître d'une nullité relative à l'engagement d'un mineur.

Les engagements contractés par un artiste mineur envers les fournisseurs de costumes et toilettes sont valables s'il est justifié que ces fournitures lui ont profité réellement. Mais, si elles constituent des fournitures de luxe, le tribunal peut déclarer les engagements du mineur non valables.

Quant aux appointements de l'artiste mineur, bien qu'affranchis de l'usufruit légal, leur administration n'en appartient pas moins aux père et mère, ou tuteur. C'est entre les mains de ceux-ci que les appointements doivent être payés; eux seuls ont qualité pour en donner quittance, sauf compte avec le mineur lors de sa majorité.

En ce qui concerne la cession de leurs œuvres, les mineurs, même émancipés, doivent suivre les règles prescrites pour l'aliénation de leurs biens. L'avis du conseil de famille nous paraît indispensable pour permettre au mineur de traiter avec un cessionnaire.

Ministre de l'intérieur. — C'est lui seul qui exerce à Paris le droit d'autoriser ou de refuser la représentation des pièces de théâtre. Ses pouvoirs ne s'étendent pas sur les spectacles de curiosités, scènes ou fêtes qu'ils donnent en public, si ces variétés ne rentrent pas dans le domaine des œuvres dramatiques. Néanmoins, l'autorité reste toujours maîtresse d'arrêter les spectacles nuisibles à l'ordre et aux bonnes mœurs.

En ce qui touche la police des théâtres, c'est le ministre qui l'exerce, à Paris, par l'intermédiaire du préfet de police, et, dans les départements, par celui des préfets.

C'est encore le ministre qui a seul pouvoir d'engager les fonds votés, chaque année, pour être partagés aux théâtres subventionnés.

Mise à l'étude. — Lorsqu'une pièce a été reçue, le directeur doit la faire mettre à l'étude aussitôt que son tour est arrivé.

Mise en interdit. — V. *Interdit.*

Mise en scène. — La mise en scène constitue une partie de l'œuvre dramatique, aussi les avis et conseils que l'auteur donne à cet égard doivent être scrupuleusement suivis. Il a, en conséquence, le droit d'amener aux répétitions telles personnes qu'il croit nécessaire, pour s'éclairer lui-même, mais à la condition que les règlements ne le lui interdisent pas.

Mobilier. — V. *Matériel.*

Modifications. — Lorsque des modifications à un drame lyrique ont été convenues entre le directeur et les auteurs et compositeurs, parce qu'il a été reconnu qu'elles devaient nécessairement être apportées au poëme et à l'action pour assurer le succès de l'opéra, dans l'intérêt de toutes les parties contractantes, les auteurs et compositeurs doivent renoncer à se prévaloir du délai primitivement stipulé pour la représentation, tant qu'ils n'ont pas accompli intégralement leur obligation collective de mettre l'opéra dans son ensemble en état d'être représenté.

En outre, lorsque les auteurs et compositeurs négligent d'assister aux cinq dernières répétitions de leur ouvrage, ou de s'y faire représenter, tous les changements faits, ou tout complément d'orchestration, opérés pendant leur absence, peuvent être maintenus.

Moustaches. — Les artistes ont-ils le droit de paraître en scène avec des moustaches ou avec toute leur barbe.

Si bizarre qu'elle soit, la question n'en a pas moins été soumise aux tribunaux. Il va de soi que l'artiste est tenu de se soumettre a toutes les exigences de ses rôles et de son emploi, et qu'il en doit faire le sacrifice chaque fois que les besoins du service l'exigent

Musiciens. — L'emploi de musiciens d'orchestre, dans les théâtres subventionnés, se donne au concours. Ce que nous disons du congé-avertissement et de la tacite reconduction leur est applicable, ainsi qu'aux artistes dramatiques.

Leur engagement, à défaut d'écrit, est réputé fait pour la durée d'une année théâtrale, et le congé doit être signifié trois mois avant l'année, de part et d'autre. Il se renouvelle par la tacite reconduction.

D'après les usages particuliers établis pour le Théâtre-Italien de Paris, les artistes de l'orchestre sont, à moins de conventions contraires, considérés comme engagés pour la saison suivante. En conséquence, est tardif, et donne droit à une indemnité le congé qui n'est donné à un artiste de l'orchestre que plusieurs mois après la clôture.

Dans les autres théâtres, concerts, cafés-concerts et bals publics, les musiciens sont choisis par le directeur ou le chef d'orchestre. S'il n'a rien été stipulé, ils sont engagés au mois, et le congé doit être signifié réciproquement un mois à l'avance.

Enfin, dans les théâtres de province, ils sont engagés, soit à l'année, soit pour la durée de l'exploitation temporaire, soit enfin pour la durée du séjour des troupes nomades.

Comme les artistes dramatiques, ils doivent accepter les réglements intérieurs, suivre la troupe dans tous les théâtres où il plaît au directeur de les mener, d'assister à toutes les répétitions de jour et de nuit, ne pas s'absenter ou se faire suppléer sans une autorisation du directeur ou du chef d'orchestre. Ils doivent, en outre, se fournir leurs instruments, et ceux qui font usage des instruments fournis par la direction en sont responsables. De plus, il faut que leurs instruments soient tenus constamment en bon état, à leurs frais, sans quoi ils s'exposent à des amendes pour n'avoir pas rempli suffisamment leurs engagements.

Enfin, ils doivent arriver au théâtre un quart d'heure avant les répétitions ou les représentations, pour donner l'accord avant le lever du rideau. Ils doivent gagner leurs places par la voie qui leur est spécialement réservée, sans pouvoir, sous aucun prétexte, paraître sur la scène ou la traverser.

A moins de stipulations contraires, il leur est permis de jouer dans d'autres théâtres, spectacles, concerts ou bals, sans encourir aucune pénalité.

Les musiciens d'orchestre, étant placés au rang des artistes dramatiques, sont soumis aux mêmes obligations, et leurs droits envers l'administration théâtrale sont identiques.

Il a été décidé avec raison que le directeur a le droit de donner congé, avant le terme de leurs engagements, à des musiciens, pour s'être retirés au moment où l'on allait répéter une pièce, sans préjudice de tous dommages-intérêts et de la privation de leurs appointements.

Musique de drames. — V. *Airs.*

Mutilations. — V. *Affiches.*

N

Néoramas. — Les spectacles de néoramas sont assujettis au paiement du droit des pauvres, quel que soit le mode de rétribution qu'ils exigent.

Nombre de représentations. — Lorsqu'il reçoit une pièce, le directeur contracte envers l'auteur l'obligation de représenter son œuvre. Mais, à moins qu'un minimum de représentations n'ait été fixé à l'avance ou par les règlements du théâtre, le nombre des représentations est laissé à l'appréciation du directeur, sans que l'auteur puisse à cet égard soulever aucune réclamation.

Nom patronymique. — Un nom patronymique constitue une propriété à laquelle nul ne peut porter atteinte. En conséquence, les auteurs ou les artistes ne peuvent faire choix, pour pseudonyme, d'un nom appartenant à un tiers, sous peine de dommages-intérêts pour le retard apporté à l'exécution du jugement qui les aurait contraints à ne plus faire usage de ce nom.

De même, le nom de l'auteur ne peut jamais être usurpé, même pour les œuvres tombées dans le domaine public.

Toute personne a le droit de demander la suppression de son nom publié dans une œuvre dramatique quelconque, alors surtout que l'auteur de cette œuvre a méchamment, et avec l'intention de nuire, attaché à ce nom un caractère odieux ou criminel ou même ridicule.

Le fait, par un directeur, de présenter sur son théâtre un artiste, en lui donnant, sans droit, le nom d'un autre qui a acquis quelque célébrité, cause à ce dernier un préjudice dont il a droit de demander judiciairement la réparation, ainsi que l'insertion du jugement dans les journaux.

Le droit de mettre son nom sur des œuvres littéraires ou musicales peut être valablement aliéné. Il ne s'agit pas là, en effet, d'un nom patronymique inaliénable dans l'intérêt de la famille et de l'ordre public, mais bien d'un nom qui n'est que l'accessoire d'une propriété privée, et qui peut, comme tel, faire l'objet de toute espèce de stipulations.

Noms des auteurs. — Tout auteur et tout collaborateur a le droit d'être nommé sur l'affiche, à moins qu'il n'ait fait, par stipulation, l'abandon de ce droit. En effet, si le nom patronymique de toute personne est inaliénable et imprescriptible, c'est uniquement dans un intérêt de famille et d'ordre public ; mais le nom de l'auteur ou du co-auteur d'ouvrages littéraires, en tant qu'il s'applique à ces œuvres, en est l'accessoire et participe au caractère légal qu'elles comportent comme propriété purement privée ; par conséquent, il est susceptible, comme elles, de toute espèce de stipulation, et peut être omis ou donné sur les affiches, si cela a été convenu entre l'auteur et son collaborateur.

De son côté, le directeur qui a eu connaissance de ces stipulations est obligé de s'y conformer et de respecter la volonté des auteurs. Il doit, en conséquence, inscrire sur l'affiche leurs noms tels qu'ils sont indiqués par les auteurs, si tous veulent être nommés, et dans l'ordre par eux convenu.

Ceux-ci ont le droit de s'opposer à ce que leurs noms soient proclamés le jour de la première représentation ; s'ils n'ont fait aucune réserve à l'égard de leur nom, le directeur est tenu de les nommer, et il lui est absolument interdit de les désigner par des pseudonymes ou de substituer d'autres noms aux leurs.

Nouvelle direction. — V. *Changement de directeur.*

Nullité. — V. *Engagement.*

O

Objets perdus. — Les objets perdus par le public et trouvés dans l'intérieur des salles de spectacle par les ouvreuses ou autres employés du théâtre, qui n'auront pu, pendant la représentation, être remis au commissaire de police de service, devront être déposés le lendemain au bureau du commissaire du quartier où est situé le théâtre.

Œuvre mixte. — Lorsque, dans l'œuvre d'un auteur, on retrouve la pièce d'un autre auteur tombée dans le domaine public ; lorsque les personnages, leurs caractères, la situation, l'action sont les mêmes, ce travail de transformation constitue une œuvre nouvelle qui n'absorbe pas l'œuvre originale. C'est une œuvre mixte, et tout auteur qui va spontanément demander à l'ancien répertoire les chances plus assurées d'un succès, ne peut évaluer le secours qui lui est ainsi apporté au-dessous de la part d'un collaborateur.

La pièce est, au contraire, la propriété de son auteur s'il est établi que, tout en la tirant d'une œuvre du domaine public, cet auteur a travaillé d'après des lois et des règles essentiellement différentes de celles d'où il a été chercher son inspiration, s'il a dû, par exemple, simplifier l'action, retrancher des personnages, créer des scènes nouvelles.

Œuvres musicales. — Le consentement des auteurs ou compositeurs est nécessaire pour la représentation des pièces. De même, l'exécution des œuvres musicales, dans quelque réunion publique que ce soit, jardins, bals, établissements thermaux, cirques, etc., ne peut avoir lieu sans la permission des compositeurs.

Lorsque l'auteur d'une œuvre musicale en a fait la cession à un tiers, celui-ci est obligé de respecter l'œuvre telle qu'elle lui a été cédée, et il ne peut y apporter de changements sans le consentement formel du compositeur.

Œuvres posthumes. — On appelle ainsi les œuvres littéraires ou musicales qui sont publiées après la mort de l'auteur. Ainsi, les pièces qui ont été représentées de son vivant ne peuvent être considérées comme étant des œuvres posthumes au point de vue de leur impression.

Les propriétaires, par succession ou à autre titre, d'un ouvrage posthume ont les mêmes droits que l'auteur ; et les dispositions des lois sur la propriété exclusive des auteurs, et sur sa durée, leur sont applicables, toutefois à la charge d'imprimer séparément les œuvres posthumes, et sans les joindre à une nouvelle édition des ouvrages déjà publiés et devenus propriété publique. Mais, si cette publication est faite avec une œuvre qui est encore l'objet d'un droit privatif, il en est autrement. Le propriétaire de l'œuvre posthume étant en même temps propriétaire des autres œuvres de l'auteur décédé, est libre de faire sa publication comme il l'entend.

Mais ces dispositions ne s'appliquent qu'au cas où il s'agit d'ouvrages distincts ou séparés, et non d'une œuvre unique présentant un tout indivisible. Dans ce dernier cas, la publication, faite par des tiers, de fragments et d'extraits en forme de compilation d'une œuvre originale posthume, ne fait pas obstacle au droit exclusif du propriétaire de cette œuvre de la publier d'une manière intégrale et complète.

La publication faite par ce propriétaire de l'œuvre intégrale, dans laquelle se trouvent, par conséquent, confondus les fragments et extraits déjà publiés, ne fait pas tomber cette œuvre entière dans le domaine public.

Officiers de police. — Pendant le spectacle, il doit y avoir, dans chaque théâtre de Paris, un officier de police chargé de la surveillance générale, et des officiers de paix tenus de faire exécuter ses ordres.

Ces divers officiers doivent porter les insignes distinctifs de leurs fonctions. Tout individu doit, le cas échéant, leur obéir provisoirement, et, sur la sommation verbale de l'officier de police, se rendre au bureau de police pour y donner ses explications. Le commissaire interroge et ordonne le renvoi devant les juges compétents ou la mise en liberté.

Dans les départements, il est également d'usage qu'un commissaire de police en tenue soit présent à chaque représentation, mais ce service n'est pas obligatoire.

L'officier de police ne peut exiger son entrée dans la salle qu'aux heures des représentations. Il est d'usage d'accorder au commissaire de police une place spéciale; les autres agents de la police peuvent aussi pénétrer dans la salle, mais ils n'ont point de place marquée, et leur nombre doit être rigoureusement limité aux nécessités du service.

Opéra. — Le théâtre de l'Opéra, appelé aussi *Académie royale de Musique* sous Louis XIV et Louis XVI, *Théâtre de l'Opéra* en 1791, *Opéra national* en 1794, *Théâtre des Arts* en 1797, *Académie impériale de Musique* sous les deux Empires, *Académie royale* sous la Restauration, redevenu enfin, en 1848, *Théâtre national de l'Opéra,* a repris cette dernière dénomination depuis 1870.

Les anciennes redevances que payaient autrefois les salles de spectacle de Paris à l'Opéra n'existent plus. Elles ont été supprimées en 1831.

Après la révolution de 1830, ce théâtre passa dans les attributions du ministère de l'intérieur et devint une entreprise particulière. Le docteur Véron prit, en qualité de directeur-entrepreneur, l'engagement de l'exploiter pendant cinq ans, à ses risques et périls et fortune, aux clauses et conditions qui lui étaient imposées.

En 1871, l'administration de l'Opéra fut confiée, le 8 juillet, à M. Halanzier, avec le titre d'administrateur-entrepreneur. Une subvention annuelle de 800,000 francs lui est attribuée sur le budget des beaux-arts, pour l'aider à soutenir le faste et la pompe de cette magnifique Académie.

Les anciens règlements ayant cessé d'être en vigueur depuis que l'*Opéra* est devenu une entreprise particulière, tout ce qui concerne la durée des engagements est régi par les cahiers de charges des entrepreneurs, ou par les actes qu'ils passent avec les artistes, ou par le droit commun.

Ce que nous avons dit de la durée des engagements non écrits, de la nécessité du congé et des effets de la tacite reconduction est donc applicable aux artistes de l'Opéra. Mais il n'en est pas de même à l'égard des employés ou contrôleurs. Ainsi que dans les autres théâtres, il suffit, qu'en les congédiant, le directeur leur donne un laps de temps moral suffisant pour se placer ailleurs.

Les contestations qui s'élèvent entre cette administration et les artistes sont aujourd'hui soumises aux règles du droit com mun, eu égard à sa nature d'entreprise particulière. Elles doivent, en conséquence, être soumises aux tribunaux ordinaires.

Quant aux droits des auteurs et à leurs obligations envers l'administration, ils ne diffèrent en rien de ceux qu'ils auraient dans tout autre théâtre.

La perception des indemnités qui leur sont attribuées, pour la représentation de leurs œuvres, est faite par les agents de la Société des auteurs et compositeurs dramatiques, conformément aux conventions particulières échangées entre cette Société et le directeur de l'Opéra.

Opéra Italien. — V. *Musiciens*.

Orchestres militaires. — Lorsqu'il s'agit de morceaux d'opéras, opéras-comiques ou opérettes, arrangés pour les orchestres militaires, leur exécution, dans les endroits publics ne peut avoir lieu sans le consentement formel des auteurs et compositeurs.

L'exécution de morceaux de ce genre dans les lieux publics, où l'on n'est reçu que moyennant un droit d'entrée, tombe sous l'application de l'article 428 du Code pénal, qui punit le contrevenant d'une amende et de la confiscation des recettes.

Ordre de l'autorité. — La défense signifiée à un directeur de théâtre ou de café-concert de laisser chanter un artiste, pour des circonstances qui lui sont personnelles, est un cas de force majeure qui justifie la résiliation du contrat et ne permet à l'artiste de réclamer son traitement que pour le temps où il a tenu son emploi.

Ordre d'éloignement. — V. *Remplacement d'un acteur.*

Ordre des représentations. — Les pièces reçues par un directeur doivent être représentées à leur tour, c'est-à-dire d'après l'ordre de leur réception.

S'il contrevient à cette loi toute naturelle, le directeur peut être condamné à des dommages-intérêts envers les auteurs.

Lorsqu'il a été convenu que l'ouvrage reçu serait représenté dans un délai déterminé, et qu'à défaut, par le directeur, de tenir cet engagement, l'auteur reprendrait son manuscrit et toucherait une certaine somme à titre d'indemnité, le directeur ne peut échapper à son obligation en offrant, plus tard, de jouer la pièce.

De son côté, l'auteur qui a fait recevoir plusieurs pièces dans un même théâtre ne peut exiger que l'ordre des représentations soit interverti. Elle doivent être jouées l'une après l'autre dans l'ordre de leur réception.

Il est bien entendu, et cela n'est douteux pour personne, que le directeur a toujours le droit de reprendre les anciennes pièces de son répertoire déjà jouées, quelque anciennes qu'elles soient.

Ordre public. — Tout acte susceptible de troubler l'ordre public pendant les répétitions ou représentations doit être interdit. C'est à l'autorité municipale que ce devoir appartient. Elle peut, si cela devient nécessaire, forcer le directeur à renvoyer un de ses pensionnaires ou suspendre les représentations d'une pièce.

Elle a même le droit d'ordonner aux artistes de jouer, et, en cas de refus, de fermer le théâtre. On se rappelle que, pendant la Révolution, la municipalité de Paris enjoignit aux artistes de la Comédie-Française de jouer avec Talma, que le public réclamait à grands cris. Ceux-ci ayant refusé, le théâtre fut fermé et l'on n'en permit la réouverture qu'à la rentrée du célèbre tragédien.

Orgues. — Les auteurs de compositions musicales, ou leurs cessionnaires, ont le droit exclusif de reproduction de leurs œuvres par un moyen matériel quelconque. En conséquence, celui qui, à l'aide de pointes d'acier piquées sur un cylindre, reproduit de la musique, objet d'un droit privatif, commet le délit de contrefaçon.

Des objets contrefaits, fabriqués en Suisse, et expédiés de ce pays à Paris, peuvent être valablement saisis à l'entrepôt dans les magasins loués à la douane par les débitants poursuivis.

Outrage à la morale publique. — V. *Autorisation de jouer.*

Ouverture des théâtres. — L'ouverture du théâtre ne peut avoir lieu qu'après qu'il a été constaté par le préfet de police que la salle est solidement construite et dans des conditions suffisantes de sûreté, de salubrité et de commodité.

Des modifications apportées ultérieurement dans la construction, la division et les distributions intérieures nécessitent un nouvel examen avant la réouverture.

Les agents de l'autorité supérieure doivent être mis à même, par les directeurs, d'exercer dans chaque théâtre une surveillance quotidienne. Il doit y avoir un bureau pour les officiers de police et un corps-de-garde.

Ouverture d'un opéra.— L'ouverture d'un opéra n'étant que la reproduction des motifs les plus saillants de l'œuvre entière, ne peut être considérée isolément de l'œuvre elle-même. Il faut le consentement de l'auteur du livret, comme celui du compositeur, pour disposer de la musique ou de l'un des motifs de cette ouverture. Le décès de l'un ne peut anéantir les droits de l'autre en faisant tomber l'œuvre commune dans le domaine public.

Ouvrages publiés à l'étranger. — La contrefaçon, sur le territoire français, d'ouvrages littéraires publiés à l'étranger constitue un délit. Il en est de même du débit, de l'exportation et de l'expédition des ouvrages contrefaits. L'exportation et l'expédition de ces ouvrages sont un délit de la même espèce que l'introduction sur le territoire français d'ouvrages qui, après avoir été imprimés en France, ont été contrefaits chez l'étranger.

Comme on le voit, ces dispositions ne s'appliquent pas à la représentation, mais seulement à la reproduction par voie d'impression de toutes pièces de théâtre.

Toutefois, la poursuite contre les contrefacteurs n'est admise que si l'auteur ou son éditeur a déposé deux exemplaires de l'ouvrage à la Bibliothèque nationale, dont il recevra un reçu par le bibliothécaire.

Si le dépôt a été fait en temps opportun pour les ouvrages publiés à l'étranger, ils sont assimilés, en matière de contrefaçon, à ceux qui paraissent en France, sans différence pour le droit des auteurs. Les éditeurs français peuvent, cependant, écouler les éditions qu'ils ont pu faire tirer alors qu'ils en avaient le droit. Mais tout changement quelconque apporté à ces éditions, spécialement la publication de la musique avec des paroles nouvelles, a pour effet de faire considérer cette publication comme une édition nouvelle.

Ouvreuses. — Le contrat en vertu duquel une ouvreuse de théâtre remet au directeur, comme garantie de sa gestion, une somme dont celui-ci ne doit pas pouvoir se servir, mais qu'il doit restituer à la cessation de la fonction de l'ouvreuse constitue, non un dépôt ou un cautionnement, mais bien un gage ou nantissement.

En conséquence, le directeur qui détourne la somme ainsi remise entre ses mains commet un abus de confiance punissable de l'amende et de l'emprisonnement.

P

Panoramas. — Les exhibitions de panoramas sont assujetties au droit des pauvres, quel que soit le mode de rétribution qu'elles exigent. Elles ne sont point soumises, comme les ouvrages dramatiques, à la formalité de la censure, mais l'autorité a toujours le droit de les faire cesser si elles sont contraires aux bonnes mœurs.

Pantomime. — Bien que la simple indication d'un sujet et des ressources qu'on peut en tirer pour la composition d'une pièce de théâtre, spécialement pour une pantomime équestre, ne puisse pas, par elle-même, constituer une collaboration et donner un droit de co-propriété, néanmoins, elle peut donner ouverture à une action en dommages-intérêts contre celui qui en a fait usage, alors qu'il est établi que cette indication n'a été donnée que parce qu'il y avait un projet arrêté de collaboration.

Les ouvrages de pantomime sont des œuvres dramatiques soumises, comme toutes les pièces, à la formalité de la censure.

Parodies. — Il arrive très-fréquemment que les pièces ou chansons à succès soient imitées et fassent naître des parodies. C'est un droit qui appartient à tous les écrivains et aux compositeurs de musique. Ils ne commettent de contrefaçon qu'autant que la parodie aurait été faite de telle manière qu'il pût y avoir confusion suffisante pour que le public s'y trompât.

Le droit de propriété littéraire s'étend sur les parodies.

Le cessionnaire du droit de publication d'une parodie n'a pas le droit de supprimer un acte sans le consentement de l'auteur, bien que la pièce ait été jouée avec cette suppression.

Il n'y a pas contrefaçon dans le fait d'éditer et vendre des chansons composées dans le même rhythme musical que celles d'un autre éditeur, et à indiquer en tête qu'elles se chantent sur le même air, encore bien que cet air serait, aussi bien que les paroles de la chanson primitive, la propriété privée des premiers éditeurs.

Partage. — V. *Emploi.*

Partitions. — V. *Présentation des pièces.*

Pas de danse. — Un pas de danse imaginé par un chorégraphe constitue une propriété. Ainsi, il a été décidé que, s'il est vrai que ce pas soit emprunté aux danses nationales de différents pays, depuis longtemps connues et exécutées sur les théâtres, il n'en résulte pas cependant que la combinaison de ces danses entre elles ne puisse constituer, par l'agencement des pas et par leur rapport avec la musique, une composition distincte de ces danses elles-mêmes, et ayant, par cela même, un caractère particulier.

Une pareille œuvre, comme toute composition artistique, est la propriété de son auteur, et ne peut, dès lors, être représentée sans son consentement.

Pauvres. — V. *Droit des pauvres.*

Peintres décorateurs. — V. *Coulisses.* Les peintres décorateurs de l'Opéra sont considérés comme auteurs et ont leurs entrées sur la scène.

Perception des droits d'auteur. — V. *Agents dramatiques.* Les auteurs ont le droit de percevoir leurs droits sur les recettes de chaque jour, mais il est d'usage d'attendre à des époques plus ou moins rapprochées.

Petite vérole. — Nous avons vu que la maladie prolongée, ou une infirmité survenue depuis l'engagement de l'artiste, donnent au directeur le droit de demander la résiliation de cet engagement.

Dans une espèce particulière, il a été décidé que les traces laissées sur la figure de l'acteur par la petite vérole ne constituent pas une infirmité, et, par conséquent, ne sauraient

donner ouverture à une demande en résiliation de part ni
d'autre.

Pièces historiques. — Si l'historien a le devoir d'asseoir
ses jugements sur un travail de recherche et de comparaison
qui comporte l'examen des sources, la critique des témoigna-
ges et l'indication des motifs qui déterminent ses affirmations,
l'écrivain qui fait une œuvre d'imagination n'est pas soumis
aux mêmes obligations.

En empruntant aux annales du passé le nom des personnages et la grandeur des événements de l'histoire, l'auteur
d'une fiction littéraire conserve le droit de mêler la réalité des
faits et les créations de son esprit dans la mesure qu'il croit
utile au succès de son œuvre.

Il n'outrepasse les immunités de la fiction que s'il imprime
à un personnage connu un caractère absolument opposé à la
vérité historique.

Pièces à scandale. — On appelle ainsi les pièces où, à
certains moments, l'acteur est obligé de jouer dans la salle,
au milieu des spectateurs. Il ne peut se refuser à les jouer si,
dans son engagement, il n'est pas stipulé le contraire.

Pièce non autorisée. — Aucun ouvrage dramatique,
comique ou lyrique ne peut être représenté sans l'autorisation préalable du ministre de l'intérieur, à Paris, et du préfet
dans les départements. Cette autorisation peut toujours être
retirée pour des motifs d'ordre public.

Toute contravention aux dispositions qui précèdent est punie
par les tribunaux correctionnels d'une amende de cent
francs à mille francs, sans préjudice des poursuites auxquelles
pourraient donner lieu les pièces représentées.

Les peines, ainsi prononcées par la loi, s'appliquent aux directeurs de théâtres. Elles peuvent également s'appliquer à
l'auteur s'il a su que sa pièce n'était pas autorisée ; mais
s'il l'a signalé ou si c'était malgré sa défense formelle que la
pièce a été représentée, il ne peut aucunement être atteint.

Il en est de même lorsque l'autorité rétracte son autorisation avant ou après la représentation.

Pièces commandées. — Souvent les directeurs com-
mandent aux auteurs en vogue une pièce sur un sujet convenu.
Il est d'usage que, dans les traités passés entre les directeurs
et la Société des auteurs, on stipule que, dans le cas où une

pièce en un certain nombre d'actes ne serait pas jouée dans un délai déterminé, l'auteur rentrera dans la propriété de son manuscrit et aura droit à une indemnité fixée dans lesdits traités.

Dans ces circonstances, si le directeur, alors même que les répétitions étaient commencées, se refuse à jouer la pièce, l'auteur ne peut exiger autre chose que la remise de son manuscrit et l'indemnité stipulée.

Pièces imprimées. — Lorsque la pièce est imprimée, le directeur peut exiger que l'auteur en remette un certain nombre d'exemplaires à l'administration du théâtre.

De son côté, la Société des auteurs dramatiques a décidé que toute pièce qui ne serait pas déposée à la bibliothèque, par chaque sociétaire, en double exemplaire, au moment de la mise en vente, serait achetée aux frais de l'auteur.

Pièces nouvelles. — En principe, les directeurs ont un droit absolu de distribuer les rôles dans les pièces dites nouvelles. Mais cette qualification n'appartient, d'après les usages, qu'aux pièces qui n'ont pas une année d'existence, sans qu'il y ait à rechercher si elles ont été ou non jouées au théâtre pour lequel a eu lieu l'engagement.

Peu importe que la pièce ait été représentée pour la première fois sur une scène étrangère, spécialement en Belgique, si, par sa langue et son répertoire, cette scène est presque française.

Pièce reçue à corrections. — V. *Corrections.*

Pièces étrangères. — Le décret du 28 mars 1852, qui interdit la contrefaçon, en France, des ouvrages publiés à l'étranger, ne s'applique pas à la représentation des œuvres théâtrales. Ainsi, l'auteur étranger dont les œuvres ont été représentées en pays étranger ne peut se prévaloir de ce décret pour interdire leur représentation en France.

Pièces tirées de romans. — Aux termes des articles 50 et 51 des statuts de la Société des gens de lettres, lorsque le sujet et les détails d'une pièce de théâtre sont empruntés à l'auteur d'un livre ou article de journal ou revue, il y a contrefaçon toutes les fois que cette reproduction ou imitation n'a pas été autorisée par l'auteur. Cependant, les sociétaires renoncent à exercer leurs droits de poursuite contre les auteurs des pièces ainsi composées à la condition qu'ils seront traités comme collaborateurs.

Dans le cas où l'auteur du livre ou de l'article de journal et l'auteur dramatique s'accorderaient pour se considérer comme collaborateurs, la part revenant à chacun dans les produits des représentations théâtrales et la publication des pièces sera réglée soit à l'amiable entre les auteurs, soit par la commune intervention du comité de la Société des gens de lettres et de la commission des auteurs dramatiques. Le recouvrement sera fait sur la demande du sociétaire et à son profit. En cas de refus de l'auteur de la pièce et de la commission des auteurs dramatiques, la poursuite en contrefaçon sera faite au nom et sur la demande des sociétaires.

Quant à l'auteur qui, faisant la cession d'une pièce à un autre chargé de la transformer, stipule que le cessionnaire reste maître de la collaboration et pourra même signer seul, se réservant par cette cession une rénumération réglée et limitée par cette convention, il n'est pas fondé à réclamer au-delà des avantages stipulés, c'est-à-dire à revendiquer tous les droits qu'entraîne la collaboration.

Mais on ne peut considérer comme une contrefaçon le fait, par un auteur, d'avoir puisé dans un livre des éléments qu'il établit avoir trouvés également dans d'autres ouvrages antérieurs ou postérieurs.

Pièces tirées des articles de journaux. — L'auteur qui puise dans un article de journal, ou dans les petites nouvelles quotidiennes, présentées comme historiques, le sujet d'un drame ou d'une œuvre comique ne commet ni plagiat, ni contrefaçon.

L'auteur de l'article ou de la nouvelle prétendrait vainement une part de collaboration dans l'ouvrage dramatique.

Dans une espèce analogue, le tribunal de Paris a déclaré : « Que le droit de propriété littéraire appartient à l'auteur d'une » œuvre qui constitue un produit spontané et personnel de son » intelligence et de son imagination, mais non à un journa- » liste qui insère dans une feuille publique le simple récit » d'un fait qu'il déclare être historique ; qu'un récit publié » dans de telles conditions, alors surtout qu'il n'est accom- » pagné d'aucune formule prohibitive de la reproduction, ap- » partient à tout lecteur du journal et tombe de plein droit, à » son apparition, dans le domaine public ».

Place. — Le spectateur qui a loué à l'avance ou pris au

bureau une place a le droit de se la faire remettre. Le paiement qu'il en fait lui donne le droit de s'opposer à tout changement dans le spectacle annoncé.

Places réservées aux propriétaires de la salle. — Nous avons vu que le droit des pauvres se perçoit sur le prix de chaque billet d'entrée ou d'abonnement.

Il en résulte que les places et loges dont les propriétaires d'une salle de spectacle se sont réservés la jouissance pour toutes les représentations, avec faculté d'en disposer comme ils l'entendront, ne peuvent être considérées comme leur ayant été concédées à titre gratuit. Elles représentent une partie du prix du loyer, et sont, en conséquence, passibles du droit des pauvres.

Il arrive quelquefois que le propriétaire d'une salle de spectacle se réserve le droit de louer, moyennant le prix qui lui est payé, les loges et stalles dépendant de ladite salle, et qu'indépendamment de ce prix de location le directeur perçoit à la porte du théâtre un droit sur les mêmes loges et stalles ; le prix d'entrée ou d'abonnement est ainsi composé du droit payé au propriétaire et de celui perçu par le directeur.

Dans ces circonstances, le droit des pauvres doit être perçu sur le prix de la location ou des abonnements effectués par le propriétaire de la salle, ainsi que sur celui touché par le directeur.

Plagiat. — La nuance qui sépare le plagiat de la contrefaçon partielle est impossible à tracer. Il faut laisser aux tribunaux le soin de définir, d'après les circonstances, les faits qui constituent le plagiat ou la contrefaçon.

Plan des pièces. — Le plan, comme le sujet et le titre, des œuvres dramatiques ou lyriques, constitue un droit de propriété pour celui qui l'a conçu. Il est protégé par les lois sur la propriété littéraire.

Poëme. — V. *Livret.*

Police des théâtres. — V. *Autorité municipale.*

Pompes à incendie. — Dans l'une des parties les plus élevées du mur d'avant-scène, et sous les combles, il sera placé un appareil de secours contre l'incendie, avec colonne en charge, au poids de laquelle il sera, au besoin, ajouté une pression hydraulique assez puissante pour fournir un jet d'eau dans les parties les plus élevées du bâtiment. La capacité de l'appareil se déterminera selon l'importance du théâtre. — Les pompes doivent être installées au rez-de-chaussée, dans un local séparé du théâtre par des murs en maçonnerie. — Elles seront toujours alimentées par les eaux de la ville, recueillies dans des réservoirs et par un puits, de manière que chacune des deux conduites puisse suffire au jet des pompes établies. — En dehors des salles de spectacle, il doit être établi des bornes-fontaines alimentées par les eaux de la ville, et pouvant servir chacune au débit d'une pompe à incendie ; le nombre en est déterminé par l'autorité.

Portes de communication. — Il est enjoint aux directeurs de faire fermer, pendant le spectacle, les portes de communication de la salle aux coulisses, aux foyers particuliers, aux loges des artistes, où il ne doit être admis aucune personne étrangère au service du théâtre.

Une clef de la porte communiquant de l'intérieur de la salle à la scène doit être mise, avant la représentation, à la disposition du commissaire de police de service.

Portes des loges. — Les portes des loges doivent s'ouvrir à l'intérieur et à la volonté des spectateurs.

Portraits. — Bien qu'en principe les artistes aient le droit de s'opposer à la publication de leurs portraits photographiques ou autres, ils ne sont pas recevables à demander des dommages-intérêts à raison d'une publication de ce genre, s'il résulte des circonstances qu'ils y avaient consenti ou que le photographe a été de bonne foi.

En pareil cas, si le portrait a été fait gratuitement et que la rénumération du photographe doive se trouver dans le droit de publication, on ne saurait lui enlever ce droit pour l'avenir sans l'indemniser de ses frais.

Poursuites criminelles contre un acteur. — Les poursuites criminelles exercées contre un artiste dramatique ne sauraient, alors qu'elles se sont terminées par un acquittement, autoriser le directeur du théâtre à refuser l'exécution de l'engagement antérieur.

Préfet. — V. *Compétence administrative.* — Dans les départements, le préfet exerce un droit de censure sur les œuvres théâtrales. En matière de police théâtrale il exerce un droit de surveillance.

Préfet de police. — A Paris, la surveillance des théâtres appartient au préfet de police. Une loi des 10-15 juin 1853 a étendu ses pouvoirs à tout le département de la Seine et aux communes de Saint-Cloud, Meudon et Sèvres, du département de Seine-et-Oise.

C'est lui qui autorise les spectacles ambulants à se tenir sur les places publiques.

Il procède par voie de règlements et arrêtés.

Premier rôle. — L'artiste engagé comme premier rôle ne peut être contraint à jouer comme second rôle.

Première représentation. — S'il n'a pas été stipulé que la première représentation aura lieu un jour déterminé, c'est au directeur seul qu'appartient le droit d'en fixer la date. Mais l'auteur peut toujours s'opposer à ce que la première représentation de son œuvre ait lieu un dimanche ou un jour férié, ou dans une représentation extraordinaire ou à bénéfice.

Dans le cas où l'auteur justifierait, pour retarder la représentation, de l'imperfection ou du non achèvement de l'une des parties de sa pièce, le directeur pourrait le mettre en demeure de la rendre jouable dans le délai de trois jours, et, ce délai expiré, il lui serait permis d'en prendre acte et de passer outre.

Si la pièce est mal accueillie par le public, le directeur est tenu, sur la demande de l'auteur, de la représenter trois fois. Mais l'auteur, à moins de convention contraire, est maître de la retirer aussitôt.

Lorsque, au contraire, la pièce réussit, il n'est plus loisible à ce dernier de la retirer. Le contrat fait entre lui et le directeur subsiste, tandis qu'il se trouve, en principe, rompu lorsque la pièce est mal accueillie, sans que l'on puisse accuser le directeur de manœuvres déloyales.

Prescription. — V. *Appointements.*

Présentation des pièces. — Tant que la pièce présentée par un auteur n'est pas acceptée, il n'existe entre celui-ci et la direction aucun engagement.

Il peut la retirer et la présenter ailleurs, y faire telles modifications qu'il juge à propos, sans que le directeur puisse l'en empêcher.

Le droit de présenter une pièce appartient à l'auteur. Nul autre que lui ne le peut. Son autorisation est indispensable pour que l'œuvre soit représentée.

Lorsque la pièce a été faite par deux auteurs, en collaboration, il y a lieu de distinguer. S'ils se sont mis d'accord pour présenter leur œuvre à un théâtre désigné d'avance, l'un d'eux ne peut empêcher son collaborateur de la présenter à ce théâtre ni la porter ailleurs. Il existe entre eux un contrat qui les lie réciproquement.

Si, au contraire, les deux co-associés n'avaient désigné aucun théâtre, la volonté de l'un ne peut tenir en échec celle de l'autre. S'ils sont en désaccord, chacun reprend la liberté de porter le manuscrit à tel théâtre qui lui conviendra, sans qu'ils soient liés réciproquement par les traités qu'ils pourront conclure l'un et l'autre, mais bien entendu sous la réserve des droits qui peuvent leur être dus pour la représentation.

Quant aux conventions relatives à la présentation des pièces, l'auteur et le directeur sont absolument libres de les arrêter comme bon leur semble, pourvu qu'elles ne touchent en rien à l'ordre public. — V. *Manuscrit.* — Il est d'usage que le directeur, dépositaire du manuscrit d'un auteur, lui fasse savoir s'il l'accepte ou le refuse dans le délai de quarante jours. Cette réponse est donnée par lettre missive.

Mais, lorsqu'il s'agit des œuvres lyriques, le délai et le mode de réception diffèrent. Suivant notre honorable confrère, M" Constant, « lorsque le poëme est reçu, l'auteur doit présenter
» son compositeur, et, dans le cas où ce compositeur ne serait
» pas agréé par le directeur, celui-ce devrait, dans le délai
» d'un mois, proposer trois autres compositeurs parmi lesquels
» l'auteur du livret serait forcé de choisir ; enfin, si l'auteur
» n'acceptait aucun des trois compositeurs ainsi présentés, la
» réception de son poëme serait considérée comme nulle et
» non avenue, son manuscrit lui serait rendu. Quant aux délais
» de réception, ils ne courent que du jour où le compositeur
» a remis au secrétariat du théâtre, contre un récépissé, sa
» partition complétement orchestrée et instrumentée. »

Preuve. — V. *Acceptation des pièces*. — *Engagement*.

Prime. — V. *Dédit*.

Priorité. — La lecture d'une pièce faite aux artistes d'un théâtre avant la publication d'une autre pièce, ayant avec celle-ci quelque analogie, constitue un droit incontestable de priorité.

Privilége. — Ceux qui entreprennent les travaux pour un théâtre, tels que les peintres décorateurs, les menuisiers décorateurs, et ceux qui s'engagent à fournir un certain nombre d'hommes nécessaires au service, ne peuvent prétendre au privilége que la loi confère aux employés, alors même qu'ils recevraient un traitement fixe et mensuel comme ceux-ci. Les contrats qu'ils passent avec les directeurs sont, en effet, de véritables marchés de travaux ou fournitures,

Les acteurs n'ont aucun privilége sur l'actif de l'entreprise. Quant aux auteurs, ils n'en ont un que sur le montant des recettes pour leurs droits. Si donc le directeur fait de mauvaises affaires, ils ne peuvent se présenter à sa faillite qu'en qualité de créanciers chirographaires.

Les bureaux de bienfaisance n'ont pas de privilége sur le mobilier et sur les objets servant à l'exploitation d'un théâtre, pour le recouvrement du droit des pauvres ; mais ils sont privilégiés sur les recettes et peuvent exercer ce privilége, nonobstant la faillite du directeur et les saisies pratiquées par le propriétaire de la salle pour le recouvrement de ses loyers.

Ce privilége s'exerce sur la recette du jour, par prélèvement, pour ce qui concerne la rétribution due sur le prix des billets pris au contrôle, et sur toutes les recettes sans distinction, lorsqu'il s'agit des abonnements et locations.

De son côté, le propriétaire de la salle a un privilége pour le montant des loyers, des réparations locatives et autres, selon le droit commun.

Prix des places. — Autrefois la fixation du prix des places appartenait à l'autorité municipale. Mais le décret de 1864, abolissant le monopole des théâtres, en a rendu l'industrie libre et a laissé aux directeurs le droit de fixer eux-mêmes le tarif des places.

Programmes. — Il ne peut être annoncé, vendu ou distribué, dans l'intérieur comme à l'extérieur des salles de spectacle, d'autres écrits que les pièces de théâtre ou morceaux de musique portant l'estampille du ministère, et les programmes de spectacle, journaux et imprimés dont la vente et la distribution ont été dûment autorisées

Promesse d'engagement. — La promesse d'engage·
ment faite à un artiste vaut engagement lorsqu'elle est constatée par écrit. Quant à la promesse verbale, elle est absolument dénuée d'effet, attendu qu'elle ne peut être prouvée par
témoins.

Propriétaires de salles de spectacle. — Aux termes
des instructions particulières données par les agents généraux
de la Société des auteurs et compositeurs dramatiques à leurs
correspondants de la province, ceux-ci doivent faire connaître
aux propriétaires des salles de spectacle qu'ils ne peuvent pas
laisser jouer sans avoir vu l'autorisation délivrée au directeur
de la troupe par l'agent correspondant.

En effet, le propriétaire d'une salle est responsable à l'égard
des tiers de toutes les conséquences de l'exploitation.

Plusieurs arrêtés et jugements ont, à diverses reprises, con-
firmé cette mesure de la commission et proclamé ainsi la responsabilité des propriétaires des salles de spectacle, de concert, bal, etc.; et, du moment où le délit est constant, le complice peut être poursuivi, bien que l'auteur principal ne soit
pas mis en cause.

Propriétaires voisins. — Le propriétaire voisin d'un
théâtre est tenu de souffrir, sans indemnité, les inconvénients
attachés à l'exercice de cette industrie, lorsqu'il est constaté que,
compensation faite de ces inconvénients et des avantages qui
peuvent également résulter d'une telle exploitation, le dommage n'excède pas les nécessités du voisinage; et que, d'ailleurs, les mesures de précaution prescrites par l'autorité administrative ont été observées.

Mais le propriétaire d'une salle de spectacle et le directeur
du théâtre peuvent être condamnés à des dommages-intérêts
envers un propriétaire voisin à raison du stationnement prolongé des spectateurs devant sa maison, dont ils empêchent
l'accès, et des dépôts d'immondices le long de la façade de la
propriété, occasionnés par l'accumulation d'un grand nombre
d'individus durant le spectacle, pendant les entr'actes et à la
sortie, alors que le préjudice résultant d'un tel état de choses
est dû à l'insuffisance du vestibule conduisant à l'entrée principale de la salle et à celle des urinoirs disposés pour les besoins du théâtre.

L'autorité judiciaire peut, en pareil cas, sans empiéter sur
les prérogatives de l'autorité administrative, indiquer les mesures à prendre pour faire cesser le préjudice à l'avenir, et

14.

accorder des dommages-intérêts à titre de réparation de la con-
tinuation de ce préjudice, en prévision du cas où l'autorisation
de faire exécuter ces mesures ne serait pas demandée ou serait
refusée. V. *Salle de spectacle.*

Propriété. — V. *Compétence civile.*

Propriété littéraire.. — La loi des 14-19 juillet 1866 est
celle qui règle aujourd'hui les droits des auteurs, de leurs héritiers et ayants-cause. Sans abroger antérieurement la législation antérieure, depuis 1791, elle l'a très-sensiblement
modifiée. Nous nous contenterons de rapporter ici le texte de
cette loi, sauf à reproduire en temps opportun les articles
encore en vigueur des lois précédentes.

Art. 1ᵉʳ. La durée des droits accordés par les lois antérieures
aux héritiers, successeurs irréguliers, donataires ou légataires
des auteurs, compositeurs ou artistes, est portée à cinquante
ans, à partir du décès de l'auteur. — Pendant cette période de
cinquante ans, le conjoint survivant, quel que soit le régime
matrimonial, et indépendamment des droits qui peuvent résulter en faveur de ce conjoint du régime de la communauté,
a la simple jouissance des droits dont l'auteur prédécédé n'a pas
disposé par acte entre-vifs ou par testament. — Toutefois, si
l'auteur laisse des héritiers à réserve, cette jouissance est
réduite, au profit de ces héritiers, suivant les proportions et
distinctions établies par les art. 913 et 915 du Code civil. —
Cette jouissance n'a pas lieu, lorsqu'il existe, au moment du
décès, une séparation de corps prononcée contre ce conjoint;
elle cesse au cas où le conjoint contracte un nouveau mariage.
— Les droits des héritiers à réserve et des autres héritiers ou
successeurs, pendant cette période de cinquante ans, restent
d'ailleurs réglés conformément aux prescriptions du Code Napoléon. — Lorsque la succession est dévolue à l'Etat, le droit
exclusif s'éteint, sans préjudice des droits des créanciers et de
l'exécution des traités de cession qui ont pu être consentis par
l'auteur ou par ses représentants.

Art. 2. Toutes les dispositions des lois antérieures contraires
à celles de la loi nouvelle sont et demeurent abrogées.

Cette loi, comme ses devancières, régit tout ce qui concerne
les écrits et compositions musicales en tous genres, c'est-à-
dire ceux qui supposent un travail quelconque de l'intelligence.
La propriété s'étend aux fragments d'ouvrages, comme aux
ouvrages entiers, soit que les fragments se composent de

paroles ou de musique, soit que ces deux éléments d'une composition musicale s'y trouvent réunis.

L'auteur jouit de ce droit de propriété pendant toute sa vie, c'est seulement à son décès que ses héritiers ou ayants-cause peuvent élever leurs prétentions.

Prorata. — Un certain nombre d'administrations théâtrales de province, au lieu de payer des appointements fixes à leurs artistes, contractent avec eux une association en participation. Tantôt ils sont solidaires entre eux, tantôt ils n'encourent aucun risque ; mais c'est toujours le directeur qui reste chargé de l'administration de la Société. Il est d'usage que ses appointements soient égaux à ceux de l'acteur le plus rétribué. Ceux de la troupe sont payés, aux époques indiquées, au prorata des recettes, et chaque sociétaire est appelé à tour de rôle à vérifier l'exactitude de la comptabilité.

Si la solidarité a été formellement stipulée et si l'acte d'association a été publié et affiché, les sociétaires s'exposent non-seulement à ne pas recevoir le fruit de leurs travaux, mais encore à être tenus de toutes les dettes de la Société. C'est donc aux artistes à éviter de signer une clause aussi périlleuse.

Pseudonyme. — Les auteurs, compositeurs et artistes dramatiques se cachent généralement derrière un pseudonyme sous lequel le public apprend à les connaître. Ce pseudonyme constitue la propriété de celui qui l'emploie.

Mais on ne saurait prendre pour pseudonyme le nom patronimique d'une personne vivante. Le tribunal de Paris a même décidé que l'on ne peut faire usage d'un pseudonyme qui, par sa consonnance, pourrait induire le public en erreur.

Il y a concurrence déloyale, donnant ouverture à une action directe en dommages-intérêts dans le fait, de la part d'un directeur, d'annoncer et faire paraître, sous le pseudonyme qui a déjà acquis une certaine célébrité, un artiste autre que celui qui en a fait usage le premier.

L'auteur ou l'artiste qui s'est fait connaître sous un pseudonyme devient propriétaire du nom qu'il a ainsi adopté, et si, en formant une association, il a consenti à ce que ce nom fît partie de la raison sociale, il a le droit, lors de la dissolution, d'en revendiquer l'usage exclusif.

Publication des pièces. — Dans une espèce particulière relative aux œuvres de MM. de Wailly frères, le tribunal civil de la Seine a décidé que, lorsqu'un ouvrage dramatique a été écrit en collaboration, chacun des collaborateurs a le droit, à raison de l'indivisibilité de l'œuvre, de publier cette œuvre commune, sans le consentement de l'autre, dans le même recueil que ses œuvres personnelles, et de toucher seul les droits d'auteur produits par la vente, surtout alors que son collaborateur n'offre point de participer aux frais d'impression et de publication.

Publications à l'étranger. — Depuis le décret du 28 mars 1852, les œuvres littéraires publiées à l'étranger sont assimilées, en matière de contrefaçon, à celles qui paraissent en France, sans différence pour les droits d'auteur.

Q

Querelles. — Lorsqu'une pièce ou la présence d'un acteur devient la cause de querelles entre les spectateurs, l'autorité municipale a le droit d'intervenir et d'expulser les perturbateurs.

Question de propriété. — V. *Compétence civile*

R̥

Rappels. — Un arrêté du préfet de la Seine, rendu le 2 décembre 1824, défend aux artistes de paraître sur la scène, alors même que le public le demande, en dehors des rôles qu'ils remplissent.

Cette ordonnance n'a jamais été abrogée, mais elle est, fort heureusement, tombée en désuétude. Les commissaires de police n'opposent jamais aux directeurs ou aux auteurs cette ordonnance, et le public ne se fait pas défaut de rappeler fréquemment ses artistes favoris.

Recéleurs. — Les recéleurs d'ouvrages contrefaits, soit littéraires, soit lyriques, ne peuvent être punis que s'ils ont agi sciemment.

Récépissé. — V. *Manuscrit.*

Réception des pièces. — Le directeur est lié irrévocablement envers l'auteur dès qu'il a définitivement accepté son œuvre.

De leur côté, les auteurs se trouvent liés indivisiblement envers lui, c'est-à-dire qu'ils sont tenus l'un et l'autre d'exécuter les engagements qu'ils ont pris.

Le directeur ne doit rien négliger de ce qui peut être nécessaire au succès des pièces par lui reçues, à peine d'indemnité envers les auteurs.

Une autre obligation qui lui est imposée est celle de notifier, chaque mois, la réception des pièces admises définitivement à la commission des auteurs dramatiques, lorsque les au eurs appartiennent à cette Société, et ce à peine d'une indemnité stipulée dans les traités au profit de la caisse de la Société.

Réception d'un opéra. — V. *Livret.*

Réception d'une pièce à deux théâtres. — Lorsqu'un auteur fait recevoir une pièce dans un théâtre, il n'a plus le droit de la céder à un autre. Si pourtant il l'a fait admettre par une seconde administration, celle-ci ne peut représenter l'œuvre au préjudice et malgré l'opposition du premier directeur. C'est à ce dernier qu'incombe la charge de prouver l'époque à laquelle il avait accepté la pièce.

Quant au second directeur, s'il établit qu'il n'avait aucune connaissance de l'engagement pris à un autre théâtre par les auteurs, il est en droit de leur réclamer des dommages-intérêts qui seront arbitrés selon les circonstances. Mais si, au contraire, il est prouvé qu'il n'ignorait pas la première acceptation, il peut être condamné, en même temps que l'auteur, à payer une indemnité au premier directeur.

Si le directeur avait ignoré la première convention, la pièce reste acquise à celui qui produit un contrat régulier. Si les deux directeurs produisent l'un et l'autre des engagements en bonne forme, la pièce reste au premier, et le second est en droit de réclamer à l'auteur des dommages-intérêts.

Recette. — V. *Droit d'auteur.* — *Droit des pauvres.*

Recette brute. — La recette brute des représentations théâtrales se compose du prix résultant de la vente des billets, faite au bureau ou en location, des abonnements et des entrées avant tout prélèvement de frais journaliers.

Recours. — V. *Autorisation.* — *Compétence administrative.*

Redevances. — Les redevances accordées autrefois aux théâtres privilégiés sur les spectacles de curiosités ne sont plus exigibles. Elles ont été totalement abolies, tant à Paris que dans les départements.

Réédition. — Nul n'a le droit d'éditer les œuvres d'un auteur, vivant ou mort, sans son consentement ou celui de ses héritiers ou cessionnaires.

De même, les créanciers de l'auteur ne peuvent rééditer ses œuvres sans son aveu ou celui de ses ayants-droit.

Refus de jouer. — L'acteur dont le nom figure sur l'affiche du jour ne peut, sans un motif légitime et sans avoir prévenu le directeur, se refuser à jouer les rôles de son emploi ou de son répertoire, alors même que ces rôles auraient été précédemment confiés à un autre artiste.

Le directeur, déférant immédiatement la contestation à l'autorité municipale, peut faire contraindre son pensionnaire à reprendre ses rôles pendant un certain laps de temps déterminé. Celui-ci est tenu d'exécuter cette décision provisoire sans préjudice de tous dommages-intérêts.

Il ne peut se refuser à paraître en scène sous le motif que ses appointements ne lui ont pas été payés. Il doit en référer aux tribunaux et attendre que la résiliation de son engagement ait été prononcée.

Il ne saurait davantage se refuser à tenir un rôle qui lui est confié sous prétexte d'inconvenance des paroles ou des costumes.

Refus de rôle. — Lorsqu'en recevant une pièce le directeur s'engage, envers l'auteur, à la faire représenter par tels ou tels artistes désignés à l'avance, le refus, par l'un d'eux, d'accepter le rôle qui lui a été confié ne suffit pas pour décharger le directeur de son obligation.

S'il ne peut arriver à contraindre l'acteur, il peut être tenu de payer une indemnité à l'auteur, lequel a toujours, en ce cas, le droit de retirer sa pièce. Celui-ci aurait, en outre, droit à l'indemnité prévue pour le cas de retard dans les délais stipulés pour la première représentation.

Quant à l'artiste, une fois qu'il a accepté un rôle, il ne peut le refuser, après la première représentation, en invoquant que ce rôle est sacrifié ou ridicule, surtout s'il est dans l'emploi pour lequel l'artiste a été engagé.

Refus de représenter. — V. *Retrait des pièces.*

Refus d'une pièce. — Lorsque le directeur d'un théâtre refuse une pièce qui lui est présentée, l'auteur ne peut, à raison de ce refus, former contre lui une demande en dommages-intérêts.

Le directeur peut aussitôt contraindre l'auteur à retirer son manuscrit, et celui-ci reprend la libre disposition de sa pièce.

Lorsque l'autorité interdit la représentation d'une pièce pour laquelle un acteur a été spécialement engagé, le directeur est en droit de demander contre celui-ci la résiliation de l'acte d'engagement, en lui tenant compte des études par lui faites et des appointements du mois commencé.

D'autre part, le retard apporté à la représentation par l'autorité ne rompt pas l'engagement. L'artiste est tenu de le remplir sous peine d'encourir une condamnation à des dommages-intérêts.

Régie intéressée. — V. *Droit des pauvres.*

Régisseur. — Au nombre des artistes d'un théâtre doit figurer le régisseur, qui s'occupe des pièces reçues et de leur mise en scène. Il a donc les mêmes droits et se trouve soumis aux mêmes obligations.

En outre, lorsqu'il contracte des engagements dramatiques avec les artistes, il agit comme mandataire du directeur, qui est alors tenu d'exécuter ces engagements.

Registre de réception. — Il est d'usage que les directeurs inscrivent sur un registre spécial, et à leur date d'acceptation, les pièces qu'ils reçoivent, mais ils n'y sont pas obligés. S'il existe, ce registre peut être invoqué contre eux. Il fait foi de la réception des pièces et de la date de leur admission, mais contre les directeurs seulement.

Le titre, le nombre d'actes de chaque pièce, les noms des auteurs et compositeurs, et les numéros d'ordre doivent y figurer, afin d'établir la date précise de la réception.

La commission des auteurs dramatiques, dans ses traités avec les directeurs, leur impose, au cas de réception de toute pièce, l'obligation d'inscrire sur un registre lesdites pièces. Elle recommande également aux auteurs de faire constater la réception de leurs pièces, soit par un traité particulier, soit par une lettre datée, toute acceptation verbale ne pouvant être accueillie par les tribunaux. En tous cas, l'auteur doit s'inquiéter de savoir si le directeur en a fait la notification à la commission.

Règlements. — Le directeur a la police spéciale de son théâtre. Il doit notamment faire exécuter les règlements. Quiconque appartient au théâtre, en quelque qualité que ce soit, est tenu de s'y conformer.

Quant à l'exécution de ces règlements, en cas d'infraction ou de difficultés, c'est aux tribunaux civils qu'il appartient de statuer lorsqu'il n'y a point contestation sur le sens des clauses invoquées.

Relâches. — Lorsque les relâches sont occasionnées par des travaux nécessaires et urgents qui ne peuvent être attribués qu'à un cas de force majeure, les appointements des artistes peuvent être suspendus pendant la durée de ces relâches. Mais, de leur côté, les artistes ont le droit de demander la résiliation de leurs engagements.

Si, au contraire, les travaux ont été nécessités par la faute du directeur, ou s'il ne s'agit que d'embellissements, les appointements des artistes ne doivent pas être arrêtés.

L'ordre donné par l'autorité supérieure de faire relâche est un cas de force majeure qui autorise le directeur à suspendre le cours des appointements. Si donc, pour un motif quelconque de haute convenance, un directeur croit devoir faire relâche sans que l'autorité supérieure lui en ait intimé l'ordre, il n'en doit pas moins payer ses pensionnaires.

Remaniement des pièces. — L'auteur ne peut, tant que sa pièce appartient au répertoire d'un théâtre, faire jouer sur une autre scène un ouvrage qui ne serait que la même œuvre remaniée ou une imitation sur un plan semblable, quand bien même le sujet appartiendrait au domaine public et que l'auteur aurait entièrement refait la pièce en s'adjoignant un collaborateur.

Remboursement des places. — Le spectateur qui a payé le prix de sa place peut en exiger le remboursement lorsque le directeur fait, sans l'avoir annoncé avant que la place soit payée, des changements dans le spectacle ou présente d'autres acteurs que ceux indiqués sur l'affiche. Il en est de même si, par une circonstance indépendante de la volonté du public, la représentation vient à être interrompue.

Remplacement d'un acteur. — Lorsque, par une raison quelconque, la présence d'un acteur occasionne des désordres dans la salle, l'autorité peut exiger son remplacement, sans préjudice des droits qui résultent de son engagement avec le directeur. De même, lorsque, sans donner un ordre formel, elle invite par écrit le directeur à engager, pour quelques représentations seulement, un artiste étranger, cette invitation ne saurait en rien modifier les conventions passées entre directeur et l'acteur qui tenait déjà le même emploi dans

son théâtre, alors même que l'engagement de l'artiste remplacé serait seulement provisoire. Celui-ci est parfaitement
autorisé à repousser toutes conditions nouvelles que le directeur lui offrirait, et à rentrer dans les termes de son engagement.

La fermeture d'un théâtre, prescrite par un arrêté municipal, jusqu'à ce qu'un acteur dont la présence avait causé du
trouble ait été remplacé, constitue un empêchement de force
majeure entraînant la résiliation pure et simple de l'engagement de cet acteur, sans que ce dernier puisse prétendre à
des dommages-intérêts, encore bien que l'achèvement de ses
débuts ait rendu son engagement définitif.

Mais l'acteur a droit aux appointements entiers du mois
commencé, nonobstant la stipulation que toute interruption
du service, quelle qu'en soit la cause, entraînerait une diminution corrélative des appointements.

De même encore, lorsque, sans s'appuyer sur une cause de
désordre, l'autorité municipale enjoint au directeur d'éloigner
de la scène un acteur, cette injonction administrative ne donne
pas au directeur le droit de résilier l'engagement sans indemnité pour l'artiste, surtout si celui-ci a fait ses débuts et si
l'on n'a rien à lui reprocher au point de vue de la négligence
et du mérite. De tels ordres n'ont pas, en effet, le caractère de
force majeure.

Rentrée. — Ainsi que nous l'avons dit, l'usage des trois
débuts s'est perpétué dans les départements ; mais, lorsqu'il
s'agit d'une rentrée, l'artiste qui déjà a fait ses preuves n'est,
à moins de convention contraire, tenu que d'un seul début.

Réparations. — La nécessité de faire des réparations ou
de reconstruire la salle peut faire suspendre et même supprimer les appointements des artistes, suivant les circonstances.

Réparations demandées par le public. — Autrefois, le
public s'arrogeait facilement le droit de forcer un acteur, qui
lui avait déplu pour quelque motif, de demander pardon et de
s'humilier devant lui. Les exemples de cette exigence sont à
peu près disparus maintenant, quoique cependant il s'en présente de temps à autre dans quelques villes de la province.

Nous ne voulons pas entrer ici dans une étude approfondie
de cette question. Qu'il nous suffise de dire aux artistes qu'il
n'existe aucune loi qui permette au public d'exiger de semblables réparations et qui force l'acteur à s'y soumettre. Bien

plus, non-seulement il a le droit de résister, mais même il peut invoquer l'appui de l'autorité chargée de la police du théâtre, et celle-ci ne peut lui refuser son concours.

Répertoire. — Les directeurs des théâtres de province sont tenus d'envoyer chaque année aux préfets, qui le transmettent eux-mêmes au ministre de l'intérieur, un répertoire, en double exemplaire, contenant toutes les pièces qu'ils se proposent de jouer dans le courant de l'année théâtrale.

Quant aux pièces, cantates, scènes détachées, chansons ou chansonnettes nouvelles jouées à Paris, elles ne peuvent être représentées dans les départements que d'après un manuscrit ou exemplaire visé au ministère de l'intérieur. Le visa ministériel n'est apposé que sur les pièces nouvelles.

Copie des répertoires ou suppléments de répertoire est renvoyée du ministère aux préfets, qui la transmettent à chaque directeur. C'est sur la présentation de cette pièce, revêtue de l'approbation ministérielle, que les autorités permettent la représentation des ouvrages qui s'y trouvent compris.

Toutes les modifications qu'un directeur de troupe de province veut apporter à son répertoire doivent être approuvées dans la même forme. — V. au mot *Censure* les circulaires rapportées.

Répétitions. — Le droit de fixer les jours et heures des répétitions appartient exclusivement au directeur.

L'auteur, ou son fondé de pouvoirs, a seulement le droit d'y assister et de donner tous les avis qu'il croit nécessaires au succès de son œuvre, sans pourtant que le directeur soit tenu de s'y conformer. Toutefois, si par négligence ou malveillance, il compromet les intérêts de l'auteur et cause l'insuccès de sa pièce, il peut être tenu de dommages-intérêts envers ce dernier. De même, l'insuffisance des répétitions permettrait à l'auteur d'intenter une action contre le directeur.

L'auteur doit être régulièrement averti, par un bulletin de la direction, des jours et heures auxquels les répétitions ont lieu. Il en est ainsi à l'égard de tous les collaborateurs de la même pièce. Si le directeur néglige de les prévenir, il excède son pouvoir et leur cause un préjudice dont il leur doit réparation.

Personne ne peut assister aux répétitions qu'avec le consentement de l'auteur et du directeur.

Nous n'avons pas besoin de dire que, si les auteurs peuvent surveiller les répétitions, ils ne sauraient y être contraints. Mais si, étant prévenus, ils ne les surveillent pas, ils ne sont pas admis à réclamer l'indemnité stipulée en cas de retard apporté à la représentation.

Suivant l'usage, l'entrée en répétition d'une pièce date du jour où a lieu la lecture aux artistes, qu'il s'agisse de pièces nouvelles ou de reprises.

Les auteurs ont toujours le droit d'exiger une répétition le lendemain de la première représentation.

Quant aux acteurs, ils sont tenus, sous peine d'amende et même de résiliation de leurs engagements, de se rendre aux répétitions à l'heure indiquée, alors même qu'ils savent leurs rôles. Ils sont responsables, envers le directeur et les auteurs, du retard qu'ils apporteraient à la représentation d'une pièce en refusant de la répéter.

Il en est de même de l'heure à laquelle ils doivent se rendre au théâtre pour les représentations. Selon l'usage, ils sont prévenus des lectures, répétitions et représentations, par un tableau spécial affiché chaque soir dans leur foyer.

Représentation. — Lorsqu'une pièce a été reçue par le directeur et approuvée par la censure, l'administration théâtrale ne peut, sous aucun prétexte, se refuser à la jouer.

Quant aux pouvoirs de l'autorité municipale, ils ne vont pas jusqu'à s'opposer à la représentation d'une pièce qui a été autorisée par le ministre.

Dès que le directeur est muni de cette autorisation ministérielle, il n'est pas obligé d'obtenir celle du préfet ou du maire. Ces derniers ne peuvent arrêter les représentations que si la pièce occasionne du trouble ou du désordre dans la salle.

Les conventions relatives aux droits à percevoir étant libres entre les directeurs et les auteurs, ceux-ci peuvent céder la propriété de leurs pièces à un directeur. Dans ce cas encore le directeur est tenu de représenter la pièce, et, s'il s'y refuse, l'auteur peut faire résilier le contrat et réclamer une indemnité pour le préjudice moral qui lui est causé.

Les engagements pris par le directeur, vis-à-vis des auteurs, ne sont réputés pris que pour la durée de l'entreprise. Si donc cette entreprise arrive à fin avant qu'une pièce acceptée soit représentée, l'auteur ne peut réclamer de dommages-intérêts du directeur. Il a seulement le droit de réclamer la remise de son manuscrit.

Le directeur ne peut retarder la représentation des pièces par lui reçues. V. *Retard.* Il ne peut non plus représenter une œuvre dramatique sans le consentement de l'auteur et de ses

collaborateurs. Ceux-ci ont toujours le droit de s'opposer à la
représentation publique de leurs ouvrages.

Le nombre des représentations d'une pièce, en cas de succès,
est laissé à l'appréciation du directeur; mais si, malgré ce
succès, il se contentait de donner un très-petit nombre de représentations, l'auteur, après l'avoir mis en demeure, serait en
droit de s'adresser au tribunal pour obtenir la résiliation du
contrat et pouvoir ainsi porter son œuvre sur un autre théâtre.

Le directeur de théâtre, auquel les auteurs d'une œuvre dramatique ont concédé le droit exclusif de représentation dans
une ville et pendant un temps déterminé, a une action directe;
même au correctionnel, contre le directeur qui, sans son autorisation et malgré sa défense, fait représenter la même œuvre
sur un autre théâtre.

Il en est ainsi encore bien que les auteurs feraient partie de
la Société des auteurs dramatiques et que le directeur poursuivi aurait un traité général avec cette Société, ces statuts
ayant réservé à ses membres le droit de faire des traités particuliers, et, par suite, d'accorder une autorisation exclusive à un
ou plusieurs directeurs, et d'interdire la représentation de leurs
œuvres à qui bon leur semble.

Représentation à bénéfice. — Les acteurs ont l'habitude de stipuler dans leurs engagements que, pour augmenter
leurs appointements, le théâtre donnera dans l'année une représentation à leur bénéfice. Si l'époque et les conditions en
sont déterminées à l'avance, le directeur doit s'y conformer.
Dans le cas où il en garantit le produit pour une certaine
somme, l'excédant en plus appartient au bénéficiaire; dans le
cas contraire, le directeur doit compléter la somme assurée.
Mais quelles que soient, à cet égard, les conventions, la recette
n'est due à l'artiste que déduction faite des frais ordinaires de
la représentation, dans lesquels ne rentrent pas ceux des loyers
de la salle et des appointements dus aux artistes, lesquels
constituent les frais généraux du théâtre.

Lorsque l'époque n'a pas été déterminée à l'avance, le directeur a le droit de désigner lui-même le jour de la représentation. Toutefois, il ne doit pas fixer l'un des jours où la recette
est insuffisante à payer les frais, et rendre ainsi la convention
illusoire. De son côté, l'acteur ne peut exiger que cette représentation ait lieu l'un des jours où la recette atteint son maximum, et il doit prévenir son directeur à temps.

Si, en termes généraux, le directeur a formellement stipulé

que la représentation aurait lieu à telle époque que bon lui
semblera, l'acteur est obligé d'accepter le jour qu'il lui dési-
·gnera. Lorsque, au contraire, le choix en a été spécialement
laissé à l'artiste, celui-ci peut fixer tel jour qu'il lui convient,
à la condition toutefois de laisser au directeur un délai suffisant
pour se mettre en mesure, surtout si l'administration lui a assuré une certaine somme.

Le directeur est tenu de fournir la salle, les décors et les
accessoires nécessaires.

La composition du spectacle doit être arrêtée d'un commun
accord entre l'artiste et le directeur, et il est d'usage que des
affiches annonçant ce bénéfice soient apposées quelque temps
à l'avance. Le directeur qui, par malveillance, ne remplirait
pas cet engagement, pourrait, à la demande du bénéficiaire,
être condamné à des dommages-intérêts.

A plus forte raison s'il se refusait à donner la représentation. Le tribunal devrait alors s'éclairer des circonstances de
la cause pour fixer le quantum de l'indemnité. Il a même
été décidé que, si l'artiste n'a pas donné sa représentation
à bénéfice dans l'année, il a toujours le droit de la réclamer
ultérieurement.

Quelquefois le directeur d'un théâtre stipule dans l'engagement de ses artistes qu'il aura le droit d'annoncer une représentation à bénéfice sous le nom de l'un d'eux et que le produit en sera pour lui-même. Nous n'avons pas besoin de dire
que cette clause est radicalement nulle, puisqu'elle a pour objet
de tromper la bonne foi des spectateurs et qu'elle est ainsi
contraire à la morale publique.

Ajoutons enfin que, lorsque le jour d'une représentation à
bénéfice a été arrêté entre le directeur et l'acteur, le premier
ne peut rien faire qui tende à diminuer les chances de bénéfices sur lesquelles le second devait légitimement compter.
Ainsi l'a décidé le tribunal de commerce de la Seine, en condamnant Roqueplan, alors directeur de l'Opéra, à 10,000 francs
de dommages-intérêts envers Levasseur, attendu qu'un jour
ayant été arrêté d'accord entre les parties, les premiers artistes de l'*Opéra*, avertis par la direction qu'ils auraient à chanter
dans deux grands ouvrages la veille et le lendemain du jour
fixé pour la représentation à bénéfice, s'étaient vus dans la nécessité de refuser leur concours à Levasseur. Quant au produit
des représentations à bénéfice, il peut être saisi aussi bien que
les appointements fixes de l'acteur.

A moins de convention restrictive, l'acteur d'un théâtre ne
peut se refuser à paraître dans une représentation à bénéfice

donnée sur un autre théâtre, lorsque son directeur lui en donne `
l'ordre.

De même, si les directeurs de deux théâtres s'entendent pour
donner des représentations alternatives dans l'une et l'autre
salle, les artistes ne peuvent refuser leur concours à cet
arrangement s'ils n'ont formellement stipulé le contraire.

Les droits d'auteur ne se modifient pas, en cas de représentation à bénéfice ou extraordinaire, sous le prétexte que le prix
des places a été augmenté. Ils sont toujours obligés de s'en
rapporter au tarif du théâtre.

Ajoutons que si la pièce d'un auteur se trouve portée, par
extraordinaire ou pour une représentation à bénéfice, sur
un autre théâtre, le directeur détenteur de la pièce doit demander son consentement à l'auteur, qui peut toujours le refuser.

Quant aux décisions que la commission des auteurs et compositeurs dramatiques stipule dans les traités des directeurs,
relativement aux représentations à bénéfice, elles doivent être
exécutées avant même que l'assemblée générale les ait ratifiées.

Depuis l'année 1860, la commission a décidé qu'à l'avenir toute
nouvelle direction verserait dans la caisse de secours de la Société l'indemnité de sa représentation à bénéfice d'avance, en
signant son traité. Plus tard, en juillet 1873, la même commission a décidé que, dans le cas où le traité aurait une durée de
plus d'un an, le directeur accepterait immédiatement une ou
deux traites d'égale somme qui lui seraient présentées par l'agent
en exercice, à dates fixées, au profit de la caisse de secours.

En conséquence de cette obligation, elle a également décidé
que le directeur aurait le droit de donner chaque année, à son
profit personnel, une représentation qu'il annoncera comme
donnée au bénéfice de la caisse de secours de la Société.

Les frais journaliers devant être prélevés par le directeur
sur la recette effective, il va de soi qu'il n'a aucune réduction
à faire sur les appointements de ses acteurs. De même, si le
bénéficiaire engage des artistes étrangers qui demandent un
cachet, c'est ce dernier qui est tenu de les payer.

Lorsque les représentations à bénéfice ou de retraite sont
données au profit d'acteurs qui y ont droit aux termes de leurs
engagements, ou au profit de leurs veuves et de leurs enfants,
le droit des pauvres ne se perçoit pas sur l'augmentation accidentelle du prix des places. Mais cette exception est limitative
et n'est pas appliquée aux représentations extraordinaires données à leur profit personnel par des artistes ou des particuliers.

Représentation à deux théâtres. — Un auteur n'a pas

le droit de faire représenter la même pièce dans deux théâtres de la même ville ; celui qui l'a représentée le premier est présumé en avoir seul le droit. Mais il est bien entendu que, si un ouvrage est représenté à Paris, l'auteur a toujours le droit d'en autoriser la représentation en province.

Représentations à l'étranger. — Le droit de représentation théâtrale n'existe en France, au profit des ouvrages dramatiques représentés d'abord à l'étranger, qu'autant qu'il existe sur ce point des traités diplomatiques sipulant la réciprocité.

Il y a cependant exception à ce principe en faveur des auteurs français. Alors même que leurs pièces ont été jouées dans des pays qui n'ont pas fait de traité avec la France, ils conservent leurs droits sur leurs ouvrages et sont fondés à former une action en contrefaçon contre ceux qui s'en emparent.

Représentation en province. — Les artistes n'ont pas le droit d'employer les congés annuels qui leur sont accordés pour jouer sur un autre théâtre de la même ville ou de la banlieue, s'ils ne se sont pas réservé cette faculté. Mais ils peuvent donner des représentations en province.

Mais si le directeur a stipulé que l'artiste ne pourra, pendant son congé, jouer hors de son théâtre, ce dernier ne peut donner, même en province, aucune représentation.

Lorsque c'est le directeur qui engage un acteur pour donner des représentations dans différentes villes, il doit laisser jouer cet artiste, sinon il s'expose au paiement du dédit intégral qui a pu être stipulé et à celui des frais de déplacement de son pensionnaire.

Représentation extraordinaire. — V. *Représentation à bénéfice.*

Représentation obligée. — V. *Acceptation des pièces.*

Représentations sur un autre théâtre. — L'acteur qut s'engage sur un théâtre est, par cela seul, obligé de consacrer tout son talent au service de l'entreprise à laquelle il s'est attaché. Cette entreprise a, en effet, entendu se réserver la jouissance exclusive de son talent dramatique et profiter de tous les produits qui pourront être retirés de ce talent. L'acteur n'a donc pas le droit de paraître sur un théâtre autre que celui où il s'est engagé sans y être autorisé par le directeur, car ce serait causer un préjudice à son entreprise.

15.

Ordinairement, le contrat d'engagement fait une réserve formelle à cet égard; mais, si l'acte est muet, la réserve doit être
présumée faite et l'acteur ne peut pas davantage paraître ni
donner des représentations hors du théâtre auquel il appartient.
V. *Représentations en province.*

Reprise des représentations. — Le concours de l'auteur est-il nécessaire pour la reprise des représentations de sa
pièce ?

Un arrêt de la Cour de Paris a définitivement résolu cette
question, le 26 juin 1840, en faveur de la négative.

En effet, s'il est vrai que le décret du 13 janvier 1791 défend
de représenter sur un théâtre public les ouvrages des auteurs
vivants sans leur consentement, cette disposition ne peut s'appliquer au cas où un auteur a traité de son ouvrage avec une
administration théâtrale. Le consentement, une fois donné par
l'auteur, n'a pas besoin d'être renouvelé; aucune disposition
de loi ou de règlement ne l'exige. La suspension des représentations, quelque longue qu'elle soit, ne crée pas un droit nouveau.

Sans contredit, l'auteur a le droit d'assister aux répétitions
de son œuvre, d'en diriger les études et de concourir à son
succès par tous les moyens possibles, mais il ne peut suspendre à son gré les représentations, en assigner les époques, et,
par là, causer préjudice à l'administration, chargée seule de
tous les frais de la mise en scène.

Reproduction. — Celui qui prétend avoir le droit de reproduire une œuvre littéraire ou dramatique peut en faire la
preuve par tous les moyens et même par témoignage.

Lorsqu'il justifie avoir ce droit, il peut poursuivre les contrefacteurs, alors même que l'auteur ou un précédent cessionnaire se seraient réservés personnellement le droit de reproduire
la même œuvre concurremment avec lui.

Il peut, de même, demander la confiscation des exemplaires
reproduits en contrefaçon, en tout état de cause, même à
l'égard des tiers détenteurs qui n'auraient pas été originairement appelés au procès.

Résiliation des engagements. — Elle ne peut être demandée et obtenue, avant le terme convenu pour son expiration, que pour des causes graves et sérieuses. Nous les avons
rapportées aux différentes notes qui peuvent donner naissance
à une demande de cette nature.

La résiliation n'a jamais lieu de plein droit : elle doit être prononcée par les tribunaux compétents; et, tant que la résiliation n'est pas prononcée, l'une et l'autre des parties doivent exécuter l'engagement.

Lorsque l'artiste, pour une raison quelconque, motive une demande en résiliation, le directeur doit, au préalable, le mettre en demeure d'exécuter ses engagements. S'il négligeait cette mesure, la résiliation ne pourrait être prononcée.

Pour que la résiliation soit prononcée, il est indispensable que l'engagement ait reçu un commencement d'exécution. Ainsi, il a été décidé que, lorsqu'un directeur engage, pour trois années, un artiste, en se réservant le droit de le congédier avant l'expiration de la première année, et à charge de l'avertir trois jours au moins à l'avance, il ne peut renvoyer son pensionnaire sans lui payer une indemnité, si l'engagement n'a pas été en partie exécuté.

Si le tribunal fonde la résiliation sur les torts réciproques de l'acteur et du directeur, il ne saurait prononcer au profit de l'un ou de l'autre une condamnation en .paiement de dommages-intérêts ou de dédits respectivement convenus.

Le directeur est en droit de stipuler qu'il pourra résilier l'engagement de son pensionnaire pendant le premier mois de son exécution. Cette clause est parfaitement licite, et l'artiste ne serait pas fondé à demander des dommages-intérêts. Il ne peut réclamer que ses appointements du mois, s'il en a été stipulé.

Mais, dans tout autre cas, si le directeur a stipulé qu'il aurait seul le droit de demander la résiliation, il n'en faudait pas moins que sa demande reposât sur des motifs sérieux, et l'artiste pourrait néanmoins, suivant les circonstances, réclamer des dommages-intérêts.

A cet égard, la Cour suprême a décidé que, d'après les usages du théâtre, si la résiliation est demandée sans motifs graves et prononcée, les tribunaux doivent allouer à l'artiste, à titre d'indemnité, les appointements d'un mois ou d'une année, selon qu'il est engagé au mois ou à l'année.

La convention par laquelle un directeur se réserve le droit de rompre le traité qui le lie avec un acteur, à la fin du premier mois, sans avoir même de motifs à alléguer pour user de cette faculté, constitue une contrat valable de louage de service à l'essai.

Quoiqu'un pareil contrat stipule que, pour user de ce droit, le directeur préviendra son co-contractant avant la fin du premier mois, les tribunaux peuvent, en l'absence d'une signification régulière de congé, puiser dans de simples présomptions la preuve que l'acteur n'a pu se méprendre sur l'intention certaine de son directeur d'user de cette faculté. Mais, en pareil cas, le directeur commet une négligence qui l'expose à être condamné à payer une indemnité de congé à l'acteur.

Responsabilité. — Il n'y a, de la part du directeur, ni faute, ni responsabilité lorsque, s'étant engagé à représenter sur son théâtre une œuvre déjà jouée sur une autre scène, une décision ministérielle en interdit la représentation. C'est là un cas de force majeure qui affranchit le directeur de tous dommages-intérêts envers l'auteur.

L'acteur qui, par sa faute, fait manquer une représentation, ou force l'administration à changer la composition du spectacle, est passible de dommages-intérêts envers le directeur. Sur ce point on ne peut poser de règles invariables, les tribunaux devront donc s'éclairer des faits et circonstances pour fixer l'indemnité à allouer au directeur et à l'auteur.

Restitution. — V. *Manuscrit.*

Retard. — Lorsqu'une pièce a été reçue par un directeur, et que son tour est arrivé, il ne peut être apporté par l'administration aucun retard dans la mise à l'étude et la représentation de cette pièce. Si elle se rend coupable de négligence ou mauvaise volonté, l'auteur a droit de lui réclamer une indemnité.

Le directeur ne peut davantage retarder la représentation des pièces reçues au-delà du terme fixé dans les conventions qui interviennent, à cet égard, entre les directeurs et la commission des auteurs dramatiques. Lorsque le directeur contrevient à ces stipulations, l'auteur rentre dans la propriété de son manuscrit et a droit à l'indemnité convenue entre les parties, à moins qu'il préfère que son œuvre soit représentée. Une décision du tribunal de Paris a même ordonné que le directeur, outre l'indemnité, serait tenu de représenter, dans la quinzaine, un opéra qu'il avait reçu, trois fois par semaine, jusqu'à la fermeture du théâtre, pour être repris à la réouverture, à concurrence de quarante représentations, à peine d'une nouvelle indemnité en cas d'inexécution du jugement.

Dans ce cas, le droit de retrait du manuscrit et l'indemnité lui sont acquis de plein droit, après les délais fixés, sans qu'il soit besoin de mise en demeure et par l'effet seul de la convention.

Si une date fixe a été arrêtée entre le directeur et l'auteur, le

directeur est obligé de représenter la pièce à cette date, alors
même qu'une autre époque serait indiquée dans les conventions par lui posées avec la commission des auteurs.

Le directeur ne peut davantage s'armer de l'impossibilité de
se procurer un artiste capable de remplir un rôle pour retarder la représentation d'une pièce qu'il s'est obligé de faire jouer
dans un délai stipulé! Il ne peut davantage s'appuyer sur ce
qu'un succès obligeait à retarder la représentation de toute
pièce nouvelle.

Le directeur ne peut déduire des délais fixés le temps écoulé
pendant une clôture annuelle ou toute autre cause volontaire
de fermeture. L'auteur peut également réclamer la représentation de son ouvrage lorsque son numéro d'inscription est arrivé, surtout s'il s'agit d'une pièce de circonstance telle qu'une
pièce de carnaval, ou si le directeur voulait faire passer avant
la sienne une autre pièce analogue ou reposant sur un même
sujet historique.

Si, par suite de retards que le directeur aurait apportés à la
représentation, la distribution des rôles, faite par l'auteur, n'é-
tait plus réalisable, parce qu'un ou plusieurs artistes ne feraient
plus partie du théâtre, toute excuse du directeur deviendrait
inadmissible. L'auteur serait fondé à retirer son manuscrit et
à réclamer les prime et dédit stipulés, sans préjudice de tous
dommages-intérêts.

Retrait de manuscrit. — V. *Manuscrit.*

Retrait des pièces. — La suspension des représentations d'une pièce ne permet pas à l'auteur de retirer sa pièce
d'un théâtre pour la porter sur un autre. En effet, à moins
qu'il n'en ait été autrement convenu, la pièce appartient au
directeur qui l'a fait représenter, et le droit exclusif de la représenter encore plus tard appartient à celui-ci qui a couru les
chances et satisfait aux dépenses de la première représentation.

Mais ce droit doit évidemment être limité. Si le directeur
laisse s'écouler un an sans que la pièce soit reprise, il est censé
l'avoir abandonnée, et l'auteur reprend alors la propriété de
son œuvre. Tel est du moins l'usage de Paris.

Ajoutons cependant que l'auteur doit, avant tout, faire constater le refus de jouer opposé par le directeur, et faire résilier
la convention par le tribunal. A défaut de mise en demeure
judiciaire il ne peut disposer de sa pièce au profit d'un autre
théâtre.

Il est incontestable que, si le directeur ne tient pas les engagements par lui pris envers l'auteur, celui-ci est autorisé à demander la résiliation du contrat et à retirer sa pièce. Il le
pourrait si, par exemple, la négligence ou le mauvais vouloir
du directeur compromettait le sort de son œuvre. V. *Première
représentation*.

De son côté, le directeur qui prétend tirer de certaines circonstances la preuve contre les auteurs qu'ils avaient retiré
leur pièce est tenu de faire lui-même cette preuve.

Retrait des rôles. — A moins de conventions contraires
stipulées dans l'engagement d'un artiste, l'auteur et le directeur peuvent, jusqu'au moment de la représentation, retirer
des mains de celui-ci le rôle qui lui avait été confié, alors
même qu'il l'a déjà appris et répété, si cet artiste paraît insuffisant.

Toutefois, le retrait doit être basé sur l'intérêt de la pièce
et non sur des causes étrangères à l'art. Si ce retrait a lieu
alors que l'artiste a déjà fait des frais de costumes, même de
ville, mais ayant un caractère particulier, on lui doit des dommages-intérêts.

Il n'est pas douteux que l'incapacité dûment constatée, d'un
artiste autorise l'auteur et le directeur à lui retirer les rôles
qu'ils lui avaient confiés. Mais, en cas d'incertitude, ils ne
peuvent opérer ce retrait, sans que le jeu, la mémoire et la
capacité suffisante de l'acteur aient été examinés et appréciés
par trois experts assermentés et désignés par le tribunal compétent.

Lorsque, dans son acte d'engagement, l'artiste n'a pas stipulé expressément que les rôles de son emploi lui seraient
remis en chef et sans partage, il est loisible au directeur de le
laisser inactif, à la charge de lui payer ses appointements.

Il est par conséquent, et *a fortiori*, loisible à ce directeur de
lui retirer les rôles qu'il lui a confiés, sans que l'artiste ait le
droit de se plaindre, alors même qu'il aurait répété ou joué
ces rôles.

En effet, l'engagement contracté dans ces termes est purement conditionnel et n'impose pas au directeur l'obligation
d'attribuer définitivement à l'artiste les rôles de son emploi.

Toutefois, le tribunal de commerce de la Seine, tout en reconnaissant, en principe, qu'un auteur est libre d'exiger le
retrait d'un rôle des mains de l'artiste, dans l'intérêt réel de
son œuvre, a décidé que le droit de l'artiste, en vue de sa réputation, doit être également protégé quand il est constant que

c'est pour des causes étrangères à l'art et à l'intérêt de la re-présentation qu'il est privé du fruit de son travail et de ses études. Si donc le rôle a été retiré sans motifs légitimes, par caprice ou mauvais vouloir, l'artiste peut obtenir du tribunal sa remise en possession dudit rôle, sinon des dommages-intérêts.

Lorsqu'un directeur a congédié un artiste en lui retirant un rôle qu'il lui avait distribué et en lui offrant un mois d'appointements, il n'est plus recevable à offrir de continuer l'engagement, si l'artiste a dû le considérer comme rompu et a introduit une instance en paiement du dédit stipulé.

Le directeur a toujours le droit de modifier la distribution des rôles. En conséquence, un artiste, même alors qu'il n'a été engagé qu'à l'occasion d'une pièce spéciale, ne saurait se plaindre de ce qu'on lui a retiré un rôle pour lui en donner un autre, alors, d'ailleurs, que ce dernier rentre dans ceux de son emploi.

Réunion particulière — Ce que nous avons dit des représentations données par l'artiste, soit en province, soit sur un autre théâtre que celui auquel il est attaché, ne s'étend pas aux représentations qu'il donnerait devant une réunion particulière.

Peu importe que l'acteur y paraisse moyennant un salaire ou gratuitement.

Une réunion de ce genre n'étant pas publique, il n'y aurait aucune espèce de concurrence faite au théâtre auquel appartient l'acteur. La prohibition, à lui imposée de se montrer sur une autre scène, ne peut s'appliquer uniquement qu'aux réunions qui établiraient une rivalité.

Les réunions privées ne pouvant en aucune façon nuire à l'entreprise, le directeur ne serait donc pas recevable à se plaindre et par conséquent à former contre son pensionnaire une demande en dommages-intérêts.

Réunions privées. — Les réunions privées, telles que bals et concerts de société, où l'on n'entre que par abonnement, sont exceptées de la perception du droit des pauvres, s'il est constant que l'abonnement n'est pas public, qu'ils ne sont point la chose d'un entrepreneur et qu'il n'entre dans ces réunions aucun objet de spéculation de la part des sociétaires ou des abonnés.

Révocation. — V. *Dédit*.

Révocation du directeur. — Les théâtres subventionnés et les théâtres de municipalité ne constituent point une industrie libre. Elle est soumise à des règles spéciales pour l'ordre et l'intérêt publics, et à l'obtention d'un véritable privilége.

Il s'ensuit que les engagements des artistes sont assujettis au sort de ce privilége, dont ils sont une dépendance nécessaire. Si donc le privilége vient à cesser avant le temps, par une raison légale, les engagements des artistes, mesurés sur ce même temps, doivent cesser également sans indemnité.

La révocation du directeur entraîne, par conséquent, cette rupture de plein droit. Mais, à part les engagements, il va de soi que le directeur révoqué est responsable des actes par lui faits pendant son administration. Toutefois, les artistes ou employés qui acceptent de donner leurs services au successeur ne peuvent plus exercer de recours contre le précédent directeur.

Il appartient aux tribunaux d'apprécier les circonstances sur lesquelles cette preuve peut être établie.

Rideau-annonces. — V. *Affiches*.

Rideau de fer. — V. *Incendie*.

Rôles. — L'acteur doit jouer tous les rôles dont il est chargé par l'administration théâtrale, et qui, aux termes de son engagement, rentrent dans son emploi. Il ne saurait s'y refuser sous le prétexte que son rôle est d'une importance trop secondaire pour son mérite, ou n'est pas convenable à son physique, ni se faire juge de la valeur de la pièce. Il ne peut non plus se refuser à accepter les modifications que l'auteur juge convenable d'apporter à son rôle pendant le cours des répétitions.

Le moins d'importance d'un rôle ne doit jamais être une cause de refus, puisqu'en le jouant bien, l'artiste, par son talent, fait toujours oublier cette différence, et donne ainsi une preuve de son dévouement et de son amour de l'art.

Lorsque l'artiste n'est engagé que pour un genre de rôles déterminé, on ne peut lui en imposer qui sortent de son emploi. En cas de difficultés sur la nature d'un rôle, le tribunal devra statuer en s'éclairant par tous les moyens qu'il jugera nécessaires. Si l'artiste consent à tenir momentanément d'autres rôles que ceux pour lesquels il est engagé, ce n'est que par complaisance, et l'on ne saurait en tirer grief contre lui.

Lorsqu'après avoir reçu et joué un premier rôle, il se voit forcé, par une maladie temporaire contractée dans son service,

d'interrompre ses représentations, il a le droit de revendi q
ce rôle, confié à un autre artiste pendant son absence.

Quant aux artistes qui se sont engagés à jouer tous les rôles
qui leur seront assignés par le directeur, il est incontestable
qu'ils ne peuvent, sous aucun prétexte, se refuser à tenir ceux
qui leur sont distribués. Les tribunaux l'ont toujours décidé
ainsi, en ordonnant la résiliation de l'engagement et en condamnant l'artiste récalcitrant à des dommages-intérêts.

Vainement l'artiste opposerait que dans l'acte d'engagement
son emploi spécial a été formellement désigné, si, comme cela
arrive fréquemment, il n'a pas eu le soin de faire effacer la
clause ordinaire imprimée, qui l'oblige, en termes généraux, à
tenir tous les rôles que le directeur croit devoir lui distribuer.
Cette solution peut, en certains cas, paraître exorbitante,
mais la première convention de l'engagement ne fait, en
aucune façon, disparaître la seconde, et plus d'une fois les
tribunaux l'ont ainsi reconnu dans leurs décisions.

Cette clause générale qui oblige l'acteur à jouer tous les rôles
qui conviennent à son emploi et à ses moyens, confère au directeur le droit de forcer l'artiste à reprendre le rôle qui lui a
été retiré, pour être confié à un autre.

Il va de soi, néanmoins, que le directeur doit laisser à ses
artistes le délai moral nécessaire pour apprendre leurs rôles,
avant de les forcer à paraître en public. C'est aux tribunaux
civils qu'appartient, en cas de contestations, le droit de décider.

Lorsque l'acteur s'engage à jouer tous les rôles que le directeur lui distribuera, il est bien entendu qu'il s'agit de rôles
analogues à ceux désignés dans l'engagement. En conséquence,
le directeur ne saurait contraindre l'acteur à passer dans les
chœurs ou dans le corps des figurants. Celui-ci aurait parfaitement le droit de résister à cette prétention. Mais ce droit
cesserait, bien entendu, s'il s'était engagé non-seulement à
jouer tous les rôles qui lui serait distribués, mais encore à
figurer et chanter dans les chœurs.

Dans le cas même où l'acteur aurait pris cet engagement
si large, le directeur n'aurait pas le droit de le contraindre à
tenir un rôle dans lequel il n'aurait qu'à danser sans rien dire.

Rôles *à la volonté du directeur.* — Lorsque l'acteur s'est
formellement engagé à jouer des rôles à la volonté du directeur, ce dernier est libre d'en distribuer à son pensionnaire
dans les pièces anciennes et nouvelles, comme aussi de lui en
refuser. L'artiste ne saurait le contraindre à le faire jouer ; il

peut seulement exiger le paiement de ses appointements tant que dure son engagement.

Mais, lorsqu'il a été seulement dit que l'acteur est engagé pour un certain nombre de rôles, sans stipulation expresse conférant un droit privatif à son profit, l'artiste peut-il exiger que tous les rôles appartenant à l'emploi désigné lui soient remis. Non, assurément. Le directeur est le juge absolu de distribuer ou non des rôles à l'artiste ainsi engagé, alors même que celui-ci serait réduit à une inactivité forcée, nuisible à ses moyens acquis et à leur perfectionnement, ou qu'il se trouverait par là privé des feux stipulés à son profit.

C'était à l'artiste à stipuler d'avance que les rôles de son emploi lui seraient confiés en chef et sans partage.

Mais l'artiste peut refuser de concourir à une représentation extraordinaire, lorsque le rôle qu'on lui a distribué ne fait pas partie du répertoire du théâtre avec lequel il est engagé, et n'a pas eu le temps nécessaire pour apprendre ce rôle.

Rôles de complaisance. — V. *Rôles.*

Rôle secondaire. — Le droit, accordé à un artiste, de débuter entraîne, pour lui, celui de terminer les débuts. Quant au mode suivant lequel le directeur doit exécuter l'obligation, par lui ainsi prise, envers l'artiste conditionnellement engagé, il a été jugé que, sauf convention contraire, le directeur qui s'est réservé, en engageant un acteur pour les premiers rôles, de lui distribuer, en cas de besoin, des rôles secondaires, peut user de cette faculté même aux représentations de débuts de cet artiste.

Romains. — V. *Claqueurs.*

Romances. — Les romances, airs de musique, chansons, doivent être assimilés aux pièces de théâtre pour ce qui concerne le droit de représentation et celui de publication imprimée, encore bien que le titre en serait modifié et qu'elles seraient intercalées dans une brochure contenant des chansons du domaine public.

En pareil cas, si c'est l'imprimeur qui est l'auteur principal de la contrefaçon, les chanteurs ambulants qui vendent ces chansons imprimées au mépris des droits d'auteur, sont passibles des peines prévues par le Code pénal, sans que le plaignant ait à prouver autre chose que le fait même du délit de contrefaçon.

Il n'y a ni contrefaçon ni concurrence déloyale dans le fait de composer et publier une chanson sur les mêmes données qu'une précédente, alors que, portant un titre différent et répondant à la première, elle constitue, en réalité, une œuvre différente, et qu'il ne peut y avoir lieu à aucune confusion. Il en est ainsi, encore bien que l'auteur de la deuxième chanson aurait imité, en partie, le même refrain en indiquant qu'elle se chante sur l'air de la première, ce renvoi à l'œuvre précédente ne pouvant que profiter à la publicité de celle-ci au lieu de lui nuire.

Ne présente pas le caractère de contrefaçon le fait d'avoir reproduit une pièce de vers ou de musique dans un article de journal, alors que cet article a été publié et écrit dans un sentiment de bienveillance pour l'auteur bien plutôt que dans un but mercantile. En pareil cas, l'éditeur ne saurait, pas plus que l'auteur, alléguer un préjudice appréciable et donnant ouverture à une action.

Il en est autrement lorsque la reproduction n'a été faite que dans un but mercantile et intéressé, par exemple dans un journal-programme.

Romans. — V. *Pièces tirées de romans.*

Ruptures des contrats. — Lorsque, d'un commun accord, les contrats passés par les directeurs avec les auteurs ou les artistes ont été rompus, nul d'entre eux n'est fondé à en réclamer ultérieurement l'exécution.

Chacun a intérêt à constater matériellement cette rupture, car il ne suffit pas à l'une des parties d'affimer qu'elle se trouve déliée, il faut encore qu'elle l'établisse.

Ainsi le directeur ne peut, sans établir la preuve, invoquer, pour se soustraire à ses obligations, qu'une pièce a été abandonnée par lui et l'auteur, d'un commun accord, et remplacée par une autre pièce qui a été représentée depuis, ou pour laquelle la convention a été rompue, moyennant l'indemnité stipulée dans le traité passé avec la commission des auteurs et compositeurs dramatiques.

S

Saisie. — Tout propriétaire d'œuvres littéraires ou musicales qui se plaint qu'un tiers les a contrefaites, peut, en vertu d'une ordonnance rendue sur requête, par le président du tribunal civil, faire saisir par le ministère d'un huissier les exemplaires contrefaits partout où il s'en découvre. Notamment, s'il s'agit de journaux-programmes dans lesquels se trouveraient insérés des pièces ou morceaux ainsi contrefaits, il peut être autorisé à les faire saisir entre les mains de ceux qui les vendent à la porte des théâtres.

Saisie-arrêt. — En principe, la totalité des appointements des acteurs peut être saisie par leurs créanciers, sans qu'il y ait à distinguer entre ceux échus ou à échoir.

Il en est de même pour les feux et cachets.

Nous devons dire que, dans la pratique, les tribunaux limitent le plus souvent la portion saisissable.

En ce qui concerne les appointements non échus, on s'est demandé si la saisie peut en arrêter la totalité. Nous n'hésitons pas à répondre que non. La saisie ne peut avoir pour effet d'enchaîner à l'infini les facultés du comédien. Ainsi donc il peut toucher ce qui lui est nécessaire pour ses besoins personnels et pour les exigences de sa profession, sans que le directeur puisse être tenu de verser entre les mains des créanciers saisissants la totalité des sommes échues depuis l'opposition. Un arrêt a même décidé qu'il en est ainsi « alors même que l'acteur saisi serait décédé sans avoir réclamé contre les créanciers opposants le paiement, à son profit, d'une fraction de ses appointements, nonobstant les saisies-arrêts pratiquées. »

Ce que nous venons de dire pour les appointements, feux et cachets, s'applique de même à la part sociale de l'acteur sociétaire et aux produits des représentations à bénéfice.

C'est entre les mains du directeur, seul débiteur des appointements de l'artiste, que la saisie doit être formée. Elle serait nulle si on la pratiquait entre celles du caissier de l'administration théâtrale.

La totalité des appointements et feux étant, en principe, saisissable, la saisie peut valablement arrêter les appointements d'un acteur qui se fait payer chaque soir avant la représentation.

Les droits d'auteur peuvent également être saisis-arrêtés, et la saisie pratiquée par un créancier arrête à la fois le montant des représentations passées et celui des représentations à venir. Il s'agit, bien entendu, des créanciers personnels des auteurs et non de l'administration théâtrale.

Quant à l'effet de cette saisie, il peut être réduit par le juge, en référé, au cinquième seulement, car le principe, aujourd'hui admis, est que les droits d'auteur, aussi bien que les appointements des artistes, ont un caractère alimentaire.

Si l'auteur, au lieu de toucher la part de droits qui lui est due, la laisse dans la caisse du théâtre à titre de prêt, par exemple, son privilége disparaît. Les créanciers du directeur peuvent la saisir-arrêter et l'auteur ne participe au partage des sommes arrêtées qu'au marc le franc de sa créance, conformément au droit commun.

Saisie des recettes. — La loi du 19 janvier 1793 autorise la saisie des recettes d'un théâtre dont les représentations portent atteinte aux lois sur la propriété littéraire; mais, aux termes de l'article 1er de la loi du 25 prairial an III, c'est au commissaire de police, ou, s'il n'y en a pas, au juge de paix qu'il appartient de procéder en cette matière.

Est donc nulle la saisie de la recette pratiquée à la requête d'un auteur ou d'un compositeur, par application de l'article 3 de la loi du 19 janvier 1791 et de l'article 428 du Code pénal, lorsqu'elle a été opérée par un huissier agissant en vertu d'une ordonnance du président du tribunal civil.

Saisie-exécution. — Tous les biens du débiteur sont le gage de ses créanciers. Il résulte de ce principe général que l'acteur ne peut s'opposer à la saisie-gagerie ou à la saisie-exécution, ni à la vente de ses costumes et parures de théâtre, lorsque des poursuites sont exercées contre lui par un créancier, quel qu'il soit.

Vainement il alléguerait que ces objets sont nécessaires à sa profession et engagés au service du théâtre, le droit des créanciers doit prévaloir. Néanmoins, l'artiste conserve la faculté d'en retenir jusqu'à concurrence de trois cents francs. Cette faculté lui est, en effet, réservée par l'article 272, § 4 du Code de procédure civile, ainsi conçu : « Ne pourront être saisis : ...
» 3° Les livres relatifs à la profession du saisi, jusqu'à la somme
» de trois cents francs, à son choix; 4° les machines et ins-
» truments servant à l'enseignement pratique ou exercice des
» sciences et arts, jusqu'à concurrence de la même somme et
» au choix du saisi. »

Saisie foraine. — On entend par débiteur forain celui qui n'a ni domicile ni habitation dans la commune du créancier, où il se trouve accidentellement.

Un directeur de théâtre qui fait des tournées dans différentes villes, alors même qu'il loge en hôtel garni, n'est pas un débiteur forain. En conséquence, un créancier ne peut saisir forainement ses effets et objets mobiliers.

Quant aux acteurs, il n'en est pas de même. Leurs créanciers ont le droit de pratiquer une saisie foraine sur les objets qui leur appartiennent. — V. *Bagages.*

Saisie immobilière. — V. *Immeubles.*

Salles de spectacles. — Chacun est libre de construire une salle de spectacle, mais l'on est tenu, dans un intérêt de sécurité publique, de se conformer à certaines mesures qui sont contenues aux ordonnances de police.

Ainsi, tout individu voulant faire construire et exploiter un théâtre est tenu d'en faire la déclaration préalable. Il est joint à l'appui des plans détaillés, avec coupe, et l'indication du nombre des places, calculé, par personne, à raison de 0m80 de profondeur sur 0m45 pour les places en location, et 0m70 sur 0m45 pour les autres places. Les travaux ne peuvent être commencés que sur l'avis formel du préfet de police, après examen du projet.

L'édifice peut être isolé ou adossé au choix du constructeur. En cas d'isolement, il sera laissé, sur tous les côtés qui ne seront pas bordés par la voie publique, un espace libre ou chemin de ronde qui pourra n'être que de trois mètres de largeur si les maisons voisines n'ont pas de jour sur ledit chemin. Dans le cas contraire, la largeur serait rationnellement augmentée, en égard notamment à l'importance et aux dispositions de l'édifice. — En cas d'adossement, il sera construit un contre-mur en briques de 0m25 au moins d'épaisseur, pour préserver les murs mitoyens. — L'épaisseur de ce contre-mur pourra être augmentée, comme la largeur du chemin de ronde ci-dessus, et par les mêmes considérations.

Saltimbanques. — V. *Chanteurs ambulants.*

Sapeurs-Pompiers. — Indépendamment de leur service ordinaire, les sapeurs-pompiers font, sous le rapport des dangers du feu, celui des spectacles, bals et réunions publiques.

Le préfet de police règle la rétribution qui leur est due par les directeurs pour ce service, et le montant de cette rétribution est la propriété des officiers, sous-officiers et sapeurs-pompiers qui ont fait le service. Néanmoins, en ce qui concerne les hommes de troupe, la moitié seulement leur est remise immédiatement, et l'autre moitié est versée à la masse d'entretien.

Le général commandant la 1re division militaire et le préfet de police doivent se concerter pour assurer, en cas d'incendie, aux officiers, l'autorité nécessaire, attendu qu'à eux seuls appartient la direction des moyens d'extinction.

Scène. — La police de la scène et des coulisses appartient au directeur du théâtre. C'est lui qui doit faire observer toutes les règles d'ordre intérieur, et les artistes, comme les employés, doivent lui obéir.

Scandale. — V. *Pièce à scandale.*

Scellés. — Lorsqu'un auteur vient à décéder, s'il y a lieu d'apposer les scellés à son domicile, on doit les apposer sur ses manuscrits comme sur tous ses autres biens.

Scènes détachées. — V. *Couplets.*

Secrétaires. — Les secrétaires de théâtre sont des employés au mois, et non à l'année comme les artistes.

Semaine sainte. — Dans la plupart des départements, l'usage est de fermer les théâtres pendant la durée de la semaine sainte. Dans ce cas, les appointements des artistes engagés seulement au mois sont suspendus.

Séparation de corps. — V. *Femme mariée.*

Service des sapeurs-pompiers. — Le service des sapeurs-pompiers s'effectue conformément à la consigne générale, approuvée par le préfet de police dans son arrêté du 20 juillet 1862. Des cadrans-compteurs, servant à constater les rondes faites pendant la nuit, sont placés dans l'intérieur des théâtres, sur les points désignés par le commandant des sapeurs-pompiers.

Service médical. — Il doit exister dans chaque théâtre un service médical, qui se compose d'un nombre de médecins en rapport avec l'importance de l'établissement.

Le service est divisé par semaine et réglé par les médecins, à la fin de chaque mois, pour le mois suivant. Il est communiqué au directeur, qui, après l'avoir approuvé, en donne connaissance au préfet de police.

Ce service doit être distribué de manière qu'il y ait constamment un médecin présent dans la salle, depuis le commencement jusqu'à la fin des représentations. Lorsque se service est partagé pour chaque soirée entre plusieurs médecins, aucun d'eux ne peut se retirer avant d'avoir été relevé par un de ses collègues. Il doit aussi y avoir, à chaque répétition générale des pièces à spectacle, un médecin de service qui est prévenu par la direction.

Lorsqu'un médecin veut échanger son tour de service de semaine, il doit en prévenir le commissaire de police de la section, en lui justifiant du consentement par écrit de son remplaçant, avant l'ouverture des bureaux.

Une stalle d'orchestre ou de balcon doit être réservée chaque jour de représentation pour celui qui est de service dans la salle. Elle doit être placée le plus près possible de l'une des portes d'entrée. A la place du numéro elle porte ces mots: *Médecin de service.*

Il doit se rendre chaque matin à la direction du théâtre auquel il est attaché, pour savoir s'il y a lieu de constater à domicile les maladies d'artistes ou d'employés qui motiveraient des refus de service. En cas d'urgence, le directeur doit le faire prévenir à domicile.

Un local est mis, dans l'intérieur des bâtiments, à la disposition des médecins de service; il doit être convenablement meublé, chauffé et éclairé, et une petite pharmacie placée sous la surveillance d'un membre du conseil de salubrité.

Le préfet de police adresse des rapports trimestriels sur le service médical au ministre de l'intérieur.

La nomination des médecins dans les théâtres et spectacles, à l'exception de l'Opéra, et le remplacement des médecins qui manqueraient à leur service ou se feraient remarquer par leur inexactitude, sont faites par le ministre de l'intérieur d'après les propositions du préfet de police et sur la présentation des directeurs.

Leurs fonctions sont gratuites.

Leur révocation, pour manquement et inexactitude dans leur service, doit être proposée par le préfet de police au ministre de l'intérieur.

L'état ci-après du mobilier, des médicaments et objets de pansement devant exister dans les chambres du service médical des théâtres et salles de spectacle a été approuvé par le préfet, et notification en a été faite à tous les directeurs de théâtres.

Mobilier. — Un lit ou un canapé, suffisamment long et large pour recevoir une personne et appliquer un premier pansement de fracture, un oreiller, trois chaises, une table, une cuvette, un pot à eau, deux verres, une carafe, un sucrier, un verre en étain fin, une cuiller à café, une cuiller à bouche, deux chandeliers, quatre serviettes, un savon de toilette, une couverture de laine, deux morceaux de flanelle d'un mètre pour friction, un placard ou une armoire suffisamment grande pour recevoir les médicaments et objets de pansement mis en ordre et en évidence, de manière à être promptement trouvés au besoin.

NOTA. — Cette armoire doit avoir deux clefs : l'une pour les médecins de service au théâtre, l'autre pour une personne désignée par le directeur. Sur la porte de l'armoire et à l'intérieur, on doit afficher la liste des objets qu'elle renferme, avec les doses des médicaments prescrits.

Médicaments. — 150 grammes d'eau distillée de menthe, 125 grammes d'eau de Cologne, 250 grammes d'eau-de-vie camphrée, un flacon de 50 grammes d'amiante imprégnée d'ammoniaque liquide, dix paquets d'émétique de 5 centigrammes chacun dans un flacon à large goulot, 500 grammes de farine de moutarde, 500 grammes de sel gris, 500 grammes de sucre.

Objets de pansement. — Une pièce de sparadrap, deux pièces de taffetas d'Angleterre, 100 grammes d'amadou, 100 grammes de charpie, une douzaine de compresses de 30 centimètres de long sur 25 de large, six bandes de 2 mètres de long sur 5 centimètres de large, six épingles à suture, six serre-fines, 30 grammes d'épingles ordinaires, deux attelles à fracture de cuisse, deux attelles à fracture de jambes, deux attelles à fracture de bras, quatre coussins de balles d'avoine, deux draps fanons, une pièce de ruban de fil écru.

Porte-secours propre à être transporté dans toutes les parties de la salle, garni des objets ci-après : 100 grammes de sirop d'éther, un flacon de 300 grammes d'amiante imprégnée d'ammoniaque, 30 grammes d'eau de mélisse, 50 grammes de teinture de menthe, un flacon de sel volatil de vinaigre, deux lancettes, une paire de ciseaux, une pièce de taffetas d'Angleterre, un morceau d'agaric, un peu de charpie, quelques bandes de 2 mètres, quelques compresses.

Appareils pour les cirques, l'hippodrome et les arènes seulement. — Quatre appareils complets à fracture, ainsi composés, savoir : un de cuisse, un de jambe, un de bras, un d'avant-bras.

Service militaire. — Lorsqu'un artiste est appelé sous les drapeaux, ce fait constitue un cas de force majeure qui permet de demander la résiliation de l'acte d'engagement.

Sifflets. — Le droit, qui appartient au spectateur mécontent, de siffler une mauvaise pièce ou un mauvais acteur doit être limité dans de justes proportions. Si les sifflets ont pour objet de troubler l'ordre public, leurs auteurs commettent une infraction, parce qu'alors il s'agit de manifestations turbulentes.

Le commissaire de police doit avertir les perturbateurs et, si les cris et sifflets se prolongent nonobstant cet avertissement, il doit en référer à l'autorité supérieure, qui ordonnera, s'il y a lieu, de faire cesser le spectacle.

S'il résulte des circonstances que les sifflets ont été provoqués par le fait du directeur, qui n'a pas tenu certaines promesses, faites par lui par la voie de la presse, les perturbateurs ne sauraient être considérés comme ayant commis une infraction aux arrêtés sur la police des théâtres. V. *Officier de police.*

Il résulte de plusieurs décisions, rendues en cette matière, que le défaut d'avertissement préalable par le commissaire de police n'est pas une excuse valable, et que, pour être condamné comme perturbateur, il n'est pas indispensable d'être l'auteur du désordre, il suffit que l'on y ait pris part.

Sociétaires. — V. *Réunions privées.* — *Comédie-Française.*

Société des auteurs et compositeurs dramatiques.

— Cette Société, fondée le 7 mars 1829, a été continuée par un acte du 18 novembre 1837, dont les statuts sont encore en vigueur aujourd'hui.

Elle est purement civile et, comme telle, justiciable des tribunaux civils. A diverses reprises la légalité de ses statuts a été contestée, mais les tribunaux n'ont pas hésité à les sanctionner.

Il suffit d'en rapporter ici les principaux, pour édifier les écrivains dramatiques désireux de devenir sociétaires.

Art. 5. — L'objet de la Société est : 1° la défense mutuelle des droits des associés vis-à-vis des administrations théâtrales ou de tous autres en rapport d'intérêt avec les auteurs ; — 2° la perception à moindres frais des droits des auteurs vis-à-vis des administrations théâtrales à Paris et dans les départements et la mise en commun d'une partie de ces droits, ainsi qu'il sera expliqué plus bas ; 3° la création d'un fonds de secours au profit des associés, de leurs veuves, héritiers ou parents ; 4° la création d'un fonds commun de bénéfices partageables.

Art. 6. — Le fonds social se compose : 1° de la somme de trente-neuf francs trois centimes en caisse au 18 novembre 1857 ; — 2° d'une inscription de rente 5 p. 100 en deux parties, numéros 52,069 et 61,890, montant à deux mille sept cent cinquante-sept francs, présentement inscrite au Grand-Livre de la dette publique sous le nom de M. Michel, agent des auteurs dramatiques, et qui sera transférée au nom de la Société ; — 3° de tous les droits, de quelque nature qu'ils puissent être, dont la caisse actuelle est investie, soit en vertu des traités avec les directeurs des théâtres, soit en vertu des délibérations précédentes, soit de toute autre manière ; — 4° du 1/2 p. 100 que chaque auteur et compositeur consent à laisser prélever sur les produits bruts des représentations de ses œuvres tant à Paris que dans les départements, et à verser à la caisse, à titre de mise sociale ; — 5° du produit des représentations consenties par les divers théâtres de Paris au bénéfice de la caisse sociale ; — 6° de bénéfices de toute nature que la Société pourra faire ; — 7° des revenus non dépensés des sommes placées quand le partage n'en sera pas arrêté.

Art. 7. — Les charges de la Société se composent : — 1° des frais de recouvrement ; — 2° des frais judiciaires et autres nécessités pour la rédaction et le maintien des traités, la défense des droits de la caisse et ceux des associés contre les théâtres et tous autres ayant des intérêts avec les auteurs et compositeurs ; — 3° des frais imprévus, après approbation de la commission. — Toutes les dépenses acquittées, l'excédant des recettes sera converti en rentes sur l'Etat ou en autres valeurs solides au profit de la Société.

ART. 8. — Les bénéfices à partager se composent des revenus non dépensés des fonds placés au profit de la Société. — Ces bénéfices seront partagés au marc le franc et au prorata des versements faits par les co-partageants en raison de 1/2 p. 100 prélevés sur les droits d'auteurs, aux termes de l'article 10 ci-après. — Ce partage ne pourra avoir lieu que sur la proposition qui sera faite à l'assemblée générale par la commission, lorsqu'elle le jugera convenable, et autant que l'adoption en sera votée par les deux tiers des sociétaires ou consentie par eux par adhésion postérieure.

ART. 9. — La Société ne devant, sous aucun prétexte, voter aucune dépense au-delà de son capital, ni faire aucun emprunt, billet ni effet de commerce quelconque, les charges à supporter par chacun des associés pourront égaler, mais jamais dépasser le montant de la retenue pour frais de perception et de celle de 1 1/2 p. 100 pour la caisse de secours et de fonds commun.

ART. 10. — Tous les droits dus aux auteurs et compositeurs sociétaires par les théâtres pour la représentation de leurs œuvres, tant à Paris que dans les départements, seront, sous la surveillance de la commission, perçus par les agents, seuls responsables; il sera prélevé sur les produits du droit d'auteur : 1° une somme de 1 1/2 p. 100 pour les charges sociales, la caisse de secours et de prévoyance et le fonds commun de bénéfices partageables; — 2° les frais de perception, dans la proportion et suivant la quotité existante.

ART. 11 à 25. — La Société continuera d'être administrée par un conseil d'administration qui conserve le titre de commission des auteurs et compositeurs dramatiques. — La commission est autorisée à s'adjoindre deux agents en qualité de mandataires et à choisir le conseil judiciaire de la Société. — Les membres de la commission actuellement en exercice continueront leurs fonctions pendant tout le temps fixé à leur durée par la délibération du 7 mars 1829.

Comme par le passé, la commission sera nommée par l'assemblée générale des sociétaires, et composée de quinze membres élus pour trois ans, dont un tiers sera renouvelé tous les ans. — Tout membre sortant après trois années d'exercice ne pourra être réélu qu'après un an d'intervalle. — La commission pourra être dissoute par l'assemblée générale des sociétaires, qui devra immédiatement procéder à la recomposition de la commission. — Les membres de la commission dissoute pourront être réélus. — Si tous les membres de la commission veulent donner leur démission, ils ne pourront le faire que dans l'assemblée générale, qui procédera immédiatement à la composition de la commission ; dans ce cas, les membres démissionnaires pourront être réélus, et leur sortie par tiers sera, comme par le passé, réglée par le sort en assemblée générale. — En cas de démission partielle donnée en assemblée générale, le remplaçant sera nommé par l'assemblée générale pour compléter la durée des fonctions du démissionnaire. — Si, par décès ou démission partielle survenus dans l'intervalle des assemblées générales, le nombre des membres de la commission n'est pas réduit au-dessous de dix, la commission pourra continuer valablement ses travaux sans procéder au remplacement, ou bien remplacer les membres démissionnaires ou décédés par ceux des sociétaires qui auront réuni le plus de voix dans la dernière élection. — Seront considérés comme démissionnaires les membres qui n'auront pas assisté aux réunions de la commission pendant plus de trois mois, sans excuses jugées valables par la commission ; dans le cas où, par décès ou démission, la commission sera réduite à moins de dix membres, les membres restant convoqueront immédiatement une assemblée générale pour pourvoir aux remplacements.

Ne pourront faire partie de la commission ceux des associés qui seraient directeurs ou régisseurs dans un théâtre de Paris ; seront censés démissionnaires ceux des membres de la commission qui, dans le cours de leurs fonctions, viendraient à se trouver dans un des cas d'exclusion ci-dessus.

Les déclarations de la commission seront prises à la majorité des membres présents. La commission ne pourra délibérer valablement qu'au nombre de sept membres au moins. En cas de partage, la délibération sera renvoyée à la séance suivante ; en cas de nouveau partage à cette dernière séance, la voix du président sera prépondérante. — Le règlement actuellement existant sur le mode de délibération et sur les amendes est déclaré obligatoire pour tous les membres de la commission ; il pourra être modifié par elle dans l'intérêt de ses travaux.

Art. 15 à 21. — La commission administrera les affaires de la Société et la représentera dans toutes les conventions, actes, procès, contestations et circonstances qui l'intéresseront. — Elle traitera, contractera, plaidera, transigera et compromettra au nom de la Société, et fera tous les actes d'administration ;

16.

elle fera, avec toutes les entreprises théâtrales, les traités qui fixeront le droits des auteurs sociétaires; elle en assurera l'exécution, soit de la part des auteurs, soit de la part des administrations théâtrales; elle autorisera et suivra tous les procès que chacun des sociétaires pourrait avoir à raison de la représentation de ses ouvrages et des droits en résultant. Ces procès seront introduits et soutenus à la requête des membres de la commission, ou bien, au choix de la commission, à la requête de l'auteur lui-même, ainsi qu'il sera dit article 16, poursuites et diligences des agents et aux frais de la Société; la commission surveillera la perception des droits d'auteur, qui sera faite par les agents; elle disposera de tous les fonds sociaux et en réglera le placement, le déplacement et l'emploi; elle autorisera les dépenses et accordera les secours réclamés par les auteurs indigents ou par leurs veuves et héritiers ou parents; elle consentira tous transferts de rentes et es signera et en recevra le prix.

Chacun des associés donne, par le fait de son adhésion aux présentes, aux membres de la commission, un mandat social à l'effet d'introduire en son nom et à sa requête, mais aux frais de la Société : 1° tout procès qu'il pourrait personnellement avoir vis-à-vis des théâtres à raison de ses ouvrages et des droits en résultant; — 2° tout procès intéressant la généralité des sociétaires, et qu'il serait utile d'intenter à la requête de tous ou de plusieurs. — La commission aura droit de substituer dans le présent mandat tous agents, avoués, agréés et défenseurs en première instance, appel ou cassation. — Aucun procès ne sera intenté aux frais de la Société qu'après les délibérations de la commission. — Dans le cas où la commission ne croirait pas devoir intenter de procès aux frais de la Société, le sociétaire demeurera libre de le faire à ses frais, risques et périls.

Comme par le passé, la commission est investie des pouvoirs les plus étendus à l'effet de prendre, pour le maintien des traités et la conservation des droits des sociétaires et de leurs intérêts, toutes les mesures qu'elle jugera nécessaires vis-à-vis des entreprises théâtrales. — Ces mesures, une fois prises par la commission, deviendront obligatoires pour tous les sociétaires autant que les dispositions du présent acte.

Il est interdit aux sociétaires de faire représenter aucun ouvrage ancien ou nouveau sur un théâtre qui n'aurait pas de traité général avec la Société des Auteurs. — Sont momentanément exceptés les théâtres où les droits d'auteur sont réglés par des usages provisoirement reconnus. — Il est, en outre, interdit à tous membres de la Société de faire avec les administrations théâtrales des traités particuliers à des conditions pécuniaires au-dessous de celles établies aux traités généraux ou par les usages provisoirement reconnus, et dérogeant aux autres conditions des traités généraux. — Les traités particuliers qui seraient faits à des conditions pécuniaires supérieures seront suspendus ou annulés lorsque les traités généraux seront suspendus ou annulés. — Il devra être fait, à cet égard, une stipulation expresse dans chaque traité particulier, et même dans les actes de ventes faites par des sociétaires de tout ou partie de leur répertoire. — Dans tous les cas, le demi pour cent revenant à la caisse de secours continuera d'être perçu intégralement à chaque représentation. — Toutes ventes et tous traités particuliers sont interdits aux sociétaires quand il n'y a pas encore de traité général ou d'usages reconnus.

Art. 19 à 21. — La commission des auteurs est autorisée à choisir deux mandataires qui, sous le nom d'agents généraux, seront chargés : 1º de faire exécuter toutes les décisions prises par la commission ; 2º de tenir les écritures et la comptabilité de la Société, et de faire la correspondance relative à la perception ; 3º de tenir, sous leur responsabilité, la caisse de la Société, et de payer sur les mandats signés par le trésorier, en vertu d'une délégation de la commission ; 4º de percevoir à leurs frais et risques, et en qualité de mandataires ordinaires, comme par le passé, les droits d'auteurs sur les ouvrages représentés à Paris et dans les départements, et tous les revenus sociaux, et de désigner, sous leur responsabilité, les agents correspondants en province.

En cas de décès, de remplacement ou de retraite de l'un ou des agents pour toute autre cause que celle d'infidélité, les agents ou leurs ayants-droit pourront présenter leur successeur à l'agrément de la commission. — Si, dans le délai de trois mois, l'agent ou les ayants-droits ne faisaient pas agréer un successeur par la commission, il serait pourvu d'office au remplacement par la commission, mais à titre onéreux, et le prix en sera acquis à l'agent ou à ses ayants-droits. Dans le cas d'infidélité prouvée, l'agent perdra le droit de présenter un successeur ; la commission disposera de son agence, et le prix en sera acquis à la caisse de secours de la Société. — Chacun des agents fournira un cautionnement de quinze mille francs dont la nature sera déterminée par la commission. — Les agents ne pourront percevoir les droits, soit à Paris, soit dans les départements, que pour les membres seuls de la Société.

ART. 21. — Tous les ans les sociétaires seront réunis en assemblée générale par la commission, et à sa requête. — Dans le cours de l'année, des assemblées générales extraordinaires pourront avoir lieu en vertu des délibérations de la commission et à sa requête. — Dans le cours de l'année, des assemblées générales, mais pour un objet spécial, pourront être convoquées sur la demande faite à la commission par dix sociétaires au moins. Les assemblées générales sont présidées par le président ou vice-président de la commission; les membres de la commission composent le bureau de l'assemblée générale. — Les délibérations seront inscrites et signées sur un registre par le président et le bureau; à défaut desdits président et vice-président, un des membres de la commission présidera l'assemblée. — L'assemblée générale décide toutes les questions qui lui seront soumises par la commission ; elle vote des fonds extraordinaires, s'il y a lieu ; elle décide le partage des bénéfices aux termes de l'article 8 ; elle apure et approuve les comptes annuels ; elle nomme les membres de la commission ; elle vote par assis et levé à la majorité des membres présents, sauf les cas prévus aux articles 8, 23, 24; le vote a lieu au scrutin secret, s'il est réclamé par dix membres de l'assemblée ; les nominations des membres de la commission auront lieu au scrutin de liste, à la majorité absolue pour le premier tour de scrutin et à la majorité relative pour tous les autres.

ART. 22 à 29. — La Société ne sera pas dissoute par la mort naturelle ou civile, l'interdiction, la mise sous conseil judiciaire, la faillite ou la déconfiture, l'exclusion ou la retraite consentie ou prononcée de l'un ou de plusieurs des associés ; elle continuera avec les autres associés. — Les produits des retenues que le sociétaire qui cessera de faire partie de la société aura versées en exécution de l'article 16, ainsi que sa part dans l'actif social, seront acquis à la Société.

Si, à l'expiration du temps prescrit par l'article 5 pour la durée de la Société, sa mise en liquidation n'est pas, dans le mois, réclamée par les deux tiers des associés, la Société sera prorogée de plein droit pour une nouvelle période de vingt-cinq ans. — Dans un an de ce jour, il pourra être procédé à la révision du présent acte. — Toutes les modifications seront proposées en assemblée générale ; elles devront être votées ou consenties par adhésions postérieures par les deux tiers des sociétaires.

A l'expiration de la Société, la liquidation sera opérée par la commission alors en fonctions, assistée des agents, suivant le mode qui sera réglé par l'assemblée générale.

Chaque infraction au présent acte rendra le contrevenant passible d'une indemnité de 500 à 6,000 francs au profit de la caisse sociale. — Cette indemnité sera réglée par arbitre, dans les termes de l'article 27. — En cas d'infraction à l'article 18 l'indemnité ne pourra être moindre de 6,000 francs. — Le recouvrement des indemnités sera fait, à la diligence, des agents par toutes les voies de droit, notamment par la retenue des droits d'auteur, nonobstant tous transports ou oppositions postérieures aux présentes qui vaudront comme transport anticipé. Tous pouvoirs sont donnés par les signataires à MM. les agents pour opérer cette retenue et en verser le montant à la caisse sociale. Le contrevenant pourra être exclu de la Société par une délibération de l'assemblée générale; dans ce cas, les dispositions de l'article 22 seront en outre encourues de plein droit.

Toutes les contestations relatives aux infractions au présent acte ou toutes autres qui pourront s'élever durant le cours de la Société et pendant sa liquidation, à l'occasion d'icelle, soit entre les sociétaires, soit entre les agents et la Société, seront jugées par trois arbitres amiables compositeurs, sans appel, et choisis par les parties; si les parties ne s'accordent pas sur le choix des arbitres, ils seront nommés d'office par le président du tribunal civil, sur simple requête.

A l'avenir, tout auteur qui voudra faire partie de la Société en présentera la demande par écrit à la commission, qui prononcera sur cette demande d'après les conditions qui seront fixées par l'assemblée générale. — Les nouveaux sociétaires ne seront admis à voter dans les assemblées générales qu'en satisfaisant aux conditions qui seront également réglées par une délibération de l'assemblée générale. — En cas d'admission, le nouveau sociétaire signera son adhésion au présent acte sur un registre à ce destiné.

Avant d'être admis définitivement, les auteurs donnent, comme membres adhérents ou stagiaires, un pouvoir aux agents généraux de percevoir leurs droits. Ils jouissent à cet égard des mêmes prérogatives que les membres de la Société, mais ils ne prennent pas part aux assemblées et ne participent pas aux bénéfices de la Société.

Pour être admis définitivement, il suffit de présenter à la commission, qui statue, la liste des œuvres dont on est l'auteur, les théâtres et la date des représentations. Cette liste est présentée par deux membres de la Société qui deviennent les parrains du candidat.

Une fois admis, aucun membre ne peut donner sa démission sans le consentement de l'assemblée générale des sociétaires, ni s'ingérer, personnellement, dans les affaires qui concernent la Société en général.

Depuis l'année 1866 jusqu'à ce jour, la commission a pris de nombreuses décisions que nous rapportons au cours de cet ouvrage, en leurs lieu et place.

La commission de la Société prescrit à chacun des sociétaires d'apporter la plus grande attention dans les actes qu'ils souscriront avec les directeurs. Il doit d'abord prendre connaissance du traité passé entre celui-ci et la commission, et se rappeler que, par le fait de son adhésion aux statuts, il s'est imposé les interdictions mentionnées ci-dessus, à peine d'une indemnité de 500 à 6,000 francs au profit de la caisse sociale.

Société des Auteurs, Compositeurs et Editeurs de musique. — A côté de la *Société des auteurs et compositeurs dramatiques* s'est créée, le 31 janvier 1851, celle des auteurs, compositeurs et éditeurs de musique. Elle a pour but de sauvegarder les intérêts des auteurs et éditeurs de compositions musicales autres que les pièces de théâtre.

Cette Société est purement civile. Les membres composant son comité ont qualité pour agir en justice à l'effet d'obtenir l'exécution des traités consentis par eux dans l'intérêt général de la Société.

Après de vives discussions survenues entre les deux Sociétés, l'entente paraît s'être faite, et les statuts de la Société des auteurs, compositeurs et éditeurs de musique ont été modifiés et fixés ainsi qu'il suit :

Art. 1. — Il est formé entre les comparants et tous auteurs, compositeurs et éditeurs de musique qui adhéreront aux présentes, une Société civile, sous le nom de *Société des Auteurs, Compositeurs et Editeurs de musique.*

Art. 2. — Le siége de la Société, son comité d'administration et son agence centrale sont établis actuellement rue du Faubourg-Montmartre, n° 17, à Paris.

Art. 3. — La durée de la Société est fixée à cinq ans, à partir du 1er mars 1851, et pourra être prorogée ainsi qu'il sera dit ci-après.

Art. 4. — L'objet de la Société est :

1° La défense mutuelle des droits des associés vis-à-vis de quiconque exécute ou fait exécuter publiquement leurs œuvres musicales, avec ou sans paroles, soit dans les théâtres, soit dans les concerts, cafés-spectacles, cafés-chantants, cafés-concerts, bals, soirées philharmoniques et orphéoniques, concours, etc., enfin, dans tous établissements et entreprises quelconques exploitant les productions littéraires et musicales autres que les pièces de théâtre.

2° La perception des droits des auteurs et compositeurs vis-à-vis des tiers faisant usage de leurs œuvres, tant en France qu'à l'étranger, et la mise en commun d'une partie seulement de ces droits, pour constituer le fonds social, comme il est expliqué ci-après :

Art. 5. — Le fonds social se compose :

1° D'une retenue de 1/2 p. 100 que chaque associé consent à laisser prélever sur les produits bruts des sommes perçues en son nom, tant en France qu'à l'étranger.

2° Des bénéfices de toute nature que la Société pourra faire par dons, libéralités ou autrement.

3° Des dommages-intérêts résultant des condamnations judiciaires au profit des sociétaires ;

4° Des revenus non dépensés, des sommes placées, quand le partage n'en sera pas arrêté.

Art. 6. — Les charges de la Société se composent :

1° Des frais généraux d'administration, de perception et de recouvrements.

2° Des frais judiciaires et autres qui sont nécessités pour le maintien des traités, la défense des droits de la Société et de ceux des sociétaires, contre les tiers ayant des intérêts avec les auteurs, compositeurs et éditeurs, et contre tous autres;

3° Des frais non prévus, après examen et autorisation du comité.

Art. 7. — La Société ne devant, sous aucun prétexte, voter aucune dépense au-delà de son capital, ni faire aucun emprunt, billet, ni effet de commerce quelconque, les charges à supporter par chacun des associés pourront égaler, mais jamais dépasser, le montant de la retenue pour frais d'administration, de perception et de recouvrements, et la retenue pour le fonds social.

Art. 8. — Tous les droits dus aux auteurs et compositeurs sur leurs productions littéraires, musicales, dramatiques et lyriques, exécutées dans les théâtres, concerts, cafés-spectacles, cafés-chantants, cafés-concerts, bals, sociétés philharmoniques, orphéoniques, concours, etc., tant en France qu'à l'étranger, seront sous la surveillance du comité, perçus par son mandataire, l'agent général.

Art. 9. — 1. — Après le prélèvement sur le total brut des sommes à répartir : 1° de la retenue du 1[2 pour cent au profit du fonds social; 2° des frais d'administration et de perception, la répartition du surplus sera faite par portions égales, c'est-à-dire par tiers, entre l'auteur des paroles, celui de la musique et l'éditeur de l'œuvre exécutée, sauf les modifications d'intérêt général décidées par le comité.

2. — Cette répartition a lieu sous la surveillance et le contrôle du comité, et le paiement en est fait aux sociétaires, par les soins de l'agent général, les 5 janvier, avril, juillet et octobre de chaque année.

3. — Le bordereau trimestriel justificatif remis au Sociétaire pour chaque répartition devra contenir les éléments nécessaires à la facilité des vérifications.

4. — Les tableaux des parts seront dressés, arrêtés et modifiés par le comité, toutes les fois qu'il en sera besoin, suivant l'importance, la nature et la destination des œuvres exécutées dans les divers établissements. Ces tableaux des parts seront imprimés et annexés aux bulletins annuels de la Société.

5. — La répartition sera faite par moitié seulement, entre l'auteur et le compositeur, à l'exclusion de l'éditeur :

1° Pour toutes les œuvres exécutées dont l'éditeur acquéreur n'aura pas justifié de la publication, soit par la présentation de l'œuvre, soit par son dépôt à l'agence qui en tiendra registre;

2° Pour toutes les œuvres exécutées en intermède dans les théâtres ;

3° Quand les auteurs auront déclaré et justifié que leur œuvre éditée est et demeure néanmoins leur propriété commerciale et d'édition.

ART. 10. — La Société est représentée et administrée par une commission qui prend le titre de *Comité des auteurs, compositeurs et éditeurs de musique.*

ART. 11. — 1. — Le comité est composé de dix-huit membres, dont douze titulaires et six suppléants, savoir: six auteurs de paroles, six compositeurs et six éditeurs de musique.

2. — Il nommera parmi ses membres un président, un vice-président, un trésorier, un secrétaire et un archiviste bibliothécaire.

3. — Les fonctions de membre du comité sont gratuites.

ART. 12. — 1. — Le comité est nommé par l'assemblée générale des sociétaires et se compose, comme il a été dit, de dix-huit membres élus pour trois ans, et dont un tiers, pris dans chacune des catégories, sera renouvelé tous les ans.

2. — Tout membre sortant ne pourra être réélu qu'après un an d'intervalle.

3. — En cas de décès ou de démission, le remplaçant pris par

le comité dans la catégorie à laquelle appartenait son prédécesseur, sera toujours celui qui aura obtenu le plus grand nombre de suffrages à la dernière élection; son mandat prendra fin à la prochaine assemblée générale.

4. — La démission en masse du comité ne pourra être donnée qu'en assemblée générale. L'assemblée procédera alors immédiatement à la recomposition d'un nouveau comité. Dans ce cas, les membres démissionnaires pourront être réélus et la sortie d'un tiers de ce nouveau comité, au bout de sa première année d'exercice, sera réglée par le sort dans l'assemblée générale suivante.

5. — En cas de démission partielle donnée en assemblée générale, le remplaçant sera nommé séance tenante, pour compléter la durée des fonctions du démissionnaire.

6. — Si, par décès ou démissions partielles survenues dans l'intervalle des assemblées générales, le nombre des membres du comité est réduit au-dessous de dix, le comité devra convoquer une assemblée générale extraordinaire.

7. Seront considérés comme démissionnaires les membres qui n'auront pas assisté aux réunions du comité pendant plus de deux mois, sans excuses jugées valables par le comité.

ART. 13. — Ne pourront faire partie du comité ceux des sociétaires qui seraient directeurs, régisseurs d'établissements publics ou d'entreprises ayant traité ou étant tenus de traiter avec la Société.

Seront censés démissionnaires ceux des membres du comité qui, dans le cours de leurs fonctions, viendraient à se trouver dans les cas ci-dessus d'exclusion.

ART. 14. — 1. Les délibérations du comité seront prises à la majorité des membres présents.

2. Le comité ne pourra délibérer valablement qu'au nombre de huit membres. Dans les votes, en cas de partage égal des voix, la voix du président sera prépondérante.

3. Le comité arrêtera le règlement d'administration intérieure entre ses membres.

Il fera un traité particulier avec l'agent général.

4. Le Comité tiendra un registre de ses délibérations par les soins et sous la responsabilité du membre secrétaire.

ART. 15. — 1. Le comité représente et administre la Société.

2. En conséquence, il traitera, contractera, plaidera, transigera, compromettra au nom de la Société et fera généralement tous les actes d'administration.

Il sera exclusivement, et seul, chargé de fixer le montant des droits d'auteurs à percevoir.

Il est investi des pouvoirs les plus étendus à l'effet de prendre, pour le maintien des traités et la conservation des droits des sociétaires et la défense de leurs intérêts, toutes les mesures jugées convenables et nécessaires.

Ces mesures, une fois prises, deviendront obligatoires pour tous les sociétaires.

3. Le comité est autorisé à choisir et à nommer un mandataire qui recevra le titre d'*agent général* de la Société. Il choisira également le conseil judiciaire de la Société.

4. Le comité surveillera et contrôlera la perception des droits des sociétaires, qui sera faite par l'agent général, son mandataire.

5. Il disposera de tous les fonds sociaux et en réglera le placement, le déplacement et l'emploi.

6. Il consentira tous les transferts de rentes et autres valeurs.

7. Dans le trimestre qui précédera la convocation de l'assemblée générale annuelle, le comité devra procéder au recensement de la liste officielle des sociétaires pour en vérifier l'exactitude et la sincérité. Il rendra compte à l'assemblée de ce travail.

ART. 16. — 1. Chacun des sociétaires donne, par le fait de son adhésion aux présentes, aux membres du comité un mandat spécial à l'effet d'introduire en son nom personnel et à sa requête, mais aux frais de la Société, tout procès qu'il pourrait personnellement avoir vis-à-vis des tiers à raison de l'audition de ses œuvres ou propriétés musicales et des droits résultant de ladite audition ; tous procès intéressant la généralité des sociétaires et qu'il serait utile d'intenter à la requête de tous ou plusieurs.

2. Ces procès seront introduits et soutenus à la requête des membres du comité, ou bien encore au choix du comité, à la requête des auteurs, compositeurs ou de l'und'eux, selon l'urgence des cas, et aux frais de la Société.

3. Le comité aura le droit de substituer dans le présent mandat tous agents, avoués, agréés et défenseurs en première instance, appel ou cassation, ou devant arbitres-juges.

4. Aucun procès ne sera intenté aux frais de la Société qu'après délibération du comité et l'avis du conseil judiciaire.

5. Dans le cas où le comité ne croirait pas devoir intenter un procès aux frais de la Société, le sociétaire demeurera libre de le faire à ses frais, risques et périls.

ART. 17. — Toutes contestations des auteurs, compositeurs

et éditeurs entre eux, particulièrement en ce qui concerne la composition et la propriété des ouvrages de musique, pourront être, sur la demande des intéressés, jugées sans appel par le comité, qui pourra, au besoin, pour s'éclairer, en référer au conseil judiciaire.

Art. 18. — 1. Il est interdit aux sociétaires d'autoriser l'exécution d'aucune de leurs œuvres anciennes ou nouvelles dans un établissement quelconque qui n'aurait pas de traité avec la Société, ou dont le traité serait suspendu, annulé ou expiré.

2. Le comité ne sera tenu de veiller aux intérêts des sociétaires et de pourvoir à la perception de leurs droits, pour les œuvres nouvelles ou inédites, qu'à partir du jour où ces œuvres auront été déclarées et enregistrées au siége social, par les soins de leurs auteurs.

3. Il est interdit à tout membre de la Société de faire avec les établissements des traités particuliers à des conditions pécuniaires au-dessous de celles des traités de la Société avec lesdits établissements.

4. Il est, en outre, interdit à tout membre de la Société, auteur, compositeur ou éditeur, de faire aucun acte de concurrence déloyale contre ladite Société.

Art. 19. — Par leur adhésion aux présentes, les auteurs et compositeurs cèdent et délèguent au comité le droit d'interdire ou de permettre l'audition en public de leurs œuvres, dans l'intérêt de la Société et pour toutes les circonstances s'appliquant à la généralité des sociétaires.

Art. 20. — 1. Les fonctions de l'agent général, ne constituant qu'un mandat, sont essentiellement révocables pour les cas prévus et énoncés dans le traité qui lui est consenti par le comité, au nom de la Société. La durée de ce traité ne pourra excéder celle de la Société, mais il pourra être renouvelé. Il ne constitue pas une charge qu'il serait loisible au mandataire de céder ou de vendre.

2. L'exécution de ce traité et les responsabilités qu'il crée à l'agent général seront garanties par un cautionnement dont l'élévation et la nature sont déterminées par le comité.

Art. 21. — L'agent général est chargé de :

1° Faire exécuter toutes les décisions prises par le comité.

2° Tenir les écritures, la comptabilité et la correspondance de la Société et assurer la perception des droits et autres recettes.

3° Tenir, sous la surveillance et le contrôle du trésorier et de la commission spéciale des comptes, la caisse de la Société.

Les comptes de la Société dans les maisons de banque ou

caisses de dépôt, ou administrations publiques, devront être au nom du trésorier et de l'agent général, et les retraits des sommes y déposées ne pourront être effectués que conjointement par eux.

4° Percevoir sous sa responsabilité les droits des sociétaires en France et à l'étranger, ainsi que tous les revenus sociaux. Choisir, en conséquence, et employer, sous sa responsabilité, les commis de l'agence et les agents correspondants de la province et de tous pays.

5° Etablir les états de répartition et payer la part afférente à chaque sociétaire avec l'approbation préalable du comité.

6° Suivre tous procès et actions intentés par le comité, au nom de la Société, et en poursuivre l'exécution.

7° Enfin se consacrer exclusivement au service et aux intérêts de la Société.

ART. 22. — 1. L'agent général ne pourra percevoir de droits, en France et à l'étranger, que pour les membres de la Société, soit titulaires, soit stagiaires, et lui ayant donné pouvoir à cet effet.

2. Il ne pourra acquérir de droits d'auteurs ou de propriété d'éditeurs, ni faire aucun trafic de ces droits.

ART. 23. — 1. Tous les ans, le comité devra convoquer et réunir les sociétaires en assemblée générale dans le courant du mois de mars. Cette assemblée aura lieu de jour.

2. Dans le cours de l'année, des assemblées générales extraordinaires, pour un objet spécial, pourront avoir lieu en vertu des délibérations du comité et à sa requête.

3. Mais à la requête de cinquante membres au moins, et pour un objet spécial, des assemblées générales extraordinaires devront toujours être convoquées par le comité, dans un délai qui n'excédera pas deux mois, et sous la seule réserve que les propositions desdits membres ne pourront modifier les conditions fondamentales des présents statuts.

ART. 24. — 1. Les assemblées générales sont présidées par le président ou le vice-président du comité, dont les membres composent seuls le bureau de l'assemblée générale.

2. — Cette assemblée décide toutes les questions qui ui sont soumises par le comité. Elle entend le rapport du ecrétaire et approuve les comptes annuels présentés par e trésorier. Elle vote à la majorité des membres présents, le nomme les membres du comité et ceux de la commison annuelle, dite commission des comptes, dont il va être parlé.

3. — Ces nominations auront lieu au scrutin de liste, à la

majorité absolue pour le premier tour de scrutin et à la majorité relative pour tous les autres.

4. Le procès-verbal de chaque assemblée générale sera rédigé par le secrétaire et signé sur un registre particulier par le président et le bureau.

A défaut desdits président et vice-présidents, un des membres du comité présidera l'assemblée.

5. L'assemblée générale sera convoquée par lettres à domicile et elle délibérera valablement, quelque soit le nombre des membres présents, sauf les exceptions résultant des art. 26 et 30 ci-après.

Art. 25. — 1. La commission des comptes, nommée par l'assemblée générale au scrutin de liste, sur la proposition du comité, sera composée de trois membres, sans que l'on ait à les élire par catégories d'auteurs, de compositeurs et d'éditeurs. Ces trois membres seront élus pour un an.

2. Elle sera chargée, sous la présidence du trésorier de la Société :

1° De vérifier tous les comptes, tant des recettes que des dépenses de toute nature, et les états de perception et de répartition.

2° D'examiner la comptabilité de la Société.

3° De vérifier la caisse et l'avoir social en espèces et en valeurs.

3. Le trésorier présentera ses rapports trimestriels au comité, et à l'assemblée générale annuelle le résumé de ses opérations de l'année.

4. Les membres de la commission des comptes pourront toujours être réélus à l'expiration de leur mandat annuel.

5. Les fonctions des membres de ladite commission sont gratuites.

Art. 26. — Si, à l'expiration de chaque période de cinq ans et dans les deux mois qui précéderont cette époque, la mise en liquidation de la Société n'est pas réclamée par les deux tiers des membres titulaires, la Société sera prorogée de plein droit pour une nouvelle période de cinq ans, sans qu'il soit besoin d'aucune formalité ou délibération des sociétaires pour consacrer cette prorogation.

Dans ce cas, la Société continuera d'après les même statuts, et le comité alors en exercice conservera régulièrement ses fonctions.

Art. 27. — 1. La Société ne sera pas dissoute par la mort, l'interdiction, la mise sous conseil judiciaire la faillite ou la déconfiture, l'exclusion d'un ou de plusieurs des associés ; elle continuera avec les autres associés.

2. Les produits des retenues que le sociétaire qui cessera de faire partie de la Société aura versés en exécution de l'article 5, ainsi que sa part dans l'actif social, seront acquis à la Société.

3. Les sommes perçues et non réclamées par les ayants-droit seront acquises à la caisse sociale au bout de cinq ans et un jour.

Art. 28. — Dans le cas où les recettes ne couvriraient pas les dépenses, le comité devra réunir extraordinairemeut une assemblée générale, laquelle, sur le rapport du comité, prononcera, s'il y a lieu, la dissolution de la Société.

Art. 29. — Dans le cas de dissolution de la Société, la liquidation en sera opérée par le comité alors en fonctions, et les bénéfices seront partagés au marc le franc et au prorata des versements faits par les co-partageants, en raison de la retenue prélevée sur les droits perçus par eux.

Art. 30. — Toutes modifications aux présents statuts seront proposées en assemblée générale.

Elles devront être : 1° votées par les membres titulaires présents ; 2° consenties par les adhésions postérieures des membres titulaires absents à l'assemblée à l'époque où ces modifications ont été proposées.

Pour être validées, ces modifications devront réunir la *moitié plus un* des suffrages ainsi exprimés.

Art. 31. — 1. Chaque infraction au présent acte rendra le contrevenant passible d'une indemnité de cinquante francs à trois mille francs au profit de la caisse sociale.

2. Cette infraction sera réglée par le comité, auquel tous pouvoirs sont donnés comme arbitre juge souverain en dernier ressort et amiable compositeur.

3. Le recouvrement des indemnités sera fait, à la diligence du comité, par toutes les voies de droit, notamment par la retenue des droits d'auteur, nonobstant tous transports ou oppositions postérieurs aux présentes, qui vaudront comme transport anticipé.

4. En cas de récidive, le contrevenant pourra, sur la requête du comité, être exclu de la Société par une délibération de l'assemblée générale. Cependant, le contrevenant continuera à toucher des droits pour ses œuvres inscrites au répertoire social avant le prononcé de l'exclusion, sans pour cela demeurer membre titulaire.

Art. 32. — Seront exclus de la Société et cesseront de plein droit d'en faire partie :

1° Les sociétaires condamnés à des peines afflictives et infamantes ou à des peines infamantes seulement.

2° Les condamnés pour crimes à l'emprisonnement, par application de l'article 463 du Code pénal.

3° Ceux qui auront été condamnés pour des faits prévus par les articles 330, 334, 379, 405, 408.

Mais le comité pourra toujours autoriser l'agent général à toucher et à remettre aux personnes atteintes par le présent article le produit des sommes perçues et réparties conformément aux articles 8 et 9 pour leurs droits d'auteurs, de compositeurs ou d'éditeurs.

Art. 33 et dernier. — Il est créé un fonds de secours au profit des sociétaires malheureux, de leurs veuves ou orphelins.

Ce fonds de secours est ainsi composé :

1° Des dons et libéralités que la Société pourra recueillir ;

2° D'une partie, à déterminer par le comité, des intérêts des sommes placées au nom de la Société.

Société dramatique. — V. *Association.*

Sociétés philharmoniques. — Lorsqu'il s'agit de morceaux d'opéras, opéras-comiques ou opérettes, ou toutes autres œuvres musicales, arrangées pour les sociétés philharmoniques, leur exécution ne peut avoir lieu, dans les réunions publiques, sans le consentement formel des auteurs et compositeurs.

Mais il n'en est plus de même, bien entendu, si leur exécution a lieu dans des concerts particuliers.

Sommations légales. — V. *Armes.*

Sortie du théâtre. — L'autorité municipale doit veiller à ce que l'entrée et la sortie des théâtres soient maintenues libres, afin d'éviter les encombrements.

A la fin du spectacle, toutes les portes latérales et autres issues seront ouvertes pour faciliter la sortie du public. Les battants de ces portes doivent s'ouvrir en dehors, et leurs abords, tant à l'intérieur qu'à l'extérieur, seront constamment libres de tout obstacle ou embarras.

Spectacle annoncé. — V. *Billets.* — *Mutilation*

Spectacles d'amateurs.. — Lorsque plusieurs personnes

se réunissent pour composer ce que l'on appelle un spectacle d'amateurs, on ne trouve là aucun caractère de l'entreprise commerciale. En conséquence, les dettes qui pourraient être contractées à cet égard sont purement civiles, et le paiement n'en peut être demandé devant les tribunaux de commerce.

Le propriétaire d'un théâtre qui a loué sa salle à des sociétés d'amateurs, lesquels ne se sont pas bornés à distribuer des billets gratis, mais en ont fait vendre à la porte, se rend coupable du délit de contrefaçon s'il représente un ouvrage sans l'autorisation de l'auteur.

Spectacles de curiosités. — Ces sortes de spectacles sont tenus d'acquitter le droit des pauvres, quel que soit le mode de rétribution qu'ils exigent.

Ils comprennent les marionnettes, panoramas, cosmoramas, fêtes, concerts, etc. ; aux termes de l'article 15 (décret du 8 juin 1806), ils n'ont pas le droit de porter le nom de *théâtre*.

Comme celle des spectacles ordinaires leur entreprise est libre. Mais, lorsqu'ils s'établissent temporairement, il leur faut l'autorisation du préfet de police à Paris et des maires dans les départements. Ils ne sont plus soumis au paiement du cinquième brut de leur recette au profit des directeurs de théâtre.

Lorsque le créancier d'un entrepreneur de spectacle de curiosités forme une opposition sur les objets composant ce spectacle, l'entrepreneur peut se faire autoriser, par le juge des référés, à transporter lesdits objets dans les salons ou endroits particuliers dans lesquels il désire les exhiber, et ce nonobstant l'opposition, mais à la charge par lui de les rétablir au lieu où ils ont été saisis, et en versant aux mains d'un séquestre une caution suffisante pour assurer les droits de son créancier.

Spectacles en plein vent. — V. *Fêtes publiques*.

Spoliation. — Lorsqu'un auteur fait jouer sous un titre différent la reproduction presque exacte d'une pièce qu'il a faite en collaboration, l'auteur lésé a droit au bénéfice, avec rappel, de sa part du produit des représentations de la pièce, ainsi qu'à des dommages-intérêts.

Statuts de la Société des auteurs. — Les statuts qui régissent la Société des auteurs et compositeurs dramatiques sont remis aux sociétaires au moment de leur admission.

Strapontins. — Le porteur d'un billet portant l'indication d'une catégorie spéciale de places a le droit d'exiger la place qui est indiquée sur son billet.

Depuis quelque temps les directeurs se sont fait autoriser par la police à installer, dans les passages de l'orchestre et des galeries, des strapontins qui se paient le même prix que les fauteuils ou les stalles. Le spectateur qui a pris au bureau un fauteuil d'orchestre ou de galerie ne peut être obligé de prendre en échange un strapontin mobile; en effet, l'autorisation donnée par l'administration au directeur ne saurait priver le public des droits que lui confère les billets pris au bureau.

Subventions. — On appelle ainsi les allocations que l'Etat ou les communes distribuent chaque année aux directeurs de certains théâtres, pour les aider à soutenir les lourdes charges de leur exploitation.

L'article 1er du décret de 1864, relatif à la liberté des théâtres, porte que ceux qui paraîtront les plus dignes d'encouragement pourront être subventionnés; aussi, chaque année, les lois de finances et de nombreux budgets municipaux fixent les subventions à accorder.

A Paris, les théâtres subventionnés dans le dernier budget sont :

L'Académie de musique,
La Comédie-Française,
L'Odéon,
L'Opéra-Comique,
Le Théâtre-Lyrique.

Les subventions sont généralement allouées aux directeurs, à la charge de remplir certaines conditions et en vue d'une exploitation dont la durée est limitée. Si, dans ces cas, le directeur manque aux charges qui lui sont imposées, la subvention peut lui être retirée, et, s'il ne continue son entreprise que pendant une fraction de la durée déterminée, il ne peut exiger la subvention que mensuellement, eu égard au laps de temps où il a exploité.

Le ministre de l'intérieur peut seul recevoir les subventions accordées chaque année par la loi de finances: c'est lui qui en fait la répartition aux divers théâtres; mais il ne peut contracter avec les directeurs, eu égard aux subventions, que pour une année seulement.

Les appointements des artistes, préposés et employés des théâtres subventionnés doivent être régulièrement payés par les directeurs. Les certificats d'après lesquels sont payés les

douzièmes de subvention ne sont remis que sur la présentation, par les directeurs, des feuilles d'émargement affectés au
personnel de l'administration.

Succès dramatiques. — V. *Entreprise de succès dramatiques.*

Succession. — La transmission des droits privatifs sur les
œuvres de la pensée s'opère conformément aux règles générales qui régissent les successions,

Sujet des pièces. — Un auteur étant propriétaire de son
œuvre, nul n'a le droit de lui faire un emprunt, quelque
minime qu'il soit, sans avoir obtenu son autorisation. Mais il
faut que l'emprunt soit établi.
Ainsi, il n'y a pas contrefaçon de la part de l'auteur d'une
pièce dont un sujet analogue a formé le roman d'un autre
auteur, lorsque, bien qu'il existe quelques points de ressemblance entre le roman et le drame, les dissemblances sont
nombreuses et tranchées.
Lorsque le sujet choisi par deux auteurs est à peu près le
même, quoique les pièces diffèrent essentiellement par leur
plan, leur contexture, le choix des personnages et le style, s'il
existe, entre quelques détails des deux pièces, des analogies peu
sensibles, elles résultent nécessairement de l'identité de ce
sujet, sans qu'il soit permis d'en induire le moindre soupçon
de plagiat.
De même, deux auteurs peuvent prendre pour sujet le récit
d'une aventure véritable sans qu'il y ait contravention de part
ou d'autre.
Par cela même qu'un sujet est tombé dans le domaine public,
chacun est libre de faire une publication analogue sur le
même sujet, à la seule condition de ne pas usurper le titre
adopté par les premières pubications et de ne pas chercher à
établir une confusion entre les deux ouvrages.

Surveillance. — La surveillance des théâtres appartient,
dans le département de la Seine et dans quelques communes de
celui de Seine-et-Oise, au préfet de police; dans les autres départements elle appartient aux préfets.

Suspension des répétitions. — L'auteur d'un ouvrage
dont les répétitions, déjà commencées, ont été suspendues
pendant plus de trois mois par le fait du directeur, peut faire

prononcer la résiliation du contrat et obtenir des dommages-intérêts.

Il en est de même lorsqu'il s'agit de pièces lyriques. Néanmoins, pour ces dernières, si, par le fait de l'auteur et du compositeur, les répétitions étaient suspendues pendant plus de dix jours, le directeur pourrait ajourner à six mois la reprise des répétitions ; si la suspension se prolongeait pendant un mois, le directeur pourrait ne plus être contraint de reprendre les répétitions, et l'auteur ou le compositeur serait responsable du préjudice que le directeur aurait éprouvé.

Suspension des représentations. — V. *Abandon des représentations.*

T

Tabac. — Il est absolument défendu de fumer dans les salles de spectacle et sur la scène. La Cour de cassation a même décidé que, si une buvette est placée dans le théâtre et que l'on y parvienne par une porte donnant sur les couloirs de ce théâtre, il est défendu aux spectateurs d'y fumer.

Tableau de troupe. — Les directeurs des théâtres de province sont tenus d'envoyer, chaque année, aux préfets, qui les transmettent eux-mêmes au ministère de l'intérieur, un tableau de leur troupe et une copie de leur répertoire.

Il a même été décidé que, dans le cas où les artistes engagés ne suffisent pas aux besoins du théâtre, l'autorité municipale peut intervenir et exiger l'engagement de nouveaux artistes.

Tacite-reconduction. — L'engagement théâtral cesse de plein droit par l'expiration du temps pour lequel il a été contracté ; mais si, après l'expiration de ce terme, l'acteur reste au théâtre et qu'il y prenne un emploi, sans que de nouvelles conditions soient réglées entre l'administration et lui, il se forme tacitement un nouveau contrat, régi par les mêmes conditions que le précédent. C'est ce que l'on appelle la tacite-reconduction.

Lorsqu'elle a lieu, le nouvel engagement s'opère, non pas pour la même durée que le précédent, mais seulement pour la durée déterminée par l'usage. En outre, ce nouveau contrat est réputé fait aux mêmes conditions que l'ancien, en ce qui touche les appointements et les obligations respectives des parties, mais les conventions exceptionnelles sont réputées n'avoir pas été reproduites. C'est donc uniquement l'usage qu'il faut consulter pour déterminer la durée du nouvel engagement créé par la tacite-reconduction.

Cet engagement se trouve contracté à défaut de congé signifié dans les délais fixés par la convention, et, de plus, l'allégation du directeur qu'il a prévenu l'artiste qu'il cesserait d'appartenir au théâtre à l'expiration du premier terme de l'engagement, ne peut suppléer un congé régulier lorsque cette allégation est déniée et n'est pas justifiée.

Comme nous l'avons dit plus haut, l'engagement nouveau n'a point de durée déterminée. De ce que, à Paris principalement, l'engagement théâtral est fixé par l'usage à une année expirant le 31 mars, il ne faut pas induire de là que· celui résultant de la tacite-reconduction soit réputé fait pour cette durée d'un an. En effet, si on le considérait comme stipulé pour un an, il finirait de plein droit avec l'année théâtrale, sans qu'il soit nécessaire de donner congé trois mois à l'avance. Or, l'usage-constant et reconnu est, au contraire, que, en cas de tacite reconduction, l'engagement nouveau est considéré comme stipulé pour un temps indéterminé. La conséquence est donc que c'est seulement par un congé donné dans les délais fixés par l'usage que l'acteur qui, après l'expiration de son engagement écrit, est resté attaché au même théâtre, peut recevoir son congé. Ainsi donc, le congé avertissement doit être donné à Paris trois mois avant le 1er avril.

Tarif. — Le tarif du prix des places, pour chaque représentation, doit toujours être indiqué très-ostensiblement sur les affiches, en même temps que la composition du spectacle annoncé.

Un exemplaire en doit aussi être apposé au bureau du théâtre et à tous autres qui pourraient être établis comme succursales. Ledit tarif doit être inscrit en tête de chaque feuille de location, pour que le public soit toujours utilement averti de ses variations. Une fois annoncé, le tarif de chaque représentation ne peut plus être modifié.

Taxe de mainmorte. — Le Conseil d'Etat a décidé que les édifices communaux affectés à des salles de spectacle sont assujettis à la taxe des biens de mainmorte créée par la loi du 29 février 1843, alors même qu'ils sont concédés gratuitement par la commune à des entrepreneurs.

Taxe des pauvres. — V. *Droit des pauvres*.

Télégramme. — Un engagement dramatique peut être contracté par la voie du télégraphe et par lettre missive. En effet, le consentement des parties contractantes est la condition essentielle de l'existence d'une convention. Mais il est constant que le consentement donné par lettre ou télégramme n'intervient d'une manière utile que lorsque la volonté de la partie qui a écrit à l'autre pour lui proposer le marché a persévéré jusqu'au temps où sa lettre est parvenue à destination et jusqu'au moment où l'autre partie a déclaré qu'elle acceptait. Mais si, par la faute de l'expéditeur, et spécialement à raison d'une insuffisance d'adresse, l'offre étant arrivée tardivement, l'acceptation n'a pas pu arriver dans le délai fixé par lui, il y a là un fait qui engage la responsabilité et donne ouverture à une action en dommages-intérêts pour réparation du préjudice moral et matériel qui a pu en résulter.

De même, on n'est pas lié par des paroles proférées, mais non entendues de la personne avec laquelle on traite verbalement. Il n'est pas même indispensable que le changement de volonté soit manifesté par une seconde lettre au destinataire lui-même. Il suffit qu'avant la lecture de la lettre contenant l'offre, il soit certain et établi que la volonté de l'offrant avait changé pour que le contrat soit considéré comme n'ayant pas pris vie, car, au moment de se former, elle aura été privée du consentement essentiel de l'une des parties, l'une des deux acceptant ce que l'autre n'offrait plus au même moment.

Comme tous les contrats ordinaires, l'acte d'engagement est annulable pour cause de fraude ou violence. De même pour l'engagement dans lequel il aurait été stipulé que l'acteur aura le droit de refuser tous les rôles qui ne lui paraîtraient pas à sa convenance.

Théâtre. — Un théâtre est un lieu consacré à la représentation des sujets dramatiques ou lyriques. Cette dénomination s'entend de l'édifice qui a reçu cette destination et de la scène qui porte les artistes.

Théâtres de la province. — Par une tolérance reconnue par l'usage, les théâtres de province font journellement représenter, sans autorisation formelle, les pièces jouées sur les théâtres de Paris et émanées des membres de la Société, à la condition de solder aux correspondants des agents généraux les droits d'auteur fixés par les traités. Cette tolérance résulte du consentement tacite des auteurs ; mais elle ne peut être admise

en présence d'une défense signifiée par eux ou leurs cessionnaires.

En cas de difficulté, pour que le directeur lésé soit admis à
former une action, il est nécessaire que l'auteur intervienne
dans l'action pour soutenir les droits de son cessionnaire,

Théâtres de mécanique. — V. *Théâtres pittoresques.*

Théâtre-Français. — V. *Comédie-Française.*

Théâtres pittoresques. — Lorsqu'ils sont établis dans
un but de spéculation, ils sont assujettis au paiement du droit
des pauvres, quel que soit le mode de rétribution exigé.

Théâtres de société. — V. *Réunions particulières.*

Théâtres privilégiés. — Le décret de 1864, relatif à la
liberté des théâtres, a aboli les anciens priviléges accordés, en
même temps que l'autorisation, aux entrepreneurs de spectacle.

L'industrie en est devenue libre, et chaque théâtre a le droit
de représenter les pièces de tel genre qu'il lui convient, sauf,
bien entendu, ce que nous avons dit relativement à la police
des théâtres

Titres des pièces. — Les affiches de spectacle ne doivent
annoncer que les titres des ouvrages portés sur les brochures
visées au ministère. Des abus nombreux ayant été commis par
les directeurs des théâtres de province, plusieurs circulaires
ministérielles ont invité les préfets, maires et commissaires de
police à faire cesser ces inconvénients.

Dans les départements, les agents correspondants de la Société des auteurs et compositeurs dramatiques doivent veiller
à l'exécution de ces décisions ministérielles. A cet effet, les directeurs de théâtre doivent leur faire parvenir l'affiche ou le programme du spectacle le matin de chaque représentation.

En outre, les directeurs n'ont pas le droit de changer le titre
d'un ouvrage sans la permission des auteurs.

Le titre d'une pièce ou d'un morceau de musique fait l'objet
d'une propriété, ainsi que le corps de l'ouvrage lui-même. Il en
constitue, en effet, une partie notable. C'est par lui que l'ouvrage est connu du public, soit dans la librairie, soit dans la
littérature ; c'est lui qui empêche les confusions qui pourraient
résulter, au préjudice des auteurs, entre des ouvrages différents.

On acquiert la propriété d'un titre par la publication sur une affiche de théâtre ou, ce qui arrive fréquemment, par son annonce dans un journal ou un programme de spectacles. Le titre est donc, entre deux concurrents, la propriété de celui qui justifie avoir fait la première déclaration ou publication ayant date certaine, pourvu, cependant, qu'il donne suite à l'intention manifestée de publier l'œuvre.

Toutefois, la ressemblance identique de titres, ou leur similitude sont admises, en principe, tant qu'elles ne causent pas à celui qui, le premier, a publié le titre un préjudice véritable et que le public ne peut pas s'y tromper. En effet, cette similitude est inévitable en fait; elle a de tout temps été admise dans les usages littéraires. Pour qu'il y ait contrefaçon, il faut que la mauvaise foi, le désir d'une concurrence déloyale soient évidents.

La question de savoir si l'adoption, pour un ouvrage nouveau, d'un titre déjà porté par un ouvrage ancien a ou non un caractère licite, est un point de fait laissé à l'arbitraire des juges. Il est nécessaire que la confusion dans l'esprit du public soit possible et qu'il soit justifié d'un préjudice.

Il est incontestable que la propriété du titre appartient à celui qui le premier en a fait usage, mais la prise de possession d'un titre de pièce non imprimée ne saurait constituer une propriété, lorsque l'on n'en constate pas la réception à un théâtre.

Le titre qui n'a pas un cachet d'individualité propre, qui est composé, notamment, d'un mot ou d'un membre de phrase métaphoriquement employés, tels que les *Oiseaux de proie,* ne saurait constituer une propriété permettant à un auteur de revendiquer le privilége résultant de la priorité.

Il en est de même pour un titre emprunté à une dénomination depuis longtemps connue et sous laquelle est désigné un quartier ou un monument publics. Ainsi la *Petite Pologne* ou la *Tour Saint-Jacques.* De même encore pour le nom d'un personnage ou d'un fait historique, et pour une désignation générique depuis longtemps usitée.

Il en est ainsi alors surtout que ce titre a été déjà employé dans des nouvelles et romans ou œuvres dramatiques du domaine public, et qu'ils diffèrent par la forme, le genre ou le sujet.

L'annonce d'un spectacle sous une forme déjà usitée n'est aucunement répréhensible, bien qu'elle soit faite pour mettre une vogue à profit.

Lorsque le titre d'une pièce est indiqué par le sujet même

de l'œuvre, dont la simplicité doit amener des situations identiques, et qu'il est impossible de lui en donner une autre, il
n'y pas contrefaçon ; ainsi la *Lettre au bon Dieu.*

Les auteurs et compositeurs ont toujours le droit de changer
ou de modifier, d'accord avec le directeur, le titre de leurs
pièces, en obtenant le visa de l'administration.

En cas de désaccord, la pièce doit être représentée avec le
titre sous lequel elle a été primitivement reçue, ou, s'il s'agit
d'une reprise avec le titre sous lequel elle a déjà été représentée.

Le fait, par la commission d'examen, d'avoir changé le titre
d'une pièce, ne peut être invoqué par le directeur pour se
soustraire à l'obligation de jouer cette pièce.

Il y a usurpation de titre, plagiat et concurrence déloyale
dans le fait d'imiter le refrain d'une chanson et d'adopter un
titre semblable pouvant établir une confusion, encore bien
qu'il s'agisse d'un sujet du domaine public et que les couplets
en soient entièrement dissemblables.

Les tribunaux, en interdisant la publication d'une œuvre littéraire, comme portant atteinte aux droits d'un auteur, peuvent, à titre de sanction, prononcer une condamnation à un
chiffre déterminé de dommages-intérêts pour chaque contravention qui serait commise ultérieurement.

Il y a usurpation encore et concurrence déloyale dans le fait
de donner à une chanson un titre semblable à celui d'une
œuvre dramatique, alors surtout que cet emploi du même titre
a lieu au moment même des premières représentations et avec
des dessins ou indications de nature à entraîner une confusion
et à faire croire que la chanson est tirée de la pièce.

Peu importe, en pareil cas, que le même titre ait été employé antérieurement pour des ouvrages oubliés.

Un éditeur de musique n'a pas le droit d'appliquer à des
quadrilles ou autres compositions musicales le titre adopté
par un auteur pour une publication littéraire.

Titres des théâtres. — Le titre d'un théâtre est la propriété exclusive du directeur, qui la transmet à ses successeurs.

Toilette des spectateurs. — Tout spectateur a le droit
formel d'exiger la place indiquée sur son billet et non ailleurs.
Le directeur ne saurait le contraindre à se conformer à des
convenances locales, telles que des exigences de toilette. S'il lui
refusait l'entrée du théâtre, le spectateur serait en droit de réclamer la valeur du billet et des dommages-intérêts.

Transport. — Les acteurs peuvent valablement transporter, c'est-à-dire céder à un tiers le produit d'une représentation donnée à leur bénéfice, sous la condition, bien entendu, que cette cession ne cache aucune fraude.

Quant à leurs appointements, feux, jetons de présence et cachets, échus ou à échoir, ils peuvent en faire également la cession partielle ou entière à qui bon leur semble. Si le transport en est fait régulièrement, les tribunaux ne peuvent pas en modifier l'étendue au profit de qui que ce soit, même de l'artiste.

Les auteurs ont également le droit de faire à des tiers le transport de leurs droits, afférents tant aux représentations passées et à venir, qu'au produit de la cession par eux faite de leurs œuvres. Ils peuvent, de même, faire un transport des produits d'œuvres à créer. Une telle convention n'est pas illicite, mais elle ne peut être opposée aux tiers, et, en cas de faillite du cédant, ce sont ses créanciers qui doivent profiter des produits que cette cession pourra donner au moment de la cessation des paiements.

Tribunaux militaires. — Les tribunaux militaires sont compétents pour juger le délit de contrefaçon littéraire et musicale commis par un militaire.

Tours de faveur. — Lorsque la pièce d'un auteur est reçue pour être représentée, celui-ci ne peut exiger qu'elle soit jouée avant son tour, mais il peut exiger qu'elle le soit à son tour. Cela est incontestable. Toutefois, dans certains théâtres il est permis à l'administration d'accorder, dans le courant de l'année, un certain nombre de tours de faveur. Dans ce cas, les auteurs sont obligés de se soumettre à cette habitude, sans pouvoir réclamer aucuns dommages-intérêts.

Tour de représentation. — Une fois admise, l'œuvre d'un auteur dramatique doit être mise à l'étude et représentée à son tour. A défaut par le directeur de remplir ses engagements à cet égard, il se rend passible de dommages-intérêts envers l'auteur qui l'a mis régulièrement en demeure.

Tournées théâtrales. — Les acteurs ne sont pas des commerçants, mais ils le deviennent lorsqu'ils entreprennent, pour leur compte, des tournées théâtrales.

Traduction refaite. — A propos de la traduction du

Thannauser, le tribunal civil de la Seine a décidé que, lorsqu'une première traduction d'un livret d'opéra a été refusée par le directeur du théâtre auquel l'ouvrage était destiné, et que cette traduction a été à peu près refaite par un autre auteur, le premier traducteur peut avoir droit à une indemnité pécuniaire, mais non à titre de collaborateur.

Traductions. — La traduction d'un ouvrage ancien ou étranger, en l'absence de traité international, n'est pas une contrefaçon. Elle constitue, par conséquent, la propriété du traducteur, qui a le droit de se faire payer la publication de cette traduction.

Mais une seconde traduction du même ouvrage constituerait une contrefaçon de la première si, à côté de l'identité du sujet, des pensées et de l'impression, le juge reconnaissait la copie à peu près servile du style et de la manière du premier traducteur par le second.

Les points de rapprochement absolument forcés qui se rencontrent, principalement dans les traductions de poëmes lyriques étrangers, ne sont pas assez importants pour constituer, sous aucun rapport, soit un plagiat, soit une contrefaçon.

Mais il y a contrefaçon dans le fait de traduire ou imiter une œuvre dramatique pour l'approprier à un théâtre étranger, lorsque le sujet, la disposition des scènes et la marche générale de la pièce restent les mêmes.

Il y a également concurrence déloyale de la part de l'éditeur si la seconde traduction, bien que différente de la première, est imprimée dans un format et sous une forme imitant la première et pouvant amener avec elle une confusion.

La prescription triennale ne couvrant que les faits accomplis plus de trois ans avant les poursuites, les auteurs des pièces reproduites ou imitées conservent le droit de s'opposer, soit à de nouvelles éditions, soit au débit en France des éditions contrefaites.

Dans tous les cas, le droit de représentation étant complétement distinct de celui de publication, et chaque représentation constituant un fait nouveau, l'auteur de la pièce originale peut toujours s'opposer à ce que celle qui en constitue une contrefaçon soit représentée en France sans son consentement, encore bien qu'il se serait abstenu de poursuivre l'auteur de la reproduction en langue étrangère.

Le droit de traduire en français tout ouvrage étranger, en l'absence de traité international sur les œuvres d'esprit, s'applique même aux paroles d'opéra, mais n'autorise point, si l'opéra est dans le domaine privé, à réunir, dans la traduction, la musique aux paroles, et encore moins, sous prétexte de. changements et d'additions, à s'approprier les paroles en les donnant comme siennes et en supprimant le nom de l'auteur.

Le fait d'avoir coopéré à la traduction d'un opéra étranger, pour l'approprier à la scène française, ne suffit pas, à lui seul, pour donner droit au titre de collaborateur et aux avantages qui y sont attachés, tels que ceux de participer aux droits d'auteur et de figurer en nom sur le livret et sur l'affiche.

Traités internationaux. — De nombreuses conventions littéraires, pour la sauvegarde réciproque des droits des auteurs et compositeurs, ont été échangées entre la France et les nations étrangères. La limite restreinte de cet ouvrage ne nous permet pas de les rapporter. Nous conseillons aux auteurs dramatiques qui auraient à traiter de leurs œuvres avec des directeurs étrangers de s'adresser directement aux agents de la Société des auteurs dramatiques.

Traités particuliers. — Tous traités particuliers sont interdits aux sociétaires membres de la Société des auteurs dramatiques, aux termes de l'article 18 des statuts.

Ils ont, en conséquence, l'obligation de faire une réserve expresse au sujet des traités généraux, toutes les fois qu'ils donnent une autorisation particulière pour les départements. Cette réserve doit être ainsi conçue :

« Ladite autorisation spéciale ou exclusive ne sera valable
» qu'à la condition pour M. X... de se mettre en règle vis-à-vis
» de la Société des auteurs et compositeurs dramatiques en
» faisant connaître, à l'avance et par écrit, son itinéraire à la
» commission des auteurs, et en signant dans chaque ville,
» entre les mains du correspondant de la Société, l'engage-
» ment réglementaire. »

Transformations. — Il arrive quelquefois que des pièces françaises sont traduites en livrets italiens et représentées en France sous cette forme nouvelle. Les auteurs des œuvres originales ont le droit de s'opposer à la représentation en France de leurs pièces ainsi transformées.

Il y a, en effet, contrefaçon dans ce cas, et ils peuvent intenter une action contre les contrefacteurs, sans que ceux-ci puissent opposer la prescription triennale. En conséquence, ils conservent le droit de s'opposer soit à de nouvelles éditions, soit au débit en France des éditions contrefaites. Dans tous les cas, le droit de représentation étant complétement distinct de celui de publication, et chaque représentation constituant un fait nouveau, l'auteur de la pièce originale peut toujours s'opposer à ce que celle qui en constitue une contrefaçon soit représentée en France sans son consentement, encore bien qu'il se serait abstenu de poursuivre l'auteur de la reproduction en langue étrangère.

Transport de droits d'auteur. — Les choses futures pouvant être l'objet d'une obligation, l'acte par lequel un auteur cède et transporte à un débiteur les droits d'auteur lui appartenant actuellement et ceux qui lui appartiendront par la suite sur les représentations de ses œuvres dramatiques qui sont ou seront représentées, est valable en tant qu'il ne s'applique qu'aux ouvrages déjà édités au moment de la cession.

La condition accomplie, rétroagissant au jour où l'obligation a été contractée, le cessionnaire dont le transport a été régulièrement signifié est saisi, à l'exclusion des créanciers de son débiteur, des droits produits par les représentations successives desdits ouvrages.

Mais ce transport est nul, comme fait sous une condion potestative, en ce qui touche les œuvres non encore créées et livrées au théâtre et qu'il dépend de la volonté du cédant de faire ou de ne pas faire.

Transport sur un autre théâtre. — L'auteur a toujours le droit de s'opposer au transport de sa pièce d'un théâtre à un autre, même quand il s'agit d'une représentation à bénéfice.

Trappe. — Le directeur est responsable envers l'artiste de la chute faite par celui-ci, à cause de la disposition défectueuse d'une trappe par où il devait descendre, et par sa manœuvre faite précipitamment et à contre-temps. Ainsi l'acteur doit être, au moment de sa descente, entouré de garde-fous ou points d'appui. Le directeur doit veiller à ce qu'il n'y ait pas de vides béants dans le plancher du premier dessous et qu'il se trouve des crans d'arrêt à la hauteur de ce plancher.

Travaux urgents. — Les travaux urgents de réparation ou reconstruction d'un théâtre constituent un cas de force majeure qui oblige le directeur à fermer momentanément son théâtre, et entraîne la suspension des appointements dus aux artistes et employés.

Travestissement. — L'artiste est tenu de jouer tous les rôles qui rentrent dans les termes de son engagement et d'en prendre tous les costumes. Si donc le directeur estime qu'un rôle de femme convient à un acteur, celui-ci est tenu de l'accepter. Réciproquement, les actrices peuvent, en certains cas, être chargées de rôles d'hommes. Quant aux rôles et costumes d'animaux, ils sont également obligatoires pour les acteurs.

Triple début. — V. *Première représentation.*

Tromperie. — V. *Mutilations.*

Troubles. — Lorsque les représentations d'une pièce viennent à troubler l'ordre public dans la salle, il est loisible à l'autorité municipale d'en ordonner immédiatement l'évacuation. — V. *Armes.*

Troupes ambulantes. — Le directeur d'une troupe ambulante qui veut jouer le répertoire de la Société des auteurs et compositeurs dramatiques doit en obtenir le consentement du correspondant de la ville où il se trouve.

Ce consentement ne peut lui être accordé qu'en échange du paiement des droits d'avance et contre remise d'une note indiquant l'itinéraire indiqué par lui.

Il est de même tenu d'acquitter la taxe des pauvres.

U

Utilité publique. — On ne peut pas astreindre le propriétaire d'une salle de spectacle à céder la jouissance de sa propriété à un directeur.

Mais, pour cause d'utilité publique, un théâtre peut être exproprié par les villes et les communes.

Urinoirs. — Les directeurs de théâtres doivent faire établir des urinoirs, fixes ou mobiles, appropriés aux localités, et dans des conditions de salubrité que l'autorité a mission d'apprécier.

Usufruit légal. — Les appointements, feux et jetons de présence dus aux mineurs de dix-huit ans leur appartiennent en toute propriété. Ils sont affranchis de l'usufruit légal. Ce sont, en effet, des biens qu'ils acquièrent par leur travail personnel, et, aux termes de l'article 387 du Code civil, la jouissance légale accordée au père ou à la mère survivant sur les biens de leurs enfants, jusqu'à l'âge de dix-huit ans ou jusqu'à l'émancipation, ne s'étend pas à ceux qu'ils peuvent acquérir par un travail ou une industrie séparés.

Il en est de même des cadeaux d'argent et autres qui peuvent être faits au mineur avant la cessation de la jouissance légale, à la condition que ces cadeaux soient une suite directe de l'exercice de sa profession.

Bien que les appointements du mineur soient affranchis de l'usufruit légal, les père et mère ou le tuteur n'en conservent pas moins l'administration. Eux seuls peuvent en donner valablement quittance au directeur, sauf compte avec le mineur, lors de sa majorité ou de son émancipation.

Le mineur émancipé et l'acteur pourvu d'un conseil judiciaire ont le droit de toucher directement leurs appointements et d'en donner décharge.

V

Variole. — Les traces de variole, dans des conditions simples, ne sont pas de nature à empêcher un acteur de faire son service. En conséquence, il n'y a pas là motif suffisant pour entraîner la résiliation de l'engagement.

Toutefois, si le physique de l'artiste était défiguré au point de l'empêcher de remplir les rôles qu'il remplit ordinairement, la résiliation pourrait être prononcée contre lui. Mais il ne saurait être question de dommages-intérêts.

Vedette. — Le directeur d'un théâtre est tenu de mettre en vedette, sur son affiche, le nom des artistes envers qui il s'y est engagé soit par simple promesse justifiée, soit par convention dans l'acte d'engagement.

Lorsqu'il s'est obligé, envers plusieurs, à placer leurs noms sur les affiches, en première ligne ou hors ligne, il ne saurait se soustraire à cette obligation vis-à-vis de l'un d'eux, à raison de la difficulté que peut présenter son inexécution, lorsqu'ils doivent figurer ensemble sur la même affiche. L'inexécution d'un pareil engagement donne, contre le directeur, ouverture à une action en dommages-intérêts.

Vente des manuscrits. — Lorsqu'une pièce a été faite en collaboration, la vente du manuscrit à un libraire et l'ordre d'imprimer la pièce n'est valable qu'autant que tous les collaborateurs ont donné leur consentement.

La vente faite à un tiers de ses manuscrits par un auteur ou un compositeur doit faire présumer, jusqu'à preuve contraire, que ce tiers a acquis, en même temps que le manuscrit, le droit de le faire représenter et éditer.

Vente des pièces. — Les conventions entre directeur et auteur sont libres relativement au droit à percevoir par ce dernier. Il peut, en conséquence, vendre à un directeur la propriété de sa pièce moyennant une somme fixe. Mais cette vente ne lui retire pas le droit d'exiger la représentation de sa pièce. En effet, le but que l'auteur se propose en écrivant une œuvre est avant tout de la voir représenter, et le directeur qui, dans cette hypothèse, s'y refuserait, serait passible de dommages-intérêts envers l'écrivain.

Vente du théâtre. — Lorsque l'entrepreneur d'un théâtre vend ses droits à un autre, celui-ci est tenu d'exécuter les obligations prises par son prédécesseur, tant à l'égard des artistes et employés du théâtre qu'à l'égard des auteurs. Il ne saurait se soustraire à cette obligation, par cela seul que le nom de l'artiste ou de l'employé qui réclame aurait été omis sur la liste qui lui a été fournie. Le traité intervenu entre un directeur de théâtre et un employé, spécialement le directeur de la scène, constitue une convention commerciale qui n'a pas besoin d'être constatée par un acte écrit et régulier. Mais il en est différemment si c'est une nouvelle administration qui se forme sur des bases nouvelles.

Quand il s'agit de théâtres subventionnés ou de scènes appartenant à des municipalités, pour que le nouveau directeur soit tenu des obligations de son prédécesseur, il faut qu'il en ait été expressément chargé par celui-ci ou par l'autorité. Toutefois, alors même que le directeur vend son droit d'exploitation à un successeur, avec le consentement de l'autorité, il n'en reste pas moins obligé, avec son successeur, à exécuter les engagements qu'il avait pris personnellement envers les artistes, les employés et les auteurs, s'il n'a pas eu la précaution de s'en faire décharger formellement par ceux-ci.

Il peut également résulter des circonstances de fait que les intéressés ont accepté, comme seul engagé envers eux, le nouveau directeur et ont ainsi consenti une novation qui décharge le directeur précédent.

Les actes d'engagement renferment d'ailleurs une clause à cet égard.

Il est bien entendu que la garantie due par le premier directeur ne s'étend qu'aux engagements par lui personnellement pris et non à ceux contractés par son successeur.

En ce qui concerne plus particulièrement les auteurs membres de la Société, l'obligation de représenter leurs œuvres n'est imposée au directeur cessionnaire que lorsqu'un traité général, passé entre lui et la commission, contient à cet égard une clause spéciale qui, le plus souvent, ne peut être appliquée que pour les pièces dont l'ancien directeur a notifié la réception au secrétaire de la commission. Lorsque le directeur a accepté cette obligation, il n'a pas le droit d'exiger une nouvelle lecture de la pièce, et il ne peut donner pour excuse qu'il ne trouve aucune trace de l'engagement pris par son prédécesseur; s'il a consenti à reconnaître ces engagements, dans certains cas, la preuve faite par l'auteur est suffisante.

L'auteur est donc fondé à réclamer ses droits; mais il ne peut le faire qu'en se soumettant aux clauses et conditions stipulées dans le traité général passé avec la commission, au sujet du tour affecté aux pièces reçues par la direction précédente.

Il est évident que, si le nouveau directeur ne s'est pas engagé à exécuter les obligations de son prédécesseur, l'auteur est sans droit vis-à-vis de lui.

Ventilation des salles. — Les salles de spectacle doivent être ventilées convenablement; l'air doit s'y renouveler au moyen de dispositions adoptées par l'autorité. Des thermomètres doivent être placés en vue dans les corridors.

Vestiaires. — V. *Cannes*.

Veuves. — Les veuves ou les héritiers des auteurs ne puisent dans les lois de 1793, 1854 et 1866, un droit privatif d'exploitation qu'autant qu'ils se trouvaient en possession des œuvres de leur auteur à l'époque de la promulgation de ces lois. — V. *Propriété littéraire*.

Vignettes. — V. *Dessin*.

Violence. — Comme dans tous contrats, le dol et la violence sont une cause de nullité pour les engagements dramatiques. Mais il a été jugé que la menace, faite par un acteur indispensable, de ne pas jouer s'il n'obtient une augmentation, ne constitue pas une violence pouvant vicier l'engagement qui en est la suite.

Voie contentieuse. — V. *Compétence administrative*.

Voies de fait. — L'artiste doit remplir ses devoirs dans les limites déterminées par l'acte d'engagement, mais il a toujours, bien entendu, le droit d'examiner si ce que le directeur exige de lui excède ou non ses obligations.

Les actes d'engagement stipulent, en général, que l'artiste s'oblige à supporter toutes les amendes ou même la résiliation de son engagement, pour voies de fait, insubordination ou injures, soit envers le directeur, soit envers le régisseur ou tout autre employé de l'administration.

Nous devons dire, avec M. Agnel, « que cette clause est nulle » et de nul effet, comme renfermant une obligation dont la » clause est illicite et contraire aux bonnes mœurs et à l'ordre » public. Effectivement, cette clause peut se traduire en ces » termes, que, si l'acteur ne commet pas un délit (les voies de » fait et les injures sont réputées comme telles), il n'y aura pas » lieu à résiliation du contrat ; que si, au contraire, l'acteur a » commis un délit, il y aura lieu à résiliation. Les bonnes » mœurs et l'ordre public s'opposent à de pareilles stipulations, » et ne permettent pas que la possibilité de commettre un délit » puisse avoir pour effet de délier d'une obligation civile. »

Les tribunaux doivent seulement avoir égard aux circonstances, et c'est à eux seuls qu'il appartient de les apprécier.

Voitures. — Les voitures ne peuvent arriver aux différents théâtres que par les voies désignées dans les consignes. Il est défendu aux cochers de quitter, sous quelque prétexte que ce soit, les rênes de leurs chevaux pendant que descendent et montent les personnes qui occupent la voiture.

Les voitures particulières ou retenues, destinées à attendre jusqu'à la fin du spectacle, doivent aller stationner sur les points désignés. A la sortie du spectacle, les voitures qui ont attendu ne peuvent se mettre en mouvement que lorsque la première foule s'est écoulée.

Les voitures de place ne doivent charger qu'après le défilé des autres voitures. Aucune voiture ne peut aller qu'au pas et sur une seule file, jusqu'à ce qu'elle soit sortie des rues avoisinant le théâtre.

Voyages. — Les acteurs qui appartiennent à une troupe sédentaire ne sont pas, comme ceux des troupes ambulantes, obligés de voyager pour le service de la direction. En cas de déplacement, il leur est dû une indemnité en dehors de leurs appointements.

FIN.